中国传媒大学本科质量工程教材

现代广播新闻实务

Practice of Radio News Reporting

王宇　著

中国广播电视出版社
CHINA RADIO & TELEVISION PUBLISHING HOUSE

图书在版编目（CIP）数据

现代广播新闻实务／王宇著. —北京：中国广播电视出版社，2009. 9

中国传媒大学本科质量工程教材

ISBN 978－7－5043－5881－3

Ⅰ. 现… Ⅱ. 王… Ⅲ. 广播新闻—高等学校—教材 Ⅳ. G210

中国版本图书馆 CIP 数据核字（2009）第 132811 号

现代广播新闻实务

王宇　著

责任编辑　李晓霖
封面设计　亚里斯
责任校对　张莲芳

出版发行　中国广播电视出版社
电　　话　010－86093580　010－86093583
社　　址　北京市西城区真武庙二条 9 号
邮政编码　100045
网　　址　www. crtp. com. cn
电子信箱　crtp8@ sina. com

经　　销　全国各地新华书店
印　　刷　廊坊市人民印刷厂

开　　本　787 毫米 × 1092 毫米　1/16
字　　数　353（千）字
印　　张　16. 25
版　　次　2009 年 9 月第 1 版　2009 年 9 月第 1 次印刷
印　　数　5000 册

书　　号　ISBN 978－7－5043－5881－3
定　　价　31. 00 元

目 录

1 第一章 认识广播媒介
1 第一节 广播的产生与发展
1 一、世界广播的产生与发展
1 (一)广播的诞生与发展
3 (二)广播的低谷及新生
4 (三)广播现状和趋势
5 二、中国广播的产生与发展
5 (一)旧中国的广播事业
5 (二)新中国的广播发展
6 (三)改革开放以来的广播发展
9 第二节 广播的传播手段
9 一、广播的传播符号
9 (一)语言
9 (二)音响
10 (三)音乐
10 二、广播节目
10 (一)按照内容性质分类
11 (二)按照内容和组合方式分类
11 (三)按照节目播出方式分类

12 三、广播的传输方式
12 (一)无线广播
13 (二)有线广播
13 (三)数字广播
14 第三节　广播的传播特点
15 一、广播的传播优势
15 (一)听觉媒介声情并茂
15 (二)电波传送时效性强
16 (三)弹性媒介伴随性强
16 (四)广播的受众面广
17 (五)制作简便灵活多样
17 二、广播的传播劣势
17 (一)瞬间传播保存性弱
17 (二)容易产生歧义
18 (三)线性传播可逆性差
18 三、广播的比较优势
18 (一)移动收听的伴随性媒介
18 (二)缓解视觉压力的媒介
19 (三)成本低廉的媒介

20 **第二章　广播的符号系统**
20 第一节　广播语言
21 一、广播语言的形态
21 (一)新闻播音语言
21 (二)新闻报道语言
22 (三)点评解读语言
22 (四)主持人语言
22 二、广播语言的要求
22 (一)语言规范
23 (二)晓畅明白
23 (三)响亮和谐
23 第二节　广播音响
24 一、广播音响的分类
24 (一)按照内容分类
24 (二)按照时间分类
24 (三)按照是否单独形成报道分类
25 (四)按照作用分类
25 (五)按照与记者的关系分类
25 二、广播音响的作用
25 (一)营造现场气氛
25 (二)塑造人物形象
25 (三)增加信息含量
26 三、广播音响的评价
26 (一)新闻音响的真实性
27 (二)新闻音响的可信性
27 (三)新闻音响的典型性
28 (四)新闻音响的清晰度
29 (五)新闻音响的感染力
29 三、典型音响的采录
29 (一)典型音响的采录和使用
30 (二)音响采录的技巧
31 四、音响与解说的配合
31 第三节　广播音乐
31 一、广播中音乐的类型
32 (一)音乐节目
32 (二)节目音乐
32 (三)实况音乐
32 二、广播节目中音乐的作用
32 (一)标识节目/频率
33 (二)节目内容
33 (三)分隔节目
33 (四)连接节目
33 (五)烘托情感

34 **第三章　广播新闻采访与写作**
34 第一节　广播新闻采访
34 一、一般性采访
34 (一)扎实、细致的访前准备

36 (二)选择恰当的采访对象
37 (三)掌握一定的访问技巧
38 (四)精心采录音响,突出广播特点
39 (五)审慎使用隐性采访,规避风险
40 二、现场采访
41 三、直播室采访
41 (一)选择恰当的嘉宾
41 (二)做好案头准备工作
42 (三)做好访前沟通交流
42 (四)营造融洽的采访气氛
43 第二节 广播新闻写作
43 一、广播语言的使用要求
43 (一)使用适合听的词汇
45 (二)使用句法简单的句子
45 (三)注意引言、出处的使用
46 二、广播文本的写作要求
46 (一)按照广播的听知规律选择新闻材料
49 (二)遵循线性传播规律安排新闻结构
51 (三)坚持"用事实说话"
53 (四)灵活生动地使用背景材料

56 第四章 广播新闻报道:消息
56 第一节 广播消息概说
56 一、广播消息的特点
56 (一)具体形象
57 (二)短小精悍
59 (三)浅显易懂
60 二、广播消息的结构
60 (一)"倒金字塔"式
61 (二)非"倒金字塔"式
66 第二节 广播消息的采制
67 一、广播消息的采制要求
67 (一)把握重大主题,以小见大
68 (二)取材精粹,做好信息优化
70 (三)用事实说话,塑造鲜明的声音形象
72 二、广播消息的导语
73 (一)导语写作的基本要求
74 (二)常见的导语形式
77 三、广播消息的主体
77 (一)主体写作的基本要求
82 (二)常见的主体类型
84 四、广播消息的结尾
84 (一)结尾的基本要求
85 (二)常见的结尾形式

87 第五章 广播新闻报道:专题
87 第一节 新闻专题概说
87 一、广播新闻专题的特点
88 (一)报道内容深入化
88 (二)新闻时效时机化
88 (三)表现手段综合化
91 二、广播新闻专题的结构
91 (一)纵式结构
94 (二)横式结构
97 (三)递进结构
100 三、广播新闻专题的分类
100 (一)口播专题
102 (二)录音专题
104 第二节 新闻专题的采制要求
104 一、主题展现时代精神
105 二、精心选择和组织材料
105 (一)选择生动、具体、感人的典型材料
105 (二)精心剪裁,突出骨干材料
106 (三)精心选择典型音响
107 三、结构单纯,适合听说
107 (一)结构力求脉络单纯、层次井然有序
107 (二)过渡顺畅、连贯,前后照应

108 (三)注意必要的背景交代
108 (四)善于制造悬念
109 四、音响和文字和谐统一
110 第三节 广播新闻特写
110 一、广播特写概说
111 二、广播特写的采制要求
111 (一)选材高度集中
113 (二)音响真实、典型、传神
113 (三)注重细节描写

116 第六章 现场报道与现场直播
116 第一节 现场报道
116 一、什么是现场报道
117 (一)现场报道的优势
118 (二)现场报道与相关报道的区别
119 (三)现场报道的特点
121 二、现场报道的采制要求
121 (一)现场报道的选材
125 (二)现场报道的采制
126 (三)现场报道对记者的要求
128 (四)现场报道的常见误区
129 第二节 现场直播
129 一、什么是现场直播
136 (一)现场直播的选材
138 (二)现场直播的特点
138 二、现场直播的采制
142 (一)直播准备阶段
144 (二)实施报道阶段

147 第七章 广播连续报道和系列报道
147 第一节 连续报道
147 一、连续报道的特点
147 (一)时效性强
148 (二)具有连续性
149 (三)具有完整性
159 二、连续报道的选材
159 (一)能够引起听众高度关心的新闻事件
160 (二)正在发展变化中的新闻事件
160 (三)具有一定时间跨度的事件
161 三、连续报道的采编要求
161 (一)寻找新闻事件的新闻价值与听众关注的契合
161 (二)注重事件连续展示的有序性和报道的整体性
162 (三)坚持“用事实说话”,用声音累积呈现事实信息
162 第二节 系列报道
163 一、系列报道的特点
163 (一)主题的同一性
163 (二)传播的系统性
165 二、系列报道的采制要求
165 (一)用声音诠释重大主题
165 (二)注重题材的重要性与接近性
166 (三)力求视角与切入点的多元化
166 (四)发挥媒体特色,以声动人,以情感人
167 (五)不断创新报道形式
177 三、连续报道与系列报道的异同

178 第八章 广播新闻评论
178 第一节 广播新闻评论概说
178 一、广播新闻评论的写作要求
178 (一)短小精悍,言之有物
178 (二)深入浅出,浅显易懂
178 (三)形式活泼,灵活多样

179 二、广播新闻评论的形式
179 (一)按照新闻评论的共有形式划分
182 (二)按照广播评论是否使用音响划分
187 三、广播新闻评论的选题和立论
187 (一)选题
189 (二)立论
193 四、广播新闻评论的表达要素
193 (一)论点
193 (二)论据
195 (三)论证
198 第二节 广播新闻评论的采制
202 一、把握时代脉搏,注重选题的针对性和理论价值
203 二、发挥声音的力量,增强评论的可听性
203 三、论述由表及里、逐层深入,事理情相结合

205 第九章 广播新闻编辑
205 第一节 单条新闻报道编辑
205 一、认真选择稿件
206 二、改编新闻稿件
206 (一)压缩
207 (二)填补
207 (三)综合
208 (四)改写
209 三、进行音响编辑
210 (一)剪接
210 (二)插入
211 第二节 广播栏目编排
211 一、制作片头片花
211 (一)节目片头
212 (二)节目片花
215 二、精选头条新闻
215 (一)选择头条新闻要讲究导向性
216 (二)选择头条新闻要注意时效性
216 (三)选择头条新闻要讲究贴近性
216 (四)选择头条新闻要注重权威性
217 三、撰写新闻提要
217 (一)新闻提要的功能
218 (二)如何选择上提要的新闻
219 (三)新闻提要的写作
221 四、有序编排新闻
221 (一)主从编排法
222 (二)主题编排法
222 (三)组合编排法
223 (四)栏目编排法
223 (五)述评编排法
223 (六)对比编排法
223 (七)平行编排法
224 第四节 新闻频率编辑

225 第十章 广播新闻性节目
225 第一节 广播节目形态构成
226 一、广播节目的发展
226 (一)西方国家广播节目的演变
227 (二)我国广播节目的演变
229 二、广播节目的构成
229 (一)新闻性节目
229 (二)教育性节目
230 (三)文艺性节目
230 (四)服务性节目
230 三、中国广播电视奖的节目划分
231 四、广播节目的特点
231 (一)稳定性
231 (二)多样性
231 (三)有序性
231 第二节 广播综合新闻节目

231 一、新闻综合频率的综合新闻节目
233 （一）注重新闻报道的时效性
234 （二）强调新闻报道的信息量
234 （三）突出正确的舆论导向
234 二、专业频率的综合新闻节目
235 第三节 广播新闻专题节目
236 一、深入挖掘新闻事件
237 二、选题注重适时性
237 三、恰当设置悬念
238 四、注重社会效果
238 第四节 广播新闻谈话节目
238 一、广播谈话节目的产生与发展
240 二、广播新闻谈话节目的要素
240 （一）主持人
242 （二）导播
242 （三）话题
247 三、广播新闻谈话节目的话题选择
248 （一）新闻事件评析
248 （二）社会热点关注
249 （三）政策法律解读
249 （四）官员群众交流
249 （五）民生问题讨论

250 参考文献
252 后 记

第一章
认识广播媒介

1906年圣诞前夜,美国电气工程师费森登在美国东北部海岸成功地进行了无线电广播试验,距今已经超过了一百年。1920年11月22日,美国第一家正式注册的广播电台KD-KA,也是世界上第一座广播电台在美国匹兹堡开始播音,这一天成为世界广播电台诞生的日子,迄今已经将近90年。

广播作为20世纪最伟大的发明之一,经历了辉煌,也面临过衰落。联合国教科文组织国际交流问题研究委员会在评价广播时指出:目前还没有任何其他工具具有这样的潜力,影响如此多人,能够如此有效地起到消息报道、教育、文化和娱乐作用。

加拿大传播学者马歇尔·麦克卢汉说:广播是一种深刻而古老的力量,是连接最悠远的岁月和早已忘却的经验的纽带。但究竟什么是广播?在人类进入数字化、网络化的媒介新时代之后,广播是否还有存在的必要?广播将如何寻找自身在媒介汇流大潮中的地位?

在探讨广播新闻节目的采制之前,我们需要先认真地审视一下这个我们常常因熟悉而忽略了它的存在的媒介——广播。

广播有广义和狭义之分,广播上的广播(broadcasting)泛指通过无线电波或导线向广大地区或特定范围传送声音、图像的大众传播媒介。国际上在讲到“广播业”的时候,常常指的是这个包括了声音广播(radio)和电视广播(television)在内的概念。而我们这本书里所探讨的是狭义上的广播,一种伴随我们工作和生活的听觉媒介。

第一节 广播的产生与发展

一、世界广播的产生与发展

(一)广播的诞生与发展

广播发明之前的许多发明创造为广播的诞生奠定了技术基础,其中对广播影响最大的是莫尔斯(S. F. B. Morse)1844年发明的电报,贝尔(A. G. Bell)1876年发明的电话,1895

年马可尼(Guglielmo Marchese Marconi)和波波夫(Popov)发明的无线电。其中电话和电报不但影响了作为媒介的广播,而且影响了作为产业的广播业。

20世纪早期,费森登(Reginald A. Fessenden)和德福雷斯特(Lee De Forest)等人成功地完成了利用电磁波发送高品质声音信息的试验。1906年圣诞前夜,在美国太平洋沿岸行驶的船只上,无线电报操作员令人难以置信地从耳机中听到了人类的声音。这正是美国匹兹堡大学电机工程教授、加拿大人费森登的杰作。这天晚上,费森登利用无线电发出一篇演说,朗诵了一首诗,并且演奏了一曲小提琴。尽管费森登利用无线电传送声音和音乐的研究取得了成功,美国人还是在若干年后才在家中正式听到了广播节目。1916年11月,德弗雷斯特在纽约的试验电台用《纽约人报》提供的简讯,广播了威尔逊总统获胜的消息,被认为是世界上第一次新闻广播。

同样在1916年,马可尼公司的无线电工程师戴维·萨诺夫(David Sarnoff)向公司提供了一份备忘录,提出广播将成为一种大众媒介,要使无线电成为钢琴和留声机一样的家庭用品,并且指出了将无线电作为普通家庭服务的大众传播媒介的经济盈利途径。他把这种接收机叫做"无线电音乐盒"(Radio Music Box)。"无线电音乐盒"安排有几种不同的波长,可以通过转动一个旋钮或按动一个键钮加以改变,还可以配有一个放大管和一个电话喇叭,并整齐地放在一个箱子里。在备忘录中,萨诺夫描述了这一接收机可能带给人的喜悦——在家中收听音质完好的讲课,也可以同时宣布和接收国家大事,棒球比分可以用一台安装在球场的发话机传送到空中……如果再加上唱歌、广告和连续剧,他对无线电可以发展成大众传播媒介的描述,几乎可以说是完美无缺了。虽然马可尼公司当时并没有采用他这个天才的设想,但萨诺夫成为了后来美国无线电公司(RCA)的首任总裁,并一直工作到1969年。他为广播业所作的贡献如同将近一个世纪前本杰明·戴对报业的贡献一样巨大。

第一次世界大战后,美国一家重要的电子零件制造商西屋公司(WESTINGHOUSE)决定在匹兹堡制造大型发送器,来刺激家用接收机的销售和满足无线电爱好者组装收音机所用零件的需要。该公司副总裁哈里·戴维斯认为,由制造接收器的公司负责正常的电台作业工作,卖出接收器的收益可与维持电台的费用平衡。虽然这一观念后来被出售广告时间的观念代替,但在当时确实是使收音机成为家庭用品的实用方法。

以弗兰克·康拉德(Frank Conrad)为首的美国西屋公司技术人员一直从事无线电广播研究,并且建立了试验电台。世界上第一座电台就是西屋公司设在匹兹堡的试验电台KDKA。该电台1920年10月27日获得了美国商业部颁发的执照,并在11月2日正式开始播出,直至今日。

KDKA之所以能在诸多的试验电台中脱颖而出,成为全球第一家电台,主要基于以下原因:首先,该台是第一座向政府登记并获得执照的商业电台;其次,该台开播第一天就对外播出新闻,播发了来自俄亥俄州共和党人哈定击败民主党人考克斯当选总统的消息,估计听众有两千多人;第三,该台定期对外界广播。

继KDKA之后,美国的一些无线电公司在纽约、芝加哥等地相继开办电台,办电台一时间成为热门生意。1922年初,美国有28家电台,六个月后为378家,到年底已激增至570

家，收音机拥有量达到200万。1924年，美国拥有的收音机数量已经超过500万台。到20世纪20年代末，几乎半数的美国家庭已经拥有了收音机。

前苏联也是试验和应用无线电广播较早的国家。1922年9月，莫斯科中央无线电广播电台开始播音，该台发射功率12千瓦，是当时世界上功率最大的电台。同年11月7日，该台被命名为“共产国际广播电台”。英国、法国、德国等国家也在20年代初开办了广播电台。1925年，全世界开办电台的国家已经超过20个。

广播一经产生，便迅速得到了发展，到1927年，广播已经从流行产业发展成为主流产业。这一时期，不但出现了广播广告，而且出现了广播网（或称为连锁广播）。

1930～1948年，广播以奇迹般的速度发展，成为人们生活的组成部分，开创了新的新闻和娱乐形式，进入了发展的“黄金时期”。大量的广告从报纸杂志流向广播，而广播新闻也成为报纸“号外”的杀手。[①] 广播网的出现，不但使广播的势力范围迅速从城市扩散到农村，也促进了大众文化的形成。这一时期，广播逐渐成为人们获取信息和娱乐的主要媒介。调查显示，当时70%的美国人都把广播当作新闻的主要来源。40年代中期，平均每户美国人有1.5部收音机。

20世纪20年代末期到30年代初期，国际广播开始出现。1927年，荷兰率先采用本国语言对海外殖民地进行广播，其目的在于让当地的荷兰公民及时了解国内正在发生的事情。1929年，前苏联也开始采用外语对欧洲进行广播。法国、英国、德国、意大利等先后在30年代初期开办了对外广播事业。第二次世界大战期间，开办国际广播的国家从战前的27国增加到55国，有些国家甚至播出30～40种语言的对外广播节目。

第二次世界大战期间，广播在对内和对外广播方面发挥了重要作用。英国、美国、前苏联等国家和德国、意大利、日本等国家展开了“广播战”，各国领导人也纷纷利用广播对民众进行宣传鼓舞，并体现出了不同的风格。丘吉尔的演讲式、罗斯福的聊天式、戴高乐的呼吁式、斯大林的命令式和希特勒的鼓动式讲演，都给听众留下了深刻的印象。

同样在三四十年代，调频广播开始出现。1933年，美国人埃德温·阿姆斯特朗发明了调频广播。但随之而来的第二次世界大战阻碍了调频广播的发展，直到20世纪50年代，多数国家才开始开办调频电台。广播技术的发展开始进入较为成熟的阶段。

在无线广播发展的同时，有线广播也取得了进一步发展，并发挥出更大的作用。有线广播的产生先于无线广播。据史料记载，西奥多·普斯卡在1893年把布达佩斯市的700多条电话线连接起来进行新闻广播，称为“电话报纸”。前苏联是有线广播最为发达的国家之一。该国的有线广播体系建立于20年代初，到1930年已有有线广播站1880座，到1940年则猛增到11178座。前苏联的有线广播在苏联卫国战争期间起到了非常巨大的作用。

（二）广播的低谷及新生

20世纪50年代以后，电视业的崛起给各国的广播业带来了挑战，电视不但夺走了广播

---

① 张海鹰等：《电子媒介导论》，复旦大学出版社2006年4月版。

的受众,还“挖”走了一批优秀的广播明星,带走了广播广告。在20世纪五六十年代,“广播消亡论”先后在许多国家出现。美国《纽约新闻报》的记者甚至曾经这样写道:“虽然没有人愿意说广播日渐式微,但许多广播界领袖却没有人否认确实如此。同样地,这种感觉也在政府行政官员、节目编播人员、广告客户中流行,引起普遍共鸣。甚至有人预言广播的寿命最多不过一两年之事。”①很多人认为,广播收音机将被扔进垃圾堆或进入历史博物馆。令这些悲观主义者没有想到的是,广播并没有消亡。因为广播进行了适时地转变,从面向大众的群体接收媒体向更加小众化的细分媒体转变,并逐渐地恢复了元气。

20世纪60年代开始,以美国为代表的广播发达国家相继涌现出了许多定位更加具有针对性的类型电台,以其相对细分化的节目获得了受众的青睐。如“金曲40”(Top 40)这样的类型化音乐频率,就是在这一时期出现的。除重新定位节目外,广播电台还重新定位了广告基础,加强了对地方广告主的吸引力。

尽管广播已经告别了第二次世界大战中的“黄金时期”,但广播电台和收音机的数量仍在继续发展,全世界收音机的拥有量已经从20世纪60年代中期的约5亿台,增加到90年代上半叶的20亿台,平均2.4人一台,每个美国人则拥有一台以上的收音机。

(三)广播现状和趋势

尽管20世纪90年代以来,出现了以网络为代表的许多新兴媒体,但从整个世界范围看,广播并没有衰落。西方发达国家还不断改进广播技术,以技术发展带动广播产业的发展,广播已经逐渐从模拟的调频、调幅广播向数字化的数字音频广播乃至数字多媒体过渡。现在除了传统的调幅/调频(AM/FM)广播外,还出现了许多“新广播”,如卫星广播、高清晰度广播、网络广播、MP3、播客和手机广播等。

根据 Oliver and Ohlbaum 公司的调查显示,欧洲大陆拥有400个公共电台频率和5100个商业电台的频率,年营业额近100亿欧元,潜在听众5亿。有2/3的欧洲人每天收听3小时的广播。

以美国为例,2002年,美国总共拥有13685家电台,其中超过80%是商业电台;有20多家全国性的广播网,100多家区域性广播网,2家卫星广播运营商。根据全球著名媒体购买者OMD的统计资料,2002年广播广告收入达200亿美元,占整个美国媒体广告市场的14%,而且这个数字在逐年增长。②

近年来,虽然传统广播听众的数量出现持续下滑的情况,但2007年的广播听众与2000年相比只减少了2%。著名媒介调查公司阿比特朗的调查数据显示,2007年美国AM/FM广播的听众仍然占到12岁以上人口的93.3%。与此同时,“新广播”听众数量获得了增长,而且“新广播”听众仍然忠诚于传统广播。79%的播客听众和77%的网络广播听众表示,他们仍将像现在一样收听传统广播的节目。40%的卫星广播听众也表示,不会因“新广播”放弃

① 刘建顺:《现代广播学》,五南出版社2001年版。

② 陈怡:《美国广播产业的发展现状及我们的应对策略》,《新闻记者》2003年第8期。

传统的 AM/FM 广播。从收入来讲,2006 年,美国广播业的收入(包括传统广播、卫星和数字广播在内)210.7 亿美元,其中 92.5% 的收入来自传统的 AM/FM 广播。

二、中国广播的产生与发展

(一)旧中国的广播事业

我国的广播事业开始于 20 世纪 20 年代初。1923 年 1 月 23 日,美国人奥斯邦在上海开办了中国境内第一座广播电台 XRD。由于违反了中国政府的相关规定,很快便被查封。其后建立的"大陆报——中国无线电公司广播电台"也在开播四个月后被取缔。早期的中国广播电台和美国早期的实验电台一样,主要是无线电公司为了推销产品而建立的。

1926 年 10 月,中国人自办的第一家广播电台在哈尔滨开播。1927 年 3 月 18 日,上海新新公司开办了国人自办的第一座商业电台。这一时期,全国大约有 10 座电台,发射功率小,收听范围窄,影响较小。1929 年,国民政府公布《电信条例》,允许民间经营广播,到 30 年代初,在一些大中城市先后出现了 70 余座民营电台,绝大多数在上海。

1928 年 8 月 1 日,国民党中央广播电台在南京开办,呼号 XKM,1932 年呼号更为 XGOA,是当时亚洲最大的广播电台(该台在 1949 年国民党撤离大陆时前往台湾)。从 1928 年到 1936 年 6 月,国统区共有各类电台 78 座,全国(包括东三省)收音机社会拥有量约为 20 万台①。

1940 年 12 月 30 日,中国共产党领导下的延安新华广播电台开始播音,呼号 XNCR②。1947 年 3 月,延安新华广播电台更名为陕北新华广播电台。1949 年 3 月 25 日,陕北新华广播电台随中共中央进入后更名为北平新华广播电台,实际上具备了国家广播电台的性质,并于 1949 年在天安门广场转播了中华人民共和国开国大典的实况。此时,各地已建立人民广播电台 40 余座,全国收音机拥有量 100 万台左右。

除了私营商业电台、国民党党营电台和中国共产党领导下的人民广播外,在新中国成立之前,我国境内还短暂出现过日伪电台和外国人开办的少数电台。

从广播诞生到新中国成立之前,广播电台主要集中于城市,广大民众无缘接触。

(二)新中国的广播发展

1949 年 10 月 1 日新中国成立后,我国的广播事业开始进入新的历史发展阶段。1949 年 12 月,北平新华广播电台更名为中央人民广播电台,正式承担起国家广播电台的责任。建国初期,我国广播事业快速发展,至 1956 年年底,不仅中央台的力量大为增强,而且除西藏地区外,全国各省和直辖市都已设立了广播电台,2/3 的县(市)都建立了有线广播站,并装设喇叭 51 万只,其中 80% 装在农村。广播事业建设成为这一阶段国家文教事业各部门中

---

① 张海鹰等:《电子媒介导论》,复旦大学出版社 2006 年 4 月版。

② 1980 年,经中共中央宣传部批准,将延安新华广播电台的开播日定为中国人民广播事业的创建日。

建设投资比重最高、发展速度最快的一个部门。① 到1961年年底,全国无线电台已发展到135座,显示有线广播站2078个。1962年,国家提出"调整、巩固、充实、提高"八字方针后,广播事业压缩了规模,广播电台数目锐减。到1965年年底,全国共有无线电台87座,县市有线广播站2365个②。

1966～1978年的12年间,中国广播业尤其是有线广播超常规畸形发展,1976年,全国建成县级有线广播站2503座。97%的人民公社、93%的生产大队、86%的生产队都通了有线广播,农户安装有线喇叭也达60%,被称为"世界历史上不曾有过的飞速发展"和"'文革'十年中唯一值得称道的奇迹。"③

新中国成立后,除了对内广播的发展,国际广播也取得了进步。早在1941年12月3日,延安新华广播电台就开办了以侵华日军为主要对象的日语广播节目。该节目两年后停播。1947年,陕北新华广播电台开办了英语广播。陕北新华广播电台迁入北平后,英语广播继续播出,并恢复了日语广播,并于1949年10月1日用英语、日语向世界作了中华人民共和国宣布成立的报道。1950年4月10日,中央广播事业局成立国际广播编辑部,以"北京电台"(Radio Beijing)的呼号开始播音。到1965年年底,对外广播的语言已达27种。从播出的规模、语种和播音时数上排名世界第三。

从新中国成立到改革开放之前,广播被定位于宣传鼓动和阶级斗争的重要工具,因而其主要任务为政治宣传和社会教育,具有鲜明的阶级风格和民族特色。总体而言,尽管在建国以后,中国广播取得了一定的发展,但发展的片面性也是客观存在的现实。

(三)改革开放以来的广播发展

改革开放以来,为适应政治体制和经济体制的改革,我国的新闻改革也开始进入新的历史阶段。广播改革也从早期的内容改革向机制改革、体制改革变迁。广播业不但要面临电视这种旧媒体的竞争,还面临着网络这种新媒体的挑战,与此同时,随着媒介获知渠道的增加,受众分化和青年受众流失成为广播创新的动力。

改革开放以来的广播改革大体分为几个阶段:

1. 1980～1986年:广播改革初始阶段

以1980年10月召开的第十次全国广播工作会议为起点,广播新闻报道逐渐脱离报纸有声版的形象,开始采用富有广播特色的宣传报道方式。这一阶段,虽然广播界的改革主要停留在追求新闻的真实、简短、迅速、新颖和灵活,但对广播媒介的功能定位有了转变,从以政治教化为主的单一功能,转变为传播信息、社会教育、提供娱乐、自主经营发展的多元功能。至1982年年底,广播电台已发展至118座,广播人口覆盖率64.1%。这一阶段,广播广告恢复播出,并迅速发展。1983年,全国广告经营额为23407.4万元,广播广告经营额为

① 《当代中国的广播电视》编辑部:《中国广播电视大事记》,北京广播学院出版社1987年版。
② 张振华(主编):《中国广播电视新论》,中国广播电视出版社2004年版。
③ 朵春生:《中国改革开放史》,红旗出版社1998年版。

1806 万元,占广告市场份额 7.7%。

1983 年,第 11 届广播工作会议提出"扬独家之优势,汇天下之精华"的广播改革的要求,成为此后多年广播改革的指导思想和行动指南。以中央 37 号文件的下发和贯彻为标志,以新闻改革为主体的广播宣传改革全面展开。录音报道、现场报道、现场直播等节目形式大幅度增加,并开始在广播节目中发挥重要作用。这一时期,广播节目也开始敢于触及社会热点、难点,在进行正确舆论导向,加强舆论监督方面起到了积极作用,一批名牌节目开始涌现。

同样在这一次广播工作会议上,提出了"四级办广播、四级办电视、四级混合覆盖"的广播电视发展方针,"四级办"提出之初,确实推动了广播电视业的发展,但在 90 年代以后,也将广播电视业带入到制约发展的体制困境。

2. 1986 年~20 世纪 90 年代:广播整体改革阶段

1986 年,广东珠江经济电台的创建和改革,标志着我国广播改革从微观业务改革向宏观观念变革转型。珠江经济广播电台以"板块节目"为特点,采用主持人直播节目方式,通过"热线电话"实现听众直接参与,以全新的面貌赢得了受众。1985 年随机抽样调查表明,在广州地区,收听广东台和港台的比例时 3:7,有的地方甚至是 2:8 或 1:9。珠江台开播后的 1987 年以后两年由广州社情民意中心的调查表明,港台和我台(广东电台)在广州地区的收听率正好颠倒过来,即一般情况下为 3:7,也有 2:8 或 1:9 的。①

珠江经济台的建立,对国内广播改革起到了示范作用。此后几年,"珠江模式"的"主持人、大板块、直播式、开放式系列台"成为了各级广播电台的样式和必由之路。1987 年 6 月,上海推出新体制,广播台按新闻、文艺、教育、经济分类,率先实现了系列台的宣传构想。1987 年 1 月 1 日和 1988 年 7 月,中央人民广播电台两次对节目进行全面调整,推出全新的节目。在此后几年间,全国各地先后建立几十座经济广播电台,形成了鲜明的"经济台现象"。与此同时,在全国各级广播电台中普遍兴起广播直播,系列台、专业台的建立也形成一股热潮。

1992 年邓小平南巡讲话以后,广播以全新的面貌出现在新闻竞争中。直播板块、主持人节目、听众热线参与等广播节目形式热度不减并持续升温。1992 年年底,上海东方广播电台开播,该台标榜"以信息性适应时代,以服务性争取市场,以参与性赢得听众,以明星主持为标志"。上海电台和东方电台的同城竞争,中国广播热由此出现新一轮高潮。1993 年前后,全国大多数地方台都按照"珠江模式"和"东广模式"进行改革,开办了系列台、播出以主持人直播为主要形式的节目。全国 90% 以上的电台开办了热线直播②。

80 年代中期以后到 90 年代,中国广播业快速发展。1988 年,全国广播电台 461 座,比 1982 年增长 2.9 倍,广播的人口覆盖率达 74.7%。随着广播电台数量的增加,广播业的散、滥问题也开始出现,因同质化导致电台内耗加剧。国家广电总局从 1998 年开始,治理广播

---

① 曾广星:《十年广播改革回顾与思考》,《横空出世》,中国广播电视出版社 1999 年版。

② 王宇:《大众媒介导论》,中国国际广播出版社 2003 年版。

电视的散、滥问题。同年，广播电台数量从1997年的1363家减少为298家。广播也开始向集约化方向发展。

需要注意的是，在90年代后期，广播改革初期快速发展阶段形成的一些问题开始逐渐显现：一些地方不顾实际情况，盲目模仿的问题日益暴露，节目粗糙、话题雷同、方式单一、语言贫乏等问题日渐显现。再加上网络这一新兴媒体加入到媒介竞争的行列，广播再度进入徘徊的低谷。

3. 新世纪后：广播改革立体化发展阶段

新闻改革作为政治体制改革、文化体制改革的一个组成部分，包括更新思想观念、改变传播内容和方式、完善体制和运行机制、加强经营管理和队伍建设等方面。其中观念的变革和更新称为广播改革的关键和前提。

进入新世纪，以北京电台为代表的改革方式开始出现，新一轮改革将发展重点从广播内容形式的变革和运营机制的优化向广播资源的整体优化和追求规模效应转变。北京电台以听众为中心，将其改革思路确定为：两个竞争（内部、外部竞争），两个提高（节目质量提高和广播人的素质提高），两个效益（不断提高社会效益和经济效益）①。为实现其改革目标，北京电台自1994年专业化格局初步形成以来，不断根据变化的市场、受众的需求和经营的状况，调整专业化办台的思路和策略。1996年，把儿童台并到教育台，1999年创办生活台，2001年创办体育台，2005年创办城市管理广播等。北京电台注重以宏观调控手段促进频率专业化建设，为各专业频率划分“势力范围”，规范管理，对内对外有序竞争；1997年，北京台广告收入达到1.1亿，成为国内首家广播广告超亿元的电台。2005年数据统计：北京市场听众收听状态分析，北京人民广播电台占市场份额74.5%。其中北京电台新闻、音乐、文艺、交通等八个频率中，交通广播频率将近1/5市场份额。2005年，北京电台广告费4.5亿，较2004年增长20%以上。不但其自身广告收入位居全国第一，其下属交通频率的广告收入也列全国单个频率收入之首。

从全国范围讲，2000年以后，中央和地方各级电台通过频率品牌化、节目专业化、内容精品化等手段，广播电台数量、广播人口综合覆盖率、广播节目播出量以及广播收入都取得了较大提高。著名媒介调查公司AC尼尔森2004年的一项媒介调查研究显示，近半数15岁以上的北京市民每周收听广播，平均每周收听14.5小时，上海市民的电台接触率高达93%。央视索福瑞的调查结果是，10岁以上的人群中，北京居民平均每天收听广播的时间在60分钟左右，广州居民为70分钟，上海居民达85分钟。中国成为仅次于美国的全球第二大广播市场②。CSM媒介研究在全国25个重点城市的收听率数据显示：2007年，广播听众的人均每日收听时间是89分钟，较2006年的97分钟有小幅下降，但是比2005年的69分钟仍有明显的增长，基本维持了自2003年广播市场复兴以来的繁荣态势③。2008年，全国广播综合

① 曹璐：《广播新闻理念与实务创新研究》，中国广播电视出版社2007年5月版。

② 调查显示：中国已成为全球第二大广播市场，新华网。

③ 佟菁菁：《2007年中国广播收听市场回顾》，《北方传媒研究》2008年第1期。

人口覆盖率为95.96%，比2007年增长0.53%。[①]

广播收入方面，全国广播电台广告收入由2000年的15.65亿元增加到2004年的31.23亿元，平均年增长12%。其增长幅度超过了电视和报刊等平面媒体。2005年有12家地方电台广告收入超过一亿元。2007年，全国收入第一的北京人民广播电台广告收入高达5.6亿元，其次是广东电台、上海电台、浙江电台、深圳电台、江苏电台、中央电台、河南电台、山东电台和湖北广播电视总台。

尽管广播业总体发展良好，但与其他媒体相比，广播在全国媒介市场所占的份额仍然较少，还需要进一步挖掘自身媒体潜力，通过加强节目运营等，通过与其他媒体尤其是新媒体的结合，增强自身在媒介融合时代的发展能力。

第二节　广播的传播手段

广播的传播手段包括：传播符号、节目和传输方式。

一、广播的传播符号

广播的传播符号是广播赖以携带信息、表达思想和情感的物质载体。广播唯一的传播符号是声音。声音产生时，物体振动激发周围空气，以强弱不同的振幅的声波向周围扩散，作用于人的耳膜产生听觉，因此，人们对声音的感知具有主观差异性。声音具有极强的表情达意乃至塑造形象的能力，可以充分调动感知者的认知和联想能力，并在听者的头脑中产生带有主观特色的声音形象。同时，声音还有感染情绪、渲染气氛的能力。

（一）语言

广播的声音符号系统主要由语言、音响和音乐三个要素构成，其中广播语言是广播信息传播最基本的符号系统，广播语言是介于书面语言和口头语言之间，以一般口头语言为基础，既比书面语言通俗易懂，又不同于日常生活语言的一种口头语言。广播语言比日常生活语言简洁、准确、严密，较少依赖具体语言环境。

运用广播语言，需要注意两点：一是要坚持口语化、通俗化的原则；二是要注意语言声调、韵律、节奏的形象性、生动性。广播新闻工作者如果能够做到同时注意这两个方面，就能够增强广播语言的准确性和立体感、节奏感等。

（二）音响

音响指的是广播中除传播主体（如现场记者、播音员、主持人、广播剧中的人物）的语言之外的其他一切声音，包括新闻广播中的实况音响和文艺广播中的效果音响。一般而言，音

---

① 《2008年全国广电收入同比增长10.3%》，http://info.ad.hc360.com/2009/01/17094660449.shtml。

响在广播节目中的作用体现在三个方面：增强事实传播的真实感；具有较强的感染力；擅长传情。利用音响进行报道是广播的特色。新闻广播中运用的音响必须是真实的、实地采录的音响，不能虚构或挪用。文艺广播中的音响在符合生活真实的前提下允许虚构和模仿，但也不能过于随意。在广播新闻中，音响不但可以起到增强广播新闻现场感的作用，还能够表现一定的时间和空间，甚至起到渲染、烘托气氛的功能等作用。现在，广播节目日益重视音响报道，在节目采编过程中最大限度地使用音响，充分体现广播的特性，展现声音的魅力，这就是国外所谓“音响的回归”。

（三）音乐

音乐是高度形象化的情感性符号，既不同于具体描绘事物的语言符号，也不具有视觉符号的直观性。广播中的音乐一方面可以配合其他节目形式，另一方面则可以独立成为一种节目形式。广播特别是调频立体声广播，已经成为今天最重要的音乐传播媒介。在目前的广播专业频道中，以播送音乐为主的音乐频率所占的比例是最大的。

二、广播节目

节目是广播内容的最终组织形式和播出形式，以时段划分，按照线性传播方式组织内容，依次播送。每个广播节目都有明确的宗旨、方针，特定的名称、内容取向和表现风格，广播节目可以按照不同的标准进行分类。目前，我国广播节目存在多种分类系统，其中最为普遍的分类方式是按照内容性质分成新闻性节目、文艺性节目、教育性节目和服务性节目。

（一）按照内容性质分类

1. 新闻性节目

以报道和评论新近发生或正在发生的新闻事件和人物为内容的各种广播节目的总称，内容涉及政治、经济、军事、文化、教育、卫生、体育等社会生产生活的各个领域，担负着宣传党和国家的路线、方针、政策，及时报道国内外大事，准确传播最新信息，正确引导社会舆论的重要任务，是广播节目的“龙头”、骨干、主体，由新闻节目和新闻性专题节目组成。新闻节目一般都安排在黄金时段或在整点、半点定时滚动播出，社会影响很大。新闻性专题节目还可以按照节目所反映的领域、体裁和性质进一步细分。

2. 文艺性节目

这类节目是广播与文艺结合的产物，是对以传播和介绍文学、艺术作品为主要内容的各类节目的总称，是用广播的方式传播文化艺术，使受众达到审美和娱乐目的的一种广播节目形式。在广播文艺节目中，经常播出各种形式的中外文学艺术作品，播送分析、评价文艺作品及介绍文学艺术知识的文章，有的时候还以现场直播的方式转播影剧院、书场和音乐厅的演出实况。文艺节目的播出时间约占广播节目时间的一半左右。

3. 教育性节目

教育性节目是通过广泛的知识、多样化的形式，传播政策、法规、道德、文化、科学等方面的知识,进行社会教育为主要目的的节目的总称,也就是我们常说的"社教节目",在国外也被称为"公共教育节目"或"公众利益服务节目"。这类节目的题材和内容十分广泛,有教学节目、理论节目、科技节目等。

教育性节目一般可以分为教学节目和专栏节目两类。教学节目的内容、时间都与学校教育类似,内容可以是电大这样的学历教育课程,也可以是应用型的教育课程。专栏节目则不像教学节目那样有系统性,但可以满足社会不同层次的需要,如《经济与社会》、《法制新世纪》等都属于教育性专栏节目。

4. 服务性节目

服务性节目是以特定的内容为听众日常生活、学习、工作服务的节目的总称,也可以把新闻性节目、文艺性节目、教育性节目以外的节目都视为服务性节目。与其他类型的节目不同,服务性节目最明显的特征就是这类节目具有较强的实用性。此外,以节目形式出现或在节目中间插播的各类广告,虽然是有偿的,但也属于服务性节目。

(二)按照内容和组合方式分类

1. 专题性节目

专题性节目可以进一步细分为固定播出、不定期播出以及临时设置的专题节目等几种类型,该类型节目内容相对单一,常常用于对某一领域、某一方面的情况和问题所作的连续深入的报道,或对某一重大事件、典型人物等所作的较为详尽的报道和介绍。

2. 综合节目

综合节目与专题对应,按照一定指导思想和编辑方针,将多种内容和表现形式的作品有序组合而成。

3. 板块节目

板块节目是指在一段时间内,由若干单元和栏目构成的大时段综合性节目。这类节目在西方国家和港台地区被称为"综合节目",国内也有人称之为"大时段综合式主持人节目"。该节目形态最早由广东电台采用,但真正得以广泛运用并在内容和形式上趋于成熟还是在珠江经济台开播以后,该台将节目分成八个板块,每个板块又根据自身的对象、方针、任务设置若干栏目。其后,板块节目被国内广播电台纷纷效仿并普遍采用。板块节目一般都采用直播形式播出,有专门的节目主持人。

(三)按照节目播出方式分类

1. 录播节目

录播节目是广播电台在现场或演播室录音后播出的节目。录播节目提前制作,如有不妥可以经过编辑或者重新录制而避免;也比较容易计算节目时间,利于播出控制;便于重播、复制和保存。但由于需要事前录制和剪辑,报道的时效性比直播节目要差。

2. 直播节目

直播节目就是在现场或者直播室不经录音、直接播出的节目。直播节目中可以随时插播最新信息，报道的时效性强；现场直播直接在现场或直播间播出，生动可信，现场感较强；但是由于未经剪辑，直播节目不容易做到内容集中、表述精练、结构严谨，也比较容易出错。

三、广播的传输方式

广播以发射、接收设备和电波（无线或有线）为传播信息的物质载体，其信息传送全过程包括四个环节——广播节目的采集、编辑、加工、制作；广播节目信号的发射和传输；听众通过接收设备收听广播节目；听众对广播节目的反应和回馈。我们所说的广播的传输方式特指广播节目信号的发送和传输方式，也就是广播节目内容转换为音频信号发射和传输的基本方式。广播传输方式是介于广播节目和受众之间的重要环节。

（一）无线广播

无线广播是通过无线电波传送广播节目的传送方式。

1. 调幅广播和调频广播

无线广播根据不同的划分标准又可以分为多种类型，按照调制方式可以分为调幅广播（AM）和调频广播（FM）。当正弦形载波的振幅受调制信号（即广播节目的音频信号）控制而按调制信号的规律变化时，成为调幅广播。调幅广播在服务区域内能收到稳定的电波，在山区和高楼林立的地区，不会因多镜反射而产生信号失真的现象，但由于其射频频率低，容易受到雷电等和人工噪声的干扰。我们常说的长波、中波、短波的声音广播就是调幅广播。

当正弦形载波的振荡频率受到调制信号（即广播节目的音频信号）控制而按调制信号的规律变化时，称为调频广播。我国无线电规则规定，调频广播的范围是87.5～108兆赫。与调幅广播相比，调频广播的噪音小、音质好、抗干扰能力强，可以作高保真广播。但是，由于调频广播载波频率为米波段，不能受电离层反射，常用作地区性广播。

在国外，调频广播应用比较广泛，欧美等发达国家已经在逐步减少和取消中波广播，对内广播大量采用调频广播。我国的调频广播自20世纪80年代起大力发展，目前的立体声广播一般采用调频方式广播。微波接力传送和卫星传送广播节目通常都采用调频制。

2. 长波、中波和短波广播

广播按照使用的波长可以分为长波、中波和短波广播。长波广播使用频率在150～285千赫之间，波长约2000～1050米。长波频段的无线电波沿地面传播时衰减很小，其传播服务范围可达几百公里。长波在我国只应用于无线电通讯和导航业务。长波广播采用调幅方式。

中波广播的使用频率在300～3000千赫之间，波长为100～1000米。按照1979年世界无线电行政大会的规定，亚洲地区的中波广播从526.5～1605.5千赫，波长约为570～187米。我国采用的也是这一标准。中波广播既可利用沿着地面传播的地波传播，也可依靠电离层反射的天波传播。白天主要依靠沿地球表面传播的地波进行传播，由于地面介质的吸收，电波衰减较大，传播距离较近；晚上则依靠天波和地波，由于天波的传播距离较远，所以中波广播晚上的覆盖范围比白天大。中波广播采用调幅方式。近年来,有些国家开始采用中波进行立体声广播。

短波广播使用的频率从2.3～26.1兆赫,波长约130.43～11.5米。短波广播频段中地波衰减很大,不能形成有效服务区,主要靠电离层的反射来进行传播。使用方向性强的天线并调整天线的高度和方向,短波广播可以传送到地球上的任何地区。因此,短波广播一般用于国际广播或对边远地区的广播和节目传送。由于电离层的变化,短波广播的可靠性和稳定性较差,接收好坏与昼夜、季节变化也有一定关系。短波采用调幅方式。但1985年的世界无线电行政大会决定,从2015年年底开始,短波广播全部采用单边带制,不但可以设置更多的电台,还可以节省功率。短波广播是国际上唯一公认可以用于对国外广播的频段。

(二)有线广播

有线广播通过导线或光导纤维所组成的有线传输分配网络,将广播节目信号直接传送给用户接收设备的广播传输方式。它具有抗烦扰性强,可有效地控制接受范围,传输频带宽,能构成双向传输系统等特点,可与无线广播互为补充,构成完整的广播传输网络。

从历史发展上来讲,有线广播出现在无线广播之前。但是,直到20世纪30年代开始,一些国家才真正开始建立现代意义上的有线广播。

(三)数字广播

数字广播就是用数字编码技术和解码技术完成信息的采集、录制、播出、传输和接收的全过程的传播技术,广播包括数字音频广播(DAB)和数字多媒体广播(DMB),被认为是继调幅(AM)、调频(FM)后的第三代广播。

数字广播技术发源于欧洲。1980年,德国广播技术研究所首先开始DAB研究。1986年,德、英、法、荷等国组成尤里卡(Eureka)联盟,制定DAB规格(Eureka－147)。两年后,在日内瓦进行了首次DAB测试。1995年6月,国际电信联盟(ITU)建议以Eureka－147作为世界标准。为了与欧洲抗衡,美国研发了IBOC系统。目前,世界上已经开办数字音频广播或进行数字广播实验的国家大多采用的是欧洲的DAB标准。

我国已于1996年在珠江三角洲正式开播了亚太地区第一个DAB先导网。2005年4月,北京电台数字广播节目试播,首推"世界音乐"节目。上海、南京、天津、郑州等地的电台也纷纷对数字广播业务进行尝试。

与AM和FM广播相比,数字广播具有以下优势:

音质好。与传统的广播服务相比,数字音频广播能够减少声音失真,改善音质。听众可以收听到CD质量的广播节目。

容量大。由于数字广播每个电台所占用的频带非常窄,因而在同样的可利用频段中,它所能容纳的电台数量就多。另外,使用数字播音,同一个频率上面可容纳更多的信息。

可控制。我们使用的传统收音机只能是被动地接收广播电台播放的内容,一旦错过某一节目,只能等待电台重播。开通数字广播之后,听众可以根据需要使用数字音频广播收音机及时地暂停和快进数字广播节目。

易互动。传统广播的互动主要是听众使用电话、手机短信等方式进行的。在数字广播时代，根据数字传播的特性，听众甚至可以自取节目素材、自动重组节目，所谓“拉式”收听。

但是由于数字广播接收机的价格比较昂贵等原因，世界范围内 DAB 的发展并没有业界预想的那么迅速。即便在 DAB 技术诞生的欧洲，有些国家的广播公司也在考虑是否需要对现行 AM 和 FM 进行技术改造的 DRM 技术开发数字广播。

数字广播的传播方式有地面广播与卫星广播两种。目前卫星数字广播发展较好，尤其在美国，尽管数字广播公司仍然亏损，但数字广播已经成功地吸引了大量听众。2001 年 11 月，世界上第一座卫星数字广播服务站(XM)在美国建成，听众借助专门的收音机可以直接收听到一百多个波段的足以与 CD 媲美的音乐、体育和新闻节目。不久，另外一家卫星广播公司 SIRIUS 开播。到 2005 年 6 月底，XM 已有 440 万用户，同比增长 55%，收入达 1.25 亿元，同比增长超过 200%；SIRIUS 的用户为 181 万，同比增长 184%，收入 5220 万元，增长 295%[①]。2007 年初，两家公司宣布合并，在合并消息传出之前，两家公司已经拥有 1400 万广播听众。有分析人士预测，卫星广播有望在 2008 年转亏为盈，并成为挑战传统广播、分流其高端受众的强劲力量。

第三节　广播的传播特点

广播作为传统三大媒体之一，在人们的生活中起着非常重要的作用，在那些经济发达国家，广播的作用更是非常重要。以美国为例，美国是世界上最早拥有广播电台的国家，也是当今世界广播业最为发达的国家。在电视出现之前，广播在美国人的生活中扮演着重要的角色。20 世纪 30 年代末期，美国每个家庭拥有一只以上的收音机，即便是在 1929 年股市大跌带来的经济萧条期间，无线电收音机的数量都在不断增长，广告在不断增加，收音机的数量几乎每五年就增加一倍。正如著名传播学者梅尔文·德弗勒在其著作中描述的那样：经济来源窘迫的家庭，收音机坏了以后也要省吃俭用攒钱修好。他们也许把家具还给贷款公司或拖欠房租，但他们死抱住收音机不放。今天，广播已经像棒球、热狗和苹果派一样成为美国文化和传统的一个部分。美国统计调查公司的调查结果显示：12 岁以上的美国人中有 96%、2.1 亿人每周以不同的方式收听广播节目。1995 年，美国收音机总量为 5.88 亿台，平均每人达 2.77 台。在中国，近年来一直趋于沉寂的广播也在 2002 年以来呈现了复苏的态势。截至 2008 年末，全国共有 258 家广播电台，有广播节目 2495 套，广播人口覆盖率达到 95.43%。

广播的魅力究竟何在？从广播的共性来看，作为媒介的广播具有如下传播特点：

---

① 孙镜：《广播媒体的卫星化生存》，《中国记者》2005 年第 10 期。

一、广播的传播优势

(一)听觉媒介声情并茂

广播利用声音符号来传递信息,受众通过听觉通道接收信息,是广播与电视、报纸区别的重要特征。广播可以将平面的文字转化为有声语言,通过电波传送到听众那里。广播节目中的声音有来自播音员、主持人的声音,也有来自事件现场的各种背景声音。这些声音混合在一起,成为广播节目重要的组成部分,共同架构起广播节目的支柱。

英国著名作家萧伯纳说过,在英语里有五十种说“是”的方法,有五百种说“不是”的方法,而只有一种写的方法。日常生活中,因为语音、语调的不同,语言中含有的意味也大不相同。一个含义确定的词,在不同的语境下有着不同的表现,传达着不同的意义。同样,大量背景声的采用,也有助于调动听众的积极性,并通过这种潜在的信息加深听众对于节目内容的理解,对于有效传达信息有着积极的作用。

广播节目以声音作为符号,能够传达出不同的现场感受,使得听众能够从播音员、主持人的语音、语调中感知到单纯字面无法表达的内涵。一个甜美的、富有磁性的或具有特色的声音可能激起听众广泛的兴趣和共鸣,激发听众的收听欲望,并促使他记住其中的内容。因此比印刷媒介更能在情绪上感染人。

第二次世界大战期间,美国广播公司著名主持人凯蒂·史密斯在一次战争募捐节目中连续广播 18 个小时,共筹集 3900 万美元,创下了广播史上直播时间最长、收效最大的纪录。同一时期,美国总统罗斯福作的一系列“炉边谈话”,以其亲切的口吻宣传新政,使改革的思想深入各家各户,极大地鼓舞了美国人民的信心。英国首相丘吉尔则以其慷慨激昂的号召力,激发了英国人参与战斗,与纳粹德国斗争到底的热情和忠诚。

(二)电波传送时效性强

广播利用电波传送信息,其传递速度非常快。电波的速度是每秒钟 30 万公里,相当于绕地球赤道 7 圈半。这样看来,广播传输的速度差可以忽略不计,广播听众听到的节目几乎是同步的。与印刷媒介相比,广播节目制作、传输、接收的环节较少,可以达到几乎同步播出。一旦有重大突发性事件发生,广播电台最容易在第一时间作出反应。

1981 年 3 月 30 日下午 2 时 25 分,美国总统罗纳德·里根在华盛顿希尔顿饭店的要人出口处微笑着向门外的群众和记者挥手致意时,突然遭到枪击。估计时间为 2 时 28 分。面对这一突发事件,各大新闻媒介展开了激烈的竞争。事件发生仅 2 分钟,美国广播公司(ABC)电台即播出了该台驻白宫记者萨姆·唐纳森的首篇报道。2 时 31 分,国际合众社的新闻稿发到了各新闻机构。同一时间,美国广播公司电视记者汉克·布朗镇定自若地拍下了里根遇刺的全过程。2 时 34 分,美国广播公司下属电视台开始播出布朗拍摄实况录像。等到报纸上的相关报道出版时,已经是若干小时之后的事了。

在美国、日本等国家,受众日常接收信息的主要来源为电视、报纸、广播,但在首先获得重大新闻的排序中，则是广播、电视、报纸。

（三）弹性媒介伴随性强

听众收听广播节目，可以不受时间、地点、空间的限制和影响。现在，广播接收装置不断更新换代，各种轻便廉价的收音装置便于随身携带，这就使得听众在吃饭、做饭、走路、候车、开车等时候都可以随时收听节目。相比较而言，看报纸和电视则不能在这样随意的状态下进行。尤其是电视，至少在目前状态下还不能随时随地携带一台电视机。

同时，由于广播听众处于半接收状态，收听广播只是一种伴随行为，与做其他事情并不相互影响，这也在一定程度上为广播节目扩大影响提供了便利。有的学者称广播所具有的这种能力为广播的深度"涉入"能力。

（四）广播的受众面广

广播节目的收听不受听众文化程度的影响。一个人是否识字会影响他接触文字传媒（报纸、杂志）的可能性，其文化水平的高低会影响到接触文字传媒的深度和广度。但广播不同，只要是操同一种语言，无论男女老幼，都可以听懂同样的广播内容。那些年龄很小，不具备识字能力，甚至是拼音能力的孩子必须依靠父母，由父母给他阅读才能弄明白一本书或一张报纸上面的内容，但广播就不必。因为这些语言是他日常生活中可以接触到的。对于一个成年文盲或半文盲更是如此。也许他根本弄不明白一本书的反正，却可以从广播节目中学到许多知识。这是印刷媒介所不能够给予受众的便利。对于盲人来说，广播更是他们了解世界的重要渠道乃至于唯一媒介渠道。因此，广播节目的受众要比报纸杂志多得多。

2001 年，由中国广播电视学会广播受众研究会和北京美兰德信息公司主办的"2001 年全国广播电台调查"表明，我国收音设备普及率 69. 1%，共 8. 29 亿人，其中城镇收音设备普及率达到 83. 2%，农村达到 62. 8%。全国有广播听众 7. 34 亿人，占全国（除西藏及港澳台）各地区 11. 99 亿 4 岁以上听众的 61. 2%。其中城镇广播听众 2. 67 亿，占城镇 4 岁以上人口的 72%；农村广播听众 4. 67 亿，占农村 4 岁以上人口的 56. 4%。调查同时显示，中央人民广播电台拥有 6. 23 亿听众，北京人民广播电台拥有 667 万听众，上海东方广播电台拥有 513 万听众。广播媒体到达率为 40. 9%。

另一个不可忽视的方面是，由于广播可以通过中波、短波、调频、通信卫星或广播卫星等多种传输方式进行传播，一个国家或地区的节目通过无线电或卫星可以覆盖到比报纸大得多的人群。受众只要利用精确度高、播收性能好的收音机，就可能接收到世界上任何一个角落的广播节目。在国内，中央人民广播电台的受众有几亿人，任何一张报纸都达不到这样一个广度。更不必说国际广播的覆盖人群会有多大了。目前广播是所有大众媒介中覆盖面最广、渗透性能最强的一种。一个国家限制阅读外国报纸的人数很容易，限制收听外国广播则要难得多。在对付外来广播的渗透方面，政府所能采取的主要方式就是发射相同频率的"电子干扰"，以期通过电波战维护本国利益。

(五)制作简便灵活多样

广播节目制作与其他媒体相比简单灵活,现场直播的内容可以随时纳入播出轨道。在有重要突发情况时,只要记者身边有一只手机就可以及时向电台听众在第一时间报道事件发生发展的过程。在遇到台风、暴雨、地震、洪水等非常情况,无线电传输受到影响时,广播在及时报道灾害情况,对群众实时进行引导方面扮演着其他媒介无法实现的重要角色。在交通路况的播报方面,广播也扮演着比其他媒介灵活的作用。对于广播来说,打破常规插播各种信息或因现实需要临时对广播节目的播出计划进行调整都比较方便。

近年来,为适应不同类型听众需要,广播电台由大而全的综合台发展成为由不同侧重点的、满足不同类型听众兴趣偏向的专业台、系列台,如音乐台、文艺台、交通台、经济台、生活台、股市台、儿童台等,以其风格多样、针对性强而受到了不同年龄、文化、层次受众的认可和喜爱。

二、广播的传播劣势

尽管作为电子传播媒介之一的广播有着许多传播优势,但在同时,电子媒介所具有的不可避免的先天不足也在广播上有所反映。

(一)瞬间传播保存性弱

借助电子信号传输的广播节目转瞬即逝,受众稍不留神就可能错过自己感兴趣的内容。除非再有重播,很多重要的东西可能已擦肩而过。广播传输的这一缺陷也使听众很难对某一信息留下深刻印象,尤其是那些抽象的、内在联系复杂的内容,听众尚未听清、听懂已经消失,不便于受众的理解和接受。有些东西虽然听到了,却没有听清,又不可能重复,就可能在人际二次传播中发生以讹传讹的事情,这些对传播效果的影响都在所难免。

(二)容易产生歧义

诉诸声音的广播通过播音员、主持人的语音、语调的变化可以传达出不同的信息含义,对于听众有效理解信息有着积极作用。但在同时,我们也应当看到,由于人在信息传递中只有7%用语言,38%用声调(高低、快慢、长短),其余55%靠表情。[①] 在失去了手势、表情等非语言手段的辅助后,单纯依赖词语、语音、语调、节奏等传达的信息可能会产生偏差。

另一方面,由于广播听众处于一种半接收状态,并非专注收听,就有可能从某一件事情中间探出头听一耳朵,这种偶尔听之的情况下难免产生理解的偏差和误读。

---

① 尘元:《在词语的密林里》,生活·读书·新知三联出版社1991年版,第169页。

（三）线性传播可逆性差

与报纸不同，广播听众收听节目是不能完全按照个人喜好来进行选择的。听众可以选择收听哪个台的哪套节目，但不可以选择在哪一时间段收听什么样的节目。广播节目按照时间顺序进行编排，哪一天、哪一时段、何种节目都是事先安排好的，受众只能适应这种安排，而不能够按照自己希望的那样在自己方便的时间接收节目。这一点是无从选择的。

三、广播的比较优势

以上关于广播的传播特点是一般人已经认可的广播的优势或者劣势，这种优势或劣势在很大程度上是相对的，随着技术等条件的改变，完全可能相互转换。广播要想发展，需要对其传播特点重新认识，发现其所具有的不可替代性和与其他媒介相比存在的比较优势。当前条件下，广播的比较优势体现在以下几个方面：

（一）移动收听的伴随性媒介

从传播媒介的角度来看，广播之所以没有被其之后的新兴媒介代替，是因为其“作为一种与听众更亲近的地方媒介幸存下来”，很大程度上在于其便利性、流动性，是大众媒介中最能适应在运动状态中接受信息的媒体。这里讲的运动状态分两种：一是出行式运动，如乘车、散步等；二是室内式流动，早晨起床从卧室到卫生间，到厨房、餐厅等。随着生产技术的发展，现在的收音机普遍具有体积小、重量轻、携带方便等特点，这就决定了无论是出行式运动状态，还是室内式流动状态，收音机都能在运动状态中接收信息。随着数字音频广播技术的完善，原来广播在高速公路、高速铁路上收听效果受影响的局面也会有所变化，广播的收听效果会有很大提高。这样，在伴随状态下及时接收信息将成为需要节约时间的人们的首选。抓住了运动中的受众，也就抓住了广播未来发展的机遇。

国外广播媒体在受到电视媒体冲击后也曾有过低潮，但随着汽车业的迅速崛起，广播媒体也跟着复兴。美、日等西方发达国家的广播媒体在五、六十年代便由于汽车的普及而迅速雄起。近年来，城市电台中交通频率的迅速崛起，也体现了大体类似的发展趋势。2001 年，由中国广播电视学会广播受众研究会和北京美兰德信息公司主办的“2001 年全国广播电台调查”表明：广播具有明显的可流动接收的优越性。调查显示，居民在家中主动收听广播的比例为 73.9%，而自己开车和乘出租车收听广播的比例已高达 15.4%。这意味着每个月全国有 8000 万左右的居民经常在车中收听广播。近年来，随着我国汽车市场的持续升温，轿车已大量进入家庭。2003 年一季度，轿车市场的增长率超过了 20%，北京的市场增长率更高达 36%，其中绝大部分的购车者为私人。目前，北京市拥有轿车已超过 170 万辆，其中私人车占了 50%。如此全天候巨大的收听群体，显然为广播媒体的再度复兴提供了极好的机遇。

（二）缓解视觉压力的媒介

报纸、杂志、电视、网络等都是需要眼睛的媒介，而广播是现代传媒中唯一的非视觉性媒介。现代社会里，人们用眼睛的时间越来越多，人们的眼睛已经不堪现代生活的重负，视力下降，眼疾增多，已成为一种较为普遍的现代文明病。对于个人来说，眼睛属于不可再生资源，一旦戴上眼镜，很难再摘掉。用眼过多视力会越来越下降。广播作为听觉媒介，则可以缓解和减轻受众接收信息的“视觉压力”。

现在广播节目中开办《名人传记》、《长篇小说连播》、《长篇评书》、《晚报浏览》、《旧闻拔萃》、《报刊文摘》、《今日书架》等节目，都是解放人们眼睛的具体体现，都有较高的收听率，并深受听众的喜爱。这说明，如果广播能够在增加信息量上下工夫，将报纸、杂志、电视上的信息转化成广播内容，人们能用听觉完成以往必须依赖视觉的信息接收，还是大有可为的。

另一方面，目前中国有 1232 万盲人，对于他们中的绝大多数来说，广播是唯一可以接触的大众传播媒介。但目前我国的广播电台还很少有针对这一特殊群体的节目或频率，只是据说在东北某地开设了一家专门针对盲人的频率。从未来的发展来说，广播锁定这一特殊群体具有重要意义。

(三)成本低廉的媒介

广播的信号播出、节目制作、设备投入等方面的成本相对低廉，广播电台的利润率相对较高，是一种经营效益很好的媒体。目前美国的 13000 多家广播电台中，除了少数宗教台等少数外均有赢利。在我国，开办一个电台频率，投资 200 万元就可以启动，并能实现当年赢利，这对电视、报纸、网络而言是不可想象的。

在广告方面，广播的廉价优势也非常明显。欧洲媒介代理公司的研究表明，对于 15 岁以上的消费群体，要想实现 1% 的到达率，广播广告的费用是 14011 法郎，而电视广告的费用是 23676 法郎，电视比广播高出 70%；如果还需要对这一群体进行社会、职业的细化，电视将比广播高出 136%。法国 NRJ 集团的阿兰·威尔总经理说：“在电视里播放一支广告的费用足可以让广告主在广播上完成一套完整的广告宣传。”此外，在与其他媒体的组合中，广播往往是广告宣传的第一配角。电视与广播具有互补性，两者的黄金时段也各不相同。电视受众的年龄偏高，而广播的受众则多为年轻人。电视的优势在于其覆盖面，广播的优势则在于其较高的重复率。广播的补充特点还在于它能够与另一个媒体在同一个时间内被受众消费，而这种特点是独一无二的。更为重要的是，广播广告的千人成本是大众媒介中最低的。花同样的费用，广播广告在暴露频次、千人成本等方面无疑都具有优势。

另一方面，由于节目制作成本低廉，电台对节目的大量投入后所产出的效益比可能要大于电视。电视媒介由于制作成本较高，自己制作专业频道节目的平均比例较小，为 28.8%，其节目主要依赖于直接购买，比例为 61.4%；相比而言，广播媒介专业频道节目大部分来源于自己制作，平均值为 79.9%，这是因为广播节目本身的制作成本不是很高，自己可以承担。这在多频道竞争的时代里，会因为竞争的同质化加剧而显得尤为重要。对于听众来讲，大量的原创节目更容易满足他们的个性化需求。

第二章 广播的符号系统

广播是一种声音媒介,或者叫听觉媒介,它唯一的符号系统是声音。加拿大传播学者马歇尔·麦克卢汉曾经说过:广播比起电话和电报来说,它是唯一与人类的说话功能相匹配的一种交感神经系统的延伸。尽管广播是非视觉性媒介,但广播中的声音在与人的接收发生关系后,在想象力的帮助下,广播媒介会唤起听众视觉、味觉、触觉等感官的综合体验,从而“获得了一种内视的能力,形成一个自足的、丰富的内心体验”①。

在广播的符号系统中,声音是“构成广播的唯一的物质材料和运动形式,没有声音便没有广播。用声音传播信息是广播的主要特点,听觉感知是广播的本质属性。”②我们如果对广播中的声音进一步细分的话,可以分为语言(话语)、音响、音乐和留白等,其中居于主导地位的是话语信息。

以前我们总有一种错觉,认为需要用话语、音响或音乐将全部节目填满,才是真正发挥了广播声音的优势。其实很多时候,声音的留白如同报纸版面中的留白一样,具有表现力。声音的留白就是无声,是静音,是广播传播中的非语言符号。在广播节目中,必要的停顿既能有效地分割段落,又能起到强调或吸引注意的作用,在访问过程中的留白则有着采访对象的思考、困惑、难言之隐、理屈词穷等多种情绪和反应。可以说,静音是广播最微妙的“声音”。适当的静音能够表达出言语无法表述的内容,达到“此处无声胜有声”的效果,刺激听众的思考和想象。

第一节 广播语言

人类用语言进行思维与交流,人类的语言一般分为两类:一类是通过语音表达的口头语言,也叫有声语言;另一类是通过文字表达的书面语言,也叫文字语言。

语言是信息的载体,是广播传播最主要的手段。广播所使用的基本上是有声语言。但

① 孟伟:《声音传播——多媒介传播时代的广播听觉文本》,中国传媒大学出版社 2006 年版。
② 施旗:《广播电视语言》,中国广播电视出版社 1988 年 12 月版。

这种有声语言不同于日常生活中的口头语言，是介于书面语言和口头语言之间的特殊的有声语言。它比口头语言更加规范化，同时具有书面语言难以体现的情感表达。

在我国，广播电台除了具有的报道新闻、引导舆论、传播科技、教育和娱乐大众的责任之外，还肩负着推广汉语普通话的责任，因此，我国90%以上的人口都以现代汉语标准语为交际语言。除部分少数民族聚居地以外的中央和地方广播电台、电视台特定的少数民族语言、汉语方言和外语外，都使用现代汉语标准语。

对广播语言规范化的要求由来已久。早在1946年，延安新华广播电台的《工作细则》就明确规定："用字用词要力求念起来一听就懂，对于文言或难懂字句，更加必要的通俗的口语翻译。"1956年，中央广播事业局重申：全国各地广播电台应该把推广普通话作为自己光荣的、重大的任务。1998年，全国语言文字工作会议强调，新闻出版和广播电视"必须继续执行国家语言文字各项规范和标准，在用词用字方面成为全社会的模范。"2000年10月31日，第九届全国人民代表大会第十次会议通过的《中华人民共和国国家通用语言文字法》规定："广播电台、电视台以普通话为基本的播音用语"，广播电视电影用字"应当以国家通用语言文字为基本用语用字"。由此可见，新闻媒介正确、规范地使用普通话，既是业务问题也是法律问题，马虎不得。

当然，我们对广播语言规范化的强调主要集中在对编辑、记者写作广播稿时使用的语言，以及播音员播读稿件和主持人主持节目时所使用的语言，而无法要求采访对象和访谈嘉宾的语言也完全规范化。

一、广播语言的形态

在广播新闻节目中，语言的形态大体有以下几种：

（一）新闻播音语言

新闻播音语言是播音员、主持人在播讲新闻稿件时使用的语言，是文字语言的听觉再现。播音员再现的是录音报道中的解说词或口播文字稿。此时播音员使用的是单向传播的独白语言，而不是双向传播的对白语言。由于不能借助手势、表情等非语言符号传情达意，也无法与听众进行即时互动，这种语言与文字传播具有一定的相似性，要求是用字准确、句子完整、逻辑清楚的规范性语言，片段性、随意性、跳跃性的表述会影响听众对新闻内容的理解。

在播讲不同类型的新闻时，播音员在语言的感情色彩、语调和语速方面也有所差异。在播报消息时，播音员的感情较为含蓄，语速较快；在宣读政令、法令、法规、决议等时，播音员的语调庄重，语速较慢而有力；在播读新闻专题、特写、评论等时，播音员的语音、语调变化丰富且具有感情色彩。

（二）新闻报道语言

新闻报道语言是记者在新闻现场进行现场报道时使用的语言，是记者以"我"为目击者、参与者进行现场采访、事件描述和背景资料介绍时使用的语言。记者在使用新闻报道语言时，语言构思和表达同步完成，虽然也是单向度的独白语言，但由于是现场的口头表述，保留了一定的口语特征，且由于个人语言风格的差异，语言的规范性略有欠缺。

除了现场报道之外，有些记者也在专题报道或广播特写的解说词中使用报道语言。听众可以根据声音、行文、语气等方面的差异，区分是记者还是播音员。

(三)点评解读语言

在新闻专题或新闻访谈等节目中，常常会有专家或专业人士对主体信息的背景、意义、发展趋势等进行现场解读，此时的语言基本属于口头语言，对其外在表现的规范性没有太多要求，重点在于内容正确、语言简洁、点评到位。需要注意的是，如何能让普通听众了解并接受专家传递的信息，尤其是在"神舟六号"载人飞船发射、嫦娥一号探月卫星发射等科技类大型现场直播中，如何让专家能够用通俗易懂的语言，深入浅出地向听众解释一些复杂的科学内容。

(四)主持人语言

在主持人节目中，主持人是节目的核心和灵魂，主持人要完成介绍节目的主要内容、连线前方的报道记者、沟通演播室的嘉宾，并与听众进行即时互动等任务，还需要做好两个主持人之间的配合等。因而，主持人的语言集合了播报式、报道式、点评式等多种语言的特点，既要具有口头语言灵活、简短、亲切、自然、流畅的特点，又不能够因过分追求原生态口头语言的表达方式而降低语言的规范性和严谨性。

本章所探讨的广播语言主要是记者写作时使用的，供播音员、主持人在口播新闻、评论和音响报道中解说的语言，是为播读而写的语言，要充分考虑听众听说的需要和习惯。

二、广播语言的要求

我国著名的语言学家叶圣陶先生曾经说过：广播稿应该是"意思明白通畅的稿子"，"人家不必花费无谓的力气就可以了解，而且绝不至于发生误会。"广播是给人听的，适合说的才适合听。广播语言的口语化需要在用词、用句方面多方努力。早在1946年，延安新华广播电台就提出编辑广播稿"要用普通话的口语，句子要短，用字用词要力求念起来一听就懂，并且要注意音韵的优美与响亮。"这样的要求在今天仍然适用。

(一)语言规范

广播语言在语音、词汇、语法等方面都要符合现代汉语标准语的规范。所谓现代汉语标准语，是以北方方言为基础方言，以北京语音为标准音，以典范的现代白话文著作为语法规范的普通话。我国90%以上的人口都以现代汉语标准语为交际语言。

具体来讲，字词语音要规范，词汇使用时要避免滥用方言、文言和简略语、生造词，遣词造句上要遵守现代汉语标准语的语法规则，要求做到结构完整、搭配得当、语序合理、修辞恰当、层次清楚、关系明确。关于语言规范性的问题，我们将在第三章进行详细说明，此处就不再赘述。

（二）晓畅明白

美国广播新闻研究人员马克·霍尔曾经说过：当你为电台写新闻报道时，要记住你是在为一个处于半收听状态的、具有9岁孩子那种程度的听众而写的，你的报道必须简明得对这样的听众起作用，但同时你的报道又必须写得很有才气，能使45岁的公司总经理或者大学教授受到感动。

广播语言的使用必须考虑广播的传播特性。我们知道，听众收听广播和接触其他传媒最大的差异在于，听广播不是一个专心致志的活动，广播的伴随性特征决定了受众收听广播具有很大的随意性。另一方面，广播电视都属于线性传播且转瞬即逝，听众没有时间细细琢磨，如果语言过于深奥晦涩，听众根本来不及听明白，内容就已经结束了。此外，广播听众的文化水平和年龄层次差异较大，如果不能够做到简单明了、通俗易懂、晓畅明白，无疑会影响广播的传播效果。

（三）响亮和谐

作为有声语言，广播要通过语言的音律美形成语言的修辞美。响亮和谐的声音容易在听众收听的时候留下深刻的印象，从而增强宣传的效果。因此，记者在写作广播新闻文稿时，要尽量选用响亮的字眼，特别是关键的字词，要尽量选用那些发音时口型大的字、平声字和双音节词。遇到声音不响亮的词语，可以将其换为意义相同但声音响亮的词。

另外，还要注意广播语言的节奏和韵律美，尤其是在写作广播专稿和特写的时候，要根据内容和表达的需要，灵活交错地使用长短句。一般来讲，短句紧迫有跳跃感，长句舒缓、流畅，两者结合使用，才容易形成起伏跌宕的语言节奏。

第二节　广播音响

音响是实况音响的简称，是伴随着事物发展变化、人物活动和采访过程发生的，经过记者的选择、采录并运用到广播新闻报道中的各种声音。广播新闻中的音响具有两重属性，既有内容属性，即声音以其表现的内容直接成为作品组成部分的性质，又有技术属性，即声音以其物理特性成为作品评价标准的特性。① 广播节目尤其是新闻性节目中的音响，不论是在新闻事件发生的当时、当地采录的现场实况，还是过去采录的音响资料，都需要是真实的，是最能反映事实面貌、特点的独特、典型的声音。作为广播声音重要的组成部分，音响有自己独特的表现形态和作用，与语言和音乐相辅相成，共同构建广播的声音美。

① 李东：《广播节目创优论》，中国广播电视出版社2002年版，第248页。

广播记者在使用音响的时候,需要注意避免使用无效音响,不要为使用音响而使用音响。也就是说,记者不要把不适合的音响硬加到报道中去。比如说,有的记者把信息量较小的简讯或在可有可无的新闻中加入音响作成录音报道,以次充好;有的记者把没有典型现场和典型音响的报道也做成现场报道。一篇报道是否采用音响的形式,既要根据新闻本身的特点,还要取决于听众对这篇报道的需求情况。音响要紧扣主题,为表现主题服务。否则无效音响太多,形式大于内容,起不到良好的传播效果。

一、广播音响的分类

对广播音响的分类可以有很多方式,音响可以有多种分类:

(一)按照内容分类

按照音响的内容,可以分成人声和物声。

人声指记者在现场的报道、采访过程中记者与采访对象的谈话,以及新闻人物在新闻活动过程中发出的各种声响,如新闻人物在会场的讲话声和接受采访时的同期声等。

物声是事物或自然界发出的声音,如汽车的喇叭声、火车的汽笛声、自然界的风声、雨声、雷声以及市场里嘈杂的叫卖声、教室里琅琅的书声等。

(二)按照时间分类

按照声音产生的时间,可以分为实况音响和资料音响。

实况音响是记者在新闻现场实时采录的或在最近的采访中获得的实况音响,对声音采制的时间和地点的要求较强。

资料音响则是与所报道的新闻人物或事件有关联的历史性的音响,只强调声音的真实,并不强调具体的时间和地点。

如第16届中国新闻奖二等奖作品《周小燕和长城谣》中记者使用的三段周小燕演唱《长城谣》的实况录音,2005年在“周小燕优秀学生音乐会”上演唱的是现场音响,40年代在武汉街头演唱和1995年在长城上演唱的则是资料音响。

(三)按照是否单独形成报道分类

按照能否单独形成报道,可以分为主体音响、背景音响和环境音响。

主体音响也叫典型音响,是新闻人物或事物本身发出的、直接说明新闻事实和揭示新闻主体的实况音响,是可以单独使用的、由解说作为铺垫的、新闻报道的主要表达部分。

背景音响是与新闻人物或事物有直接关系,间接说明新闻事实和揭示事物背景的非现场实况音响,作为新闻解说的背景压混使用。这种音响多为录音资料,起到烘托主题、丰富内容的作用。

环境音响指新闻事件发生时现场周围的各种实况音响,不仅能生动揭示新闻事件发生的典型环境，而且能为报道的推进营造积极的氛围。环境音响既包括现场本来就有的音响，也有伴随事物发生而产生的诱发音响。环境音响不是新闻人物或事物本身产生的，但与其有联系。

在广播新闻报道中，主体音响是"骨干"内容，背景音响和环境音响则是为烘托主题而服务的辅助性音响。当然，辅助性音响并非只有背景音响一种，新闻报道不同段落之间的间隔音响，也是辅助性音响。

(四)按照作用分类

按照在报道中所起的作用，可以分为主体音响和辅助音响。

主体音响是报道中揭示主题、阐明中心的音响，在报道中单独使用，习惯称为典型音响。主题音响能提供事物、场景独特声音形象。

辅助音响是在报道中体现事物场景、交代环境、表现现场气氛及其他非核心内容的音响，大多作为背景音响使用。音响是否属于主题音响是相对而言的。

(五)按照与记者的关系分类

按照音响与记者的关系，可以分为客观音响和主观音响。

客观音响是客观存在的，不以记者的活动为转移的音响；主观音响则是由于记者的采访活动而引发的，也称为诱发音响。诱发音响不是自然产生的，但是完全真实的。

比如说，记者到乐器厂参观时厂家使用乐器进行即兴演奏的声音，记者采访歌唱家时要求歌唱家演唱某首歌曲的片段等，都是真实的音响，但如果记者没有要求，这些音响是不存在的，这样的音响就是主观音响。

二、广播音响的作用

在广播节目中，音响与语言和音乐相辅相成，共同构建广播的声音美。作为广播音响的重要组成部分，音响有着自己独特的表现形态和作用。

(一)营造现场气氛

体育新闻报道中裁判员的发令枪、观众的欢呼等都可以将比赛现场的紧张气氛传递出来，烘托新闻现场的气氛，让听众产生如临其境的感觉。

(二)塑造人物形象

新闻人物的语音、语调、语速等可以对其心理、情感和气质等给予多方位的体现。

(三)增加信息含量

有音响的广播新闻报道可以改变声音的单调，刺激受众的听觉感官，提高大脑的兴奋度，激发听众的兴趣。具体来说，音响的使用有利于听众集中注意力，减少信息的不确定性以及提供立体化的信息。

除此之外，广播音响还可以通过不同的声音组合产生不同的效果，构建声音蒙太奇。

三、广播音响的评价

广播新闻中的音响具有两重属性，既有内容属性，即声音以其所表现的内容，直接成为作品组成部分的性质；又有技术属性，即声音以其物理特性，成为作品质量评价标准的特质①。广播作品中的音响，尤其是那些能具有代表性的典型音响，如在获得2001年度中国广播电视新闻奖一等奖的广播专题《珠峰日记》中，既有报道主体的有声语言（记者陈晓刚的语言）、珠峰自然环境的音响（风声、帐篷抖动声）以及人物活动产生的动感音响（行进声、踩落碎石声、沉重的喘气声、咳嗽声）等，能够使作品获得巨大的思想感染力和听觉震撼力。

需要强调的是，音响并不是广播新闻报道必不可缺的构成因素。是否在报道中使用音响，既取决于内容和主题的需要，也取决于题材本身是否伴随音响以及音响的清晰度、表现力等。因此，在采用音响之前，记者要先对音响进行评价和取舍，以决定是否制作带"响"的报道。

（一）新闻音响的真实性

广播是听觉的艺术。语言表意、音乐表情、音响表真。因此，真实性是对广播新闻音响的首要特征。导演、模仿等手法可以用在文艺性节目中，但不可以用于新闻性节目。无论是现场实况音响还是音响资料，无论是主观音响还是客观音响，都必须是真实的，不能有任何的虚构，不能是模拟、扮演的，而是新闻人物或新闻事件发出真实音响。此外，还要注意不能够对音响进行"断章取义"或者"移花接木"，否则都有可能造成音响失实。

美国新闻学教授安德鲁·博伊德在他所著的《广播电视新闻教程》中曾经举过这样一个例子：

原话：

记者：你赞成死刑吗？

采访对象：这很难说。是的，我想在某种情况下应该判死刑，但是不管那人做了什么事，夺去一个人的生命总是令人难受的事。如果你处理的是一经释放还可能杀人和强奸的杀人犯和强奸犯……我不知道，也许应该把他们处以极刑。但是总有一些人，他们确实痛悔自己的所作所为，而且也在坐牢——只要活着就有希望，他们有可能改变。但是另外一些人，那些控制不住要杀人的狂躁症和狂热症患者——他们威胁到我们每一个人的安全，但是，话又说回来，设立监狱不就是为这个？

经过编辑剪辑后的话：

---

① 李东：《广播节目创优论》，中国广播电视出版社2002年版，第248页。

采访对象：是的，一经释放还可能杀人和强奸的杀人犯和强奸犯，应该把他们处以极刑。那些控制不住要杀人的狂躁症和狂热症患者——他们威胁到我们每一个人的安全。

原话中采访对象对是否设立死刑的犹豫不决、左右为难，经过编辑断章取义，变成了采访对象立场坚定、旗帜鲜明地支持设立死刑。

由此可见，记者根据自己的意图，不顾人物讲话意思的完整性，任意截取人物讲话内容，甚至有意无意地扭曲了讲话的原意，完全可能造成录音报道失实。

(二)新闻音响的可信性

音响的可信度指的是新闻音响被人们信任的程度。一般而言，人们可以根据音响的音色、音质、音长等物理特性的差异程度，语言表达的流畅程度，表达内容的适宜程度等因素，判断音响是否虚假、是否可信。一个广播作品如果在某个重要环节的音响出现缺失的话，有时就会影响到整个作品音响的可信性。

新闻音响的可信性与真实性有密切关系，但不是同一个概念。客观真实的新闻音响并不一定能让听众主观地认为是可信的，因此，我们需要考虑如何维护、增强它在受众主观意识上的可信程度。

有的时候，一篇报道中讲话的人是真实的，语言也是真实的，但听完之后总有不实之感。原因何在？记者过分的"导演"消解了新闻的可信度。比如说对一些工人、农民的采访，话一出口，完全是书面语言，遣词造句颇具匠心，独独缺少了可信度。有的时候，本来是记者采录的音响，由于后期经过了多次艺术加工，反而让人怀疑音响的真实性。

如中央台记者张小艳采制的作品《沙漠里飞出绿色的歌》获得了第16届中国新闻奖二等奖。开头如下：

[流水、鸭群由远而近、鸟鸣、羊叫，混]

流水淙淙，芽儿在林间嬉戏，鸟儿啾啾，洁白的羊群在草原上悠闲地漫步，这是沙漠里的一个景象。一对年轻人用十五年的青春岁月把荒芜的沙漠变成了绿洲。

2005年的夏天，我来到了这个美丽的地方，找到了在沙漠里创造奇迹的人。

这个开头语言优美、意境深远。但是，正是由于它太优美了，反而让人产生疑虑。曾有人问记者："你去的那个沙漠真的是那样吗？""那些音响是你真实地录到的吗？"事实上，上述音响除鸟鸣外都是记者亲自采录的，但是艺术加工后的效果使人怀疑这些音响是否来自记者采访的沙漠。①

(三)新闻音响的典型性

新闻音响的典型性含义很广，不但指与典型事件和典型人物相关的背景音响，而且指典

---

① 见张小艳：《迈出国门 走向世界——从〈沙漠里飞出绿色的歌〉改编成〈沙漠人家〉谈广播特写的自然化、人文化诉求》，《中国广播》2008年第2期。

型事件和人物在特定空间、特定场合、特定环境、特定行为所产生的音响。[①] 也就是说，记者选取的音响要既有鲜明的个性特征又有高度的概括力。如记者在报道神州七号载人航天飞型特别节目《神七太空行》中，结合与前方记者的连线，主持人对于在“神七”发射前的前方相关情况进行了详细的描述：中央首长为航天员乘组壮行、前方总指挥下达出征命令、航天员到达发射塔并进入飞船、酒泉发射现场以及北京航天飞行控制中心准备的各种情况等。这些内容使听众不间断地获取了“神七”发射前的各方情况。发射直播中，中央电台前方报道组记者分别于酒泉卫星发射中心、北京航天飞行控制中心以及多个飞船运行监测点与主持人进行了实时连线报道，全面、生动地介绍了飞船发射前后各个方面的最新动态……这些鲜活的音响，向听众展现了一幅飞船飞向太空的全景画面。

在我们前面提到的广播特写《沙漠里飞出绿色的歌》中，记者运用了大量音响：狂风沙暴声、牛车行进声、流水、犬吠、鸡鸭鸟鸣，主人公在生活中倒奶茶、接电话、看电视、走路、挑水、倒水浇树等活动发出的声音，以及女主人公于艳文和儿子沙特的歌声、琴声等，这些音响清晰自然，与相关内容构成和谐有机的整体，不但塑造了典型的沙漠氛围，而且与沙漠中的狂风形成强烈对比，营造出了主人公夫妇艰难中乐观向上的精神态度，节目播出在听众中引起强烈反响。

（四）新闻音响的清晰度

新闻音响清晰与否，直接关系到新闻报道的效果。广播新闻中的音响嘈杂混乱，必然会影响到新闻主体信息的传递，破坏受众的听觉美感。好的广播新闻记者要善于进行音响采录，对富于现场特点的实况音响和有说服力、有烘托作用的背景音响具有迅速的鉴别力和捕捉能力。同时还要熟悉录音原理和设备、技术，恰当选择录音场合和表征性、典型性的音响，尽可能提高音响的质量。

我们知道，有的时候记者不能够完全控制现场音响的清晰度——比如说伴随事物发展变化而产生的音响，由于多种声音混杂在一起，音响效果可能不太好——但可以尝试采用多种方法，尽量使采录的主体音响基本清晰。

作人物访问时，由于记者可以选择采访的时间、地点等，可以采取一些措施防止和消除来自周围环境的干扰，保证音响素材的清晰；作隐性采访时，由于记者不能把采访设备暴露在外面，只能采取偷录的方式获得音响，因而音响的清晰度无法完全保证，但在制作报道时，也要注意选择尽可能清晰的音响，以方便听众收听和正确理解音响传达的含义。

有的人认为，虽然在广播报道中把同期声改由播音员播读会影响新闻的感染力，但至少保证了信息的完整性，让听众无法听懂或听清的新闻是无法保证信息完整性的。因此，那些在自然音响中不能体现音源特点，或采访对象言语不清的情况下产生的音响，都不应该使用在新闻报道中。

---

① 李东：《广播节目创优论》，中国广播电视出版社2002年版。

(五)新闻音响的感染力

新闻音响的感染力指的是新闻音响对受众在思想感情上产生共鸣和投入的程度。所谓感染力,其实是各种基础和条件作用于受众的综合效果。在广播作品中,对新闻音响进行筛选、剪辑、组合等综合处理,可以创造出新闻音响新的质量和水平。

2001年度中国广播电视新闻奖一等奖作品《忏悔》之所以获得成功,很重要的一个原因就在于,作者把案犯和家属的讲话录音进行交叉组合,形成了巨大的感染力和冲击力,推动了报道的进展和听众思考的深入。

三、典型音响的采录

典型音响就是在报道中能够直接体现主题,直接展示一种事物本质个性的音响。它是在重大或具有典型意义的新闻事件采访中,对突出、强化、升华主题有重要作用的录音素材,是直接体现主题、代表事物个性的音响。典型音响往往与新闻报道的主体事实共存,可以展现一个典型的场面、一个重要的时刻或者一个事物(人物)的典型特征,起到文字表达难以达到的效果。记者在录制音响的时候,原则上应该选择那些能够表现或烘托主题的音响,特别是要精心选择典型音响。那么哪些音响是典型音响？如何才能捕捉到典型音响？

(一)典型音响的采录和使用

典型音响大体有以下几种类型:①历史某个珍贵瞬间,无可替代的音响。如毛主席在开国大典上的讲话录音;②党和国家领导人、重要历史时期的人物等留下的声音;③记录普通人不平凡经历的音响,如第一个什么人等;④细节音响,采访对象特征明显、个性鲜明的语言等;⑤典型的环境音响。

记者在采访中经常会发现,录到音响并不难,但那些最能揭示在特定时间、特定地点、特定环境中发生的新闻事物特征的音响,往往是可遇不可求的。要想捕捉到典型音响,首先需要具备音响意识,能够根据表现主题和节目构成的需要,有目的、有计划地去"捕捉"典型的现场录音。其次要确定被采访的事实能否作录音报道,研究报道内容,制定周密的采录方案。第三要掌握一定的音响采制技巧。

获得第10届中国新闻奖一等奖和1999年中国广播电视新闻奖一等奖的作品《挤"水分"》的作者在采访时录制了17个小时的素材,反复选听后采用了三分半钟最能表现主题的典型音响。由于会议室座谈会只有一个记者,按照通常的采录办法,记者不可能把会上所有的内容录下来,于是记者争得市委秘书科的同意,通过会议桌上话筒的总控制台录音,把会议的全部过程,包括人们的插话、笑声、茶杯碰撞声和轰隆轰隆挪动话筒的音响都录了下来,然后从中选择几段经典的人物对话构成了《挤"水分"》这篇报道。几段对话是围绕沁阳市汇报中的一些数字展开的,有质询,有分析,有批评,矛盾冲突很明显。这些对话录音极具个性色彩:汇报人欲盖弥彰的心态,市长精通经济、敏锐干练的素质,市委书记襟怀坦荡的思想境界,严厉而诚恳的话语都在挤“水分”的矛盾中得到了自然而充分的体现。记者采用白描的手法,没有加任何评论,平铺直叙,稍加串联过渡,就把人物的对话用录音形式原汁原味地展现给了听众,使人如见其人,如临其境,收到了良好的效果。① 该作品由人物对话录音组成,形象、生动,最大限度地显示了广播特色。

(二)音响采录的技巧

广播是声音的艺术,是一种以声音传情达意、营造想象空间的艺术。在广播新闻节目中,声音的魅力主要来源于音响。那些嘈杂、含混、忽高忽低、忽大忽小甚至失真的音响,会直接影响新闻的传播效果。

1. 室内采访

(1)选择好录音场所

相对而言,大而空的房间比小而空的房间回声大,但是特别大了反而没影响。因此,在采访前,一定要检查一下房间是否回声,并采取一些措施尽量减小回声的作用。

(2)放好录音设备

如果是两个人面对面的采访,记者的话筒应指向采访对象,离嘴 10 ~ 30 厘米;如果记者同时采访两个人,就把话筒放在两人中间,话筒与嘴平行或略低;如果记者采访的对象在三个人以上,则应让采访对象围坐成圆形或方形,将话筒靠近音量最低的那个人位置;如果记者采访的是小型会议,则最好将话筒放在调音间的主控音箱附近,这样既录到清晰的声音,又不干扰开会。

(3)固定手持话筒

记者不要让手持话筒在采访过程中摇动而产生杂音,或者因为手持话筒的不稳定而产生声音忽高忽低的现象。

2. 户外采访

(1)注意站位

我们知道,不是来自新闻现场的所有音响都对节目采制有益。录音机不是人,不会选择有用的声音,只能真实地将现场所有的声音全部收入。这时,如果记者不注意选择自己站立的位置,录下来的可能是一堆嘈杂的环境音响。因此,记者要有针对性地选择自己的站位和角度,录制那些清晰、没有杂音且能突出主题的现场音响。

(2)避开干扰

采访大型活动时要避开会场的高音喇叭,尽量选择周围环境不是过分嘈杂的地方进行采访,以免环境音响过大、喧宾夺主,影响采访效果。

(3)注意防风

在北方一些地区进行户外采访时,一定要注意风向和风量。一般来说,当人的皮肤感觉到有风时,风就会影响到话筒。因此,在风沙比较大的户外采访时,记者要记得带上防风罩,

① 详见田金军:《平中自有新奇在——〈挤“水分”〉创作谈》,《新闻三昧》2001 年第 2 期。

或者用丝绸、手帕之类的把话筒罩起来，尽量避免过大的风声掩盖了人声。

四、音响与解说的配合

近年来，广播新闻作品中带音响的作品越来越多，广播新闻作品除了要用事实说话外，还应当考虑用音响说话。记者在使用典型音响时需要有全局性的考虑，不但要确定选用的现场音响，在节目中用在什么地方，怎么用法？想达到什么效果？怎么开头，怎么收尾等问题，在布局上也需要通篇考虑，体现节奏感，更要做好音响与解说的配合。

音响在反映客观事物的运动过程时比有声语言更加具体、形象和真实。广播节目中的音响运用大概有三个层次：一是为避免单纯文字文本的枯燥而使用音响，音响只起到烘托场景的作用；二是把音响作为文字文本的补充或说明；三是音响有着文字文本所替代不了的内涵，蕴含着独特的情景因素、情感因素和思想因素，在节目中担纲重头戏。因此，在广播报道中，语言与音响的有机结合非常重要。在音响报道中，两者的结合方式有：在叙述语言中穿插音响，或以语言为主，音响为辅，或以音响为主，语言为辅；把语言和音响叠加起来，塑造立体化的听觉效果；以上两种方式结合使用。在新闻报道中具体采用哪种方式进行语言与音响的结合，要根据报道的内容决定，不能一概而论。

音响和文字要相互照应，不能相互脱节乃至互相矛盾。我们经常可以听到记者在某些谈话音响之前加上一些诸如“高兴地说”、“激动地说”、“爽朗地回答”，而听众听到的真实音响并没有这种感觉，人家说的也并不显得高兴，回答也不那么爽朗。有声无“景”，谈不上是成功的录音报道。另外，音响和文字的重复也要避免，音响中有的内容不需要用文字重复说明。文字只需要说明那些音响中无法体现的抽象内容或是对音响的渲染、铺垫和补充性质的内容。

对于采访中的同期声究竟应当使用多长的问题，中央人民广播电台专家曹仁义曾经说过著名的“45 秒规则”，就是说播出新闻采访对象的同期声要限在 45 秒之内，这样使听众既有兴趣又不至于厌烦，后面的内容可以采用间接引语的方式由播音员口播。重要的采访可以将采访对象的录音分成两个甚至更多的几十秒钟的片断分开播出，起到画龙点睛的作用。中国国际广播电台则多数选择 10 秒钟左右的同期声，然后压混播出，这样制作的新闻紧凑，能够吸引听众的注意力。我们在选用表述不是很清楚或者谈话者口音比较重的同期声时，可以借鉴这一方法。

第三节　广播音乐

音乐是广播的主要节目形态或节目内容。

一、广播中音乐的类型

在广播中，音乐的存在形式有以下几种：音乐节目、节目音乐和实况音乐。

(一)音乐节目

音乐节目是供听众欣赏的专门性的节目。作为吸引听众的直接因素,国外的很多电台都十分注重音乐的选择和使用,当商业电台收听率下滑时,电台首先考虑的是调整音乐。

(二)节目音乐

节目音乐是为广播语言配置的音乐,不是完整、纯粹的音乐节目。或者与语言、音响相结合,共同形成广播节目;或者服务或从属于某个节目。一般来讲,配乐多用于社教节目、文艺节目。新闻节目中的音乐主要是以下两种:

1. 标志音乐

电台的呼号、广播栏目的开始曲、结束曲等,这类音乐常常会起到塑造栏目声音形象,引导听众收听的作用,因而一般简短而富有个性,也相对稳定。当听众一听到这段音乐,就可以很容易地想到某个节目或栏目。如中央人民广播电台的《新闻报纸和摘要》节目用《歌唱祖国》作为节目标识音乐,端庄、大气,与其频率与节目定位相吻合。

2. 间隔音乐

当一个广播节目有一个以上的子栏目,或由若干个节目构成一个大的板块节目时,就需要间隔音乐进行栏目或段落的分隔。间隔音乐不需要固定,且对音乐与内容的相关性也不做要求。如中央人民广播电台《晚报浏览》节目除使用栏目片花分割节目段落外,还使用音乐作为间隔,既区隔了不同的段落,又有效组合了节目,起到了一举多得的效果。

(三)实况音乐

实况音乐是新闻报道中新闻事实的组成部分。如第18届中国新闻奖二等奖专题作品《永远歌唱祖国》①中,天津电台的记者除采访了王莘的亲人、生前的朋友、同事以及相关专家学者、普通市民外,还在不同时代、不同形式、不同版本的《歌唱祖国》歌曲音乐映衬下,从不同角度追忆了歌曲《歌唱祖国》诞生前后的经历,讲述围绕其发生的感人故事,用生动笔触刻画出一位以"歌唱祖国、歌唱人民"为己任的人民艺术家的形象。由于音响和音乐使用恰到好处,作品的新闻性、艺术性和可听性都很强。由于该节目还在中国国际广播电台《中国之窗》中播出,在澳大利亚墨尔本3CW电台、日本CBC中部电台等也进行了落地播出,节目引起了海内外听众的强烈共鸣和热烈反响。

二、广播节目中音乐的作用

(一)标识节目/频率

音乐是电台的主要标志之一,也是商业成功的关键因素。音乐作为台标的呼号或者节

---

① 天津人民广播电台2007年10月20日首播。

目标识引起人们的注意，并区隔类似节目或频率。

（二）节目内容

音乐本身就是广播节目的内容，在西方国家，除了专门的音乐频率或音乐节目外，一些谈话节目也会播放大量的音乐。当然，这些音乐的选择和播放并非随机的，而是与节目或频率的整体定位和风格所一致，并以此强化听众对电台节目的完整印象。

（三）分隔节目

音乐作为节目之间的分界或电台标志，与节目或电台的风格有着密切联系。

（四）连接节目

把一个节目不同的段落连接起来。

（五）烘托情感

音乐作为背景出现，作为情绪的铺垫或线索提示。

第三章

广播新闻采访与写作

第一节 广播新闻采访

新闻采访是新闻报道的基础和前提，是新闻工作者深入现实生活，获取并传播有价值的新闻信息不可缺少的途径。通过新闻报道，记者能够获得新闻素材，搜集背景材料，把握报道对象的内涵和意义。

广播采访是记者利用广播技术手段为进行广播新闻报道而从事的信息采集和分析工作，是广播新闻的基础和前提。在广播采访活动中，记者通过提问、访谈、交流等动态活动参与新闻制作。

当前一些广播新闻记者的采访活动仍未突破文字记者采访活动的模式，仍然按照报刊媒体的采写规律在进行新闻采访报道。这固然可以将报刊媒体多年来积累下来的经验拿来使用，但在另一方面，也存在着不能完全突出广播媒介特色的问题。因此，广播记者在吸取报纸记者采访经验的同时，需要探索广播采访的个性化规律，提高采访技能，多创作精品的广播新闻。

根据在广播新闻报道中承担的不同角色，我们将广播新闻采访分为一般性采访、现场采访和直播间采访三种进行讲解。

一、一般性采访

（一）扎实、细致的访前准备

广播采访中，记者和采访对象要形成面对面直接访谈的格局。与报纸记者采访结束后回去对被采访对象的话进行归纳总结不同，很多时候，广播记者或全部或部分地使用被采访对象的语言作为报道的组成部分。这就要求广播记者在采访之前多做准备、做好准备，并在采访的时候注意使用一定的技巧，以提高采访质量。

全面的采访准备能够给予记者一种安全感，正如约翰·布雷迪在《采访技巧》一书中所说的那样:“采访前宁可准备过渡,而不要准备不足。”

1. 日常准备

记者在采访前的准备可以分成平时的准备和临时的准备两种。平时的准备不是为了某一次具体的采访而进行的,它是记者平时的一种积累,也是记者应当具备的素质之一。这些平时的积累包括:

(1)吃透“两头”

新闻记者既要熟悉上头,又要摸清下头,才能在采访需要的时候不打无准备之仗。也就是说,记者既要学习马克思主义、毛泽东思想、邓小平理论、“三个代表”重要思想及科学发展观等基本理论,又要认真学习和掌握党的路线、方针、政策,根据党的政策精神,认清当前政治、经济、文化等方面的形势,在实际报道工作中深刻认识和把握新闻事实,正确作出新闻选择,发挥广播媒介正确引导舆论的作用,又要了解党的各项路线、方针、政策的贯彻执行情况,把握实际工作中的经验、成就、问题、矛盾等,以及各条战线涌现的先进人物、事迹等。

(2)成为“杂家”

时代的发展日新月异,如果记者只懂得自己在学校所学的一点知识或者和自己专业相关的部分知识,已经不能完全适应新闻报道的需要。这就要求记者在日常学习各方面的知识和重视资料的积累工作。当然,记者不可能成为精通各种问题的专家,但他可以通过接触大量的知识成为一个“杂家”。

(3)建立“关系网”、“信息源”

记者通过广交朋友,在各行各业、各个领域积累一定的人脉关系,不但可以扩大自己的信息来源,掌握报道线索,还可以通过这些朋友介绍给自己一些可供采访的常备专家、学者等,到重大事件报道或社会现象分析时,很容易找到合适的权威人士对问题或事件进行解读。

2. 临时准备

临时准备是记者在接受了某项具体的采访任务后所做的采访前的准备。很多时候,记者的采访任务都是临时出现的。作为广播记者,采访结束后只能对被采访对象的话进行剪辑和复制,并不能对其进行优化和修改。因此,采访前的准备需要扎实、细致,才能保证采访效果。如果事前准备不足,采访的时候就可能把握不住重点,甚至导致报道导向偏离。

记者所做的临时准备大致包括:

(1)明确报道思想

采访之前,记者首先要明确报道思想,也就是说要弄清楚采访的意图是什么,报道的范围、重点和具体要求等。事先不做准备的采访如果运气好,可能完成报道任务,如果运气不好,则可能导致采访失败。但是,采访工作不能凭运气好坏来决定,而是要在综合当前形势等多方面因素的基础上,确定正确而有新意的报道思想和意图。

(2)尽可能地了解采访对象

记者如果对采访对象(人物、事件、问题)的相关情况和内外联系在事前有所了解,头脑中就容易形成一个较为清楚的线索,从而容易选择恰当的角度去接触和表现事物,被采访人物也容易打开心扉，利于采访过程中记者的提问和挖掘。作人物采访时的准备“不是为了博取采访对象的好感，而是为了卓有成效地探透他所触及的问题，这对于准备采访某位专家的新手来说尤为重要，因为专家是不屑于同新手交谈的”。

美国记者布雷林在采访赛马骑师艾迪·阿卡罗时提的第一个问题是：“你左脚的马镫比右脚的高多少？”对于这个问题，骑师非常感兴趣，他认为这个记者对赛马很内行，因此对回答他的问题很有兴趣，不厌其烦地回答了记者的一系列问题。如果记者问的是一个很无知的问题或者是一个诸如“你对……的感想如何”一类的万用问题，可能根本就无法和被采访对象交流下去。

(3)收集有关材料

记者采访前需要搜集的资料包括背景材料和相关的报道材料。

很多优秀的记者将收集、分析报道对象的背景资料作为采访的起点，对一些重大事件、重要任务的采访尤其如此。在采访前，记者应当学习采访题目所涉及的有关知识和复杂的概念，如果“采访对象认为记者对所谈的问题十分熟悉，不必一面谈一面对所有的问题都进行一番解释，那么他就可能爽快地、充分地谈”。如徐迟在采访陈景润前对数学的基本知识、术语和陈景润的研究课题的复杂概念等提前进行了学习、消化和理解，正式采访时就比较顺利。

(4)拟定采访计划

采访计划包括采访的目的、步骤、时间以及选择什么样的采访对象，提什么样的问题以及采访中可能遇到的困难和处理办法等，是指导记者采访活动的基本设想。对于重要事件和人物的采访，一定要拟订尽可能详尽的采访计划，避免采访的盲目性。

在采访计划的各种内容中，提几个问题、提什么样的问题、从哪些角度提这些问题是需要着重考虑的。如果只是泛泛地提些蜻蜓点水般的问题，就失去了一个重大的采访机会。美国著名的电视节目主持人麦克·华莱士认为，准备提问的问题也是一种训练，如果事先没有充分的准备，临时很难提出问题。因此，他在正式采访前，要至少准备30～40个扎实的问题。这样，才能在关键时刻提出那些出彩的问题，既顺利地完成了采访任务，也不给自己的工作留下遗憾。

(5)做好行前准备

广播记者采访前需要准备的东西除了行装、笔墨纸张外，还需要准备好器材，尤其是录音机。尽管有的时候报纸记者也带录音机，但他的录音机是作为记录的补充材料，而广播记者的录音机是完成采访不可缺少的工具。因此，在正式进入采访环节前，记者应当仔细检查机器的性能是否良好，话筒是否灵敏，磁带和电池是否充足，连线尤其是话筒线是否完好等，同时还要注意周围环境是否对录音的质量有所影响等。近年来，随着广播技术的发展，很多电台开始采用数字化的录音和传输设备，这就要求记者一定要熟悉这些设备的技术性能，不要到临场了，才发现自己无法正确驾控这些设备，从而影响采访的效果。

(二)选择恰当的采访对象

采访对象是那些记者在采访活动中向之索取情况和意见，或者那些以各种方式(不只是语言)向记者提供情况和意见的人。从访问角度来讲,采访对象就是西方新闻界所说的消息来源。当然,并不是所有熟悉情况的人都可以成为消息来源,一个合格的消息源不仅要熟悉情况,还要具备准确观察、说明和预测事件的知识和能力。消息源的质量是保证访问质量的关键。所以说,选择恰当的采访对象是采访成功的重要环节。

一般来说,这样几种类型的人可以成为采访对象:了解新闻事实的人,他或者是事件的参与者,或者是目击者,或者是知情者,从他那里可以获得对事件的第一手资料;具有权威性的人士,他能够对事实进行恰当和有说服力的评判或分析,如主管领导或专家权威。

需要注意的是,由于广播采访大多数时候会用到被采访对象的同期声,因此选择采访对象时要考虑他的语言能力,采访对象要求口齿清楚、逻辑缜密,他能够将事件或观点表述清楚,让听众听得懂,也就是说,采访对象不仅要能够告知听众与事件相关的信息,还要能够做到言简意赅、生动形象。

(三)掌握一定的访问技巧

采访活动是一种社会活动,记者与被采访者之间的问答是人际的思想感情交流。广播记者在进行采访的时候要注意使用一定的采访技巧,提高采访的实际效果。

1. 关键问题简洁明了,避免泛泛而问

问题要长度适当,句子过长或包含内容过多的问题不容易让听众抓住重点,回答的时候容易顾此失彼。另外,从节目制作的角度而言,过长的同期声在后期制作新闻的时候也不方便剪裁。

2. 开放式问题和闭合式问题结合使用

开放式问题指问题提得比较概括抽象,范围限制不很严格,给对方以充分发挥余地的提问方式。采用该提问方式的好处是可以给采访对象较大的自由度,双方的谈话氛围比较轻松,采访对象也比较容易说比较多的话,但由于问题自由度太大、范围太广,采访对象容易跑题,话题难以深入到位。如果在广播节目中大量出现开放式问题,任由采访对象"信天游"似的往下谈,一是采访的时间长度不好控制,二是容易让听众产生记者缺乏准备和水准的印象。这时就需要记者及时地使用闭合式问题把谈话拉上既定轨道。

闭合式问题指问题提得比较具体、单纯,给被采访对象回答问题的范围也限制得比较严格的提问方式。这类问题需要对方直接回答,明确表示态度、意见和观点。双方问答的联系紧密,采访对象不能自由发挥。这样话题的焦点容易集中,有利于提高采访效率。但是如果问题范围限制得太窄,又容易使采访对象拘谨,采访变成了记者大段的提问后,采访对象简单地回答"是"或者"不是",让人感觉记者是在诱供。闭合式问题要想提得好,记者需要事前充分准备,问题准确、深入,同时还要在采访的时候高度集中注意力,边听边提炼问题。

开放式问题和闭合式问题各有优劣。《经济日报》前总编辑艾丰同志在《新闻采访方法论》中介绍的经验可供我们借鉴:"开放式问题,一般适于转入话题,搜索情况,调节气氛,发现遗漏,缓冲记者的压力等。闭合式问题,一般适用于突破、深入、追问、证实、核实,总之战斗力更强一些,更锋利一些。采访中当然不可能没有开放式问题,但是,开放式问题不可能太多，甚至没有闭合式问题。只提开放式问题的记者，是低水平的记者。”因此，将两种采访方式有机结合起来，相互配合使用，采访效果才会比较好。

一般来讲，在先期采访中，记者一般用开放式问题打开谈话局面，使访问在比较轻松的氛围中进行，再用半开放、半闭合的问题及闭合式问题使采访步步深入，同时，用闭合式问题得到具体的材料和必要的细节。

3. 注意观察和倾听，加强交流互动

有些记者认为，在与采访对象交流的时候多用一些“啊”、“嗯”、“噢”之类的语气词就是与采访对象的交流互动，这样的想法是不对的。记者与采访对象的交流互动，表现在记者能够较好地根据采访对象的回答不断发现新的采访切入点，能够及时鼓励或者适时打断采访对象的陈述，能够就某些采访的话题和采访对象交换意见和看法，能够采用恰当的方式引发采访对象的思考和表达等，还包括记者能够借助非语言符号（如微笑、点头等）实现与采访对象的互动。当然，记者可以与采访对象就某个话题交换意见，甚至有所讨论，但不能够以陈述自己的意见和观点为主，将采访活动变成了自己的意见展示，采访对象则沦为配角。

此外，在采访的语言表述方面，应当注意使用广播语体提问，既要避免“试问……”、“请就此问题发表看法”等书面化的提问方式，也要避免口头语言的啰嗦、重复、不完整、不准确，甚至是句法不通的提问。在问题的设计方面，需要注意：记者与采访对象的交谈不应有过多的应答，同期声过“碎”，也不适合采制报道的需要；记者不应提采访对象不熟悉的范围的问题；记者一般不假设提问，对棘手问题更是如此；记者不要提已经暗含了答案的问题，要让采访对象自己说出答案。

4. 结合采访对象特点，问题因人而异

记者在采访的时候要结合采访对象的性格特点、语言风格等方面的差异，采用不同的沟通策略和提问技巧，问题的设计因人而异，这样在同期声的选用时既避免雷同，又丰满人物形象。如获得“亚广联”大奖的《沙漠人家》的作者就曾经提到：于艳文是个感性的女人，我的提问就是经常跟她聊天，说些女人关心的话题。鲍永新是个比较理性的人，他很少说话，每天忙忙碌碌不停地干活儿，我就采取单刀直入的提问方法，比如你为什么来沙漠，你种了多少树？这些树长大了你打算怎么办等等。而对于他们的两个儿子，我则运用少年人特有的心理，特别地尊重他们，把他们当大人，平等地和他们探讨，他们的回答真诚、坦率，努力地表现自己的成熟，同时又充满了少年人特有的纯真。①

（四）精心采录音响，突出广播特点

广播是声音媒介，用好、用活声音是体现广播特点，发挥广播传播优势的重要手段。在广播声音的构成中，音响具有其独特的魅力。在广播采访时，记者要从题材的需要和可能出发，考虑是否需要采录音响，需要采录什么音响，如何保证音响的质量。

---

① 张小燕：《确立音响思维，推陈出新》，http://www.cnr.cn/zggbb/jmxs/200711/t20071126_504638045.html。

我们知道,真实、典型、清晰、完整是对广播音响的基本要求。在新闻采访的过程中,记者要从这几个方面入手,选择需要采录的音响。

真实是新闻的生命,在广播新闻中,真实是对音响第一位的要求。首先,采录的音响必须是新闻人物、事物或者与新闻人物和事物相关的人物、事物发出的声响;其次,新闻音响的采录要在新闻现场真实发出的,不是记者"导演"产生的。任何摆布或模拟出现的音响都违背了音响的真实性原则。

典型音响所传递的信息是任何文字和非典型音响所无法传递的。典型音响运用到新闻中,能够鲜明生动地体现新闻事物和人物的个性特征,对于新闻信息的准确表达具有积极意义。

音响的质量会对报道效果产生直接影响,因此广播记者在采录音响的时候需要注意不同采访环境下采取不同的录制技巧,如在采访大场面活动时,将大场面分为若干个小场面,多点采音;当现场噪音过大时,将传声器与被采访对象距离拉近,以减少噪音的干扰;当采访环境有较大回声时,可以利用窗帘等障碍物吸音;当采访环境较大的热闹场面时,将话筒指向天空或者拉远传声器,等等。

此外,平时注意积累和收集音响资料,对于优化广播报道的音响使用也有重要作用。

(五)审慎使用隐性采访,规避风险

隐性采访指采访者不暴露自己的记者身份,而作为一名普通群众去感受、观察的一种采访方法。记者常常在问题性调查报道中采用这种方法,为了核实先进单位或者先进个人的材料,也可以采用隐性采访的方式。这种不暴露身份的隐性采访,一是不影响采访对象的心理,容易说真话,能够采访到正常访谈中采访不到的珍贵资料;二是采访到的材料真实可信,能够确保新闻的真实性。

在作隐性采访时,记者需要尽量多掌握第一手材料,不但要将具有代表性的人物谈话录下来,还要把具有典型性的现场音响也录下来;录音机和话筒要巧妙隐蔽,不要被对方发现;在条件允许的情况下,尽可能保证录音的质量。由于是隐形采访,记者有时会面临一定的风险,这还要求记者在具备高超的采访技巧的同时,具有较高的现场应变能力和冷静机智的心态,以面对可能发生的各种状况,保证采访的顺利完成。

一般来说,记者在作调查性报道尤其是批评报道时,常常使用隐性采访的手段。如第5届中国新闻奖一等奖作品新闻《挖墙脚的人们》、2001年度中国广播电视新闻一等奖作品《危困地区领导异地在五星级酒店为儿子办婚礼》等作品,都是通过隐性采访获得了鲜活的音响素材。

在《危困地区领导异地在五星级酒店为儿子办婚礼》中,记者没有在报道中掺杂任何个人评论,只是"眼观"、"耳听"、"手录",将自己的观察描述出来,如"摆了28桌"、"黑K00015"、"黑K00032"、"黑K00037"……婚礼的规模、等级,参加的都是什么人,已经可以"一目了然"。另一方面,消息2/3的篇幅采用现场隐性采访的典型音响和谈话。记者随着婚礼的进行,捕捉了大量鲜活、有说服力的音响资料,这些音响构成了消息的主体。如"尊敬

的女士们、各位先生们、各位嘉宾、各位朋友，大家好！今天莅临婚礼的有：七台河市委副书记王贵忠、副市长腾喜魁、张景孺，还有七台河市委、市政府、组织部、人事局、工商局、公安局的领导……（压混）”再如新郎的父亲、七台河市副市长周喜成接电话的一段：“啊，你好你好。啊是，没在七台河，这不，正学习嘛，那边不方便。（停顿）来二百多人，该来的都来了。（笑声）大伙捧场。”以及市委副书记王贵忠代表来宾的致辞：“无论老朋友，还是新朋友，但愿我们永远是朋友，朋友就是财富。让我们以今天这个喜庆的日子为契机，以江泽民‘七一’重要讲话为指导，开拓创新，扎实工作，在各自平凡工作岗位上作出不平凡的新业绩。”将这样的现场音响放在江泽民同志关于干部廉政建设的“七一”讲话刚刚发表一个月，全党全国人民正在学习，且七台河市 4. 2 万多工人就有 2. 2 万多人下岗的背景下，既具有说服力，又具有讽刺意味。如果不是隐性采访，显然无法获得这样鲜活的现场音响。

需要指出的是，尽管隐性采访在增加记者报道的真实性、可信性和增加报道的可听性方面有着重要的作用，但在采访的过程中要需要注意不要侵犯报道对象的隐私权，更不能为了增加报道的“效果”而采用一些不恰当的方式获取音响材料，从而带来新的法律纠纷。

二、现场采访

广播记者在新闻现场，一边采录现场音响，同现场的人物交谈，一边口述现场情景的现场采访活动。现场采访一般用于现场报道或者现场连线报道中。现场采访的内容可以以直播的形式直接播出，也可以经过剪辑后播出。记者在进行现场采访时，需要在符合采访一般要求和规律的基础上，突出并强化采访的“现场”性要求，体现采播的同步性、报道的现场性等特点。

多年的广播实践证明，现场报道是能够体现广播特色的一种报道形式，也是广播与其他媒体展开新闻竞争的有效手段。做好现场报道，关键要把握好现场采访。与一般的采访相比，现场报道受周围环境等客观条件影响较大，稍纵即逝的新闻事件对记者的要求也相对较高。

现场报道以再现事物及其现场的有感染力和特色的瞬间状态和情景为主要表现目标，现场采访要有意识地抓住有特色的情态和现场。记者在进行现场采访时，要集中观察新闻现场、新闻事件的主要进程和新闻事件的主要人物，善于分析、判断、捕捉到那些最能体现事物本质特征、最能表达新闻主题的现场、音响、人物，善于发现新闻现场的一些生动细节、现场环境，并将其绘声绘色地描述出来，以增加现场报道的生动性、立体感，深化报道的主题。除此之外，记者还要选择恰当的采访对象进行现场访问。记者现场采访时的问题要少而精。

除记者的采访能力外，记者口头表述能力的高低，也直接对现场采访是否成功有影响。作为现场报道的采访，记者需要注意自己讲述的内容是否和现场音响能够和谐配合、互为补充。

三、直播室采访

广播新闻采访除了在新闻现场进行的采访外，还会把相关人物请进电台直播室，由节目主持人在直播室进行采访。这类采访多在新闻访谈节目中不经后期加工直接播出。

与一般采访相比，直播室采访的难度较大。首先，直播室采访需要在指定时间内一次性完成。一般性采访没有时间限制，完全根据采访内容的需要和被采访对象的时间安排决定采访时间的长短，如果被采访对象第一次回答的不好，还可以重新回答或者补充。演播室采访则需要在指定的时间内一次性完成采访，在确定了访问主题后，谈话内容的详略主次都要考虑节目时间是否允许，不可能因为采访双方觉得回答得不好而重说。其次，直播室采访要在特定的环境下进行，气氛相对紧张。在进行一般性采访时，记者一般会选择采访对象的办公室、家或者其他比较熟悉的场所进行，采访对象相对比较放松，回答问题的效果相应较好。对一般人来说，直播间是一个不熟悉且容易感到紧张的地方，在直播间里面对着话筒往往会让采访对象因紧张而表现不好。此外，由于直播间的采访省略了后期剪辑的环节，采编播一次完成，任何环节配合不好都会直接影响到采访的成败。由此看来，主持人（记者）在直播间进行的采访是最本色的广播采访，同时也是最具难度的采访。

要想使直播间的采访获得成功，需要多方面的通力配合。就主持人（记者）而言，需要注意以下几个方面：

（一）选择恰当的嘉宾

采访对象（嘉宾）的选择要根据所谈话题而定：时政类话题或者是政策性较强的话题的嘉宾，相关部门的政府官员以及对相关话题有一定研究的专家学者是候选对象，且两者相互配合的话，对于问题的阐释能够更加深入、透彻。如果只能二选一，从权威性角度考虑，政府官员是首选。专家学者则更适合专业性较强的高科技、医学、法律等问题。除了这两类人之外，还有一些人也常常被邀请到直播间担任嘉宾，他们是新闻记者（披露新闻内幕或采访过程）、名人明星（“明星效应”可以帮助节目聚集人气）和普通百姓（一定是对采访话题具有代表性的人物，常常是所谓的舆论领袖）。

（二）做好案头准备工作

1. 了解和熟悉采访的各方面情况

由于直播间的采访时间有一定限制，没有太多的“预热”时间，因此，主持人（记者）在采访之前要尽可能地了解和熟悉采访的相关内容，如直播间采访的主题、涉及的相关政策法规以及节目嘉宾的背景材料（嘉宾擅长或熟悉的领域、嘉宾的特点等）等，以便在采访的时候能够较为迅速地进入状态，形成采访时的良性互动。

2. 确立清晰的采访思路，列出采访提纲

主持人（记者）在采访之前要明确思路，列出相应的采访提纲，尽量考虑听众的需求和理解能力设计问题，对于专业性很强的内容采访时，要注意问题的通俗化和便于听众理解。在对一些科学家进行采访时，记者要充分考虑到听众的理解接受能力，将问题变化为听众易于理解和熟悉的表述方式。在设计问题时，问题尽可能要细致，范围尽可能广泛，这样才容易在现场真正问出听众关心的问题。尤其对于那些看起来有些老生常谈的问题，更要注意挖掘问题的深度。

(三)做好访前沟通交流

直播室采访的工作特点，决定了主持人(记者)不可能在节目现场再去和嘉宾熟悉，了解嘉宾话语风格，交换对所要谈论的话题的基本看法等。因此，主持人(记者)应在正式采访之前和采访对象进行一定的沟通，告知采访的大概范围和内容以及对答问的基本要求，如问题的回答不要过于空泛，不要专业术语过多，尽量言简意赅、通俗易懂等，以及注意访谈过程中与听众的交流等。

有些时候，接受主持人(记者)采访的嘉宾是一些初次到电台作节目的嘉宾，突然来到一个陌生的环境中，很容易因为紧张而出现语无伦次、手足无措的情况，这就需要主持人(记者)在正式开始采访之前与嘉宾进行沟通，从一些轻松愉悦的话题入手逐步缓解嘉宾的紧张情绪，也可以通过向嘉宾介绍直播间的设置等使他们熟悉采访环境，从而放松戒备，从容应答。

(四)营造融洽的采访气氛

1. 对采访对象要一视同仁

主持人(记者)不因以社会地位的高低来区别对待采访对象，对政府官员、社会精英人士就态度谦和乃至谦卑，对普通老百姓则有时显得不耐烦，不顾及采访对象的感受等。主持人(记者)要能够做到"平视"采访对象，甚至要有意识地鼓励那些没有被采访经验的普通公众敢于表达自己的意见和观点。

2. 主持人和嘉宾要有交流

主持人(记者)不是按照提问单设定了程序的提问器，因此，主持人(记者)在直播间采访时，要能对预先设定的问题有所变通，根据嘉宾的阐述及时进行顺序和问题的调整，并充分考虑嘉宾和听众的需求展开互动。主持人(记者)一方面要鼓励嘉宾对新闻事件或现象表达自己的观点和看法，另一方面要将嘉宾有意或无意"转移"了的话题及时地扭转回来。要做到这一点，主持人(记者)不仅要善于组织语言提出问题，还要善于倾听，及时把握话题。对于一些尖锐性的问题，要能够适可而止，不要引发冲突和矛盾。

3. 考虑好节目的衔接问题

主持人(记者)在直播间除了采访外，还应当在采访的开头、中间、结尾部分充分考虑，除了能将记者和采访对象所谈的内容进行较为顺畅的衔接和过渡外，还要进行恰当的点拨和对内容的深化，起到启发听众思考、引发回味等，而不是用一些语义不够完整，让人听来不知所云的话串接谈话的内容。

4. 恰当组织、调动听众参与

现在很多新闻谈话节目都有听众互动的环节，听众可以通过短信平台或热线电话的方式与主持人（记者）和嘉宾进行互动交流，听众可以借此发表自己的看法或者向嘉宾提问。主持人（记者）要有引导听众交流和及时扭转话题的能力，同时还要能够调动嘉宾与听众之间展开交流互动。

第二节 广播新闻写作

一、广播语言的使用要求

广播语言是介于口头语言与书面语言之间的一种交流性语言，广播语言是为“听”和“说”服务的，因此，广播语言要从便于“耳听”、“口说”的角度追求“口语化”。我们这里所说的语言，是在广播新闻写作中使用的语言，而不是主持人（记者）现场播报、评论和在直播间访谈时所用的语言，从词语、句法到表达都有其不同于口头语言的特色。美国通俗写作专家戴尔博士认为，专写新闻稿时所用的词汇，应以不超过初中三年级学生在课本中所读的生字为原则；至于句子的长短，有关广播媒体有过测算，每句长则最多不超过 17 个字，一般广播新闻稿要念得通顺，每句平均约在 8 ~12 个字左右。①

（一）使用适合听的词汇

1. 多用双音词，少用单音词

书面语言和口头语言的不同之一，就在单音词和双音词的使用上。所谓单音节词，就是一个字作为一个完整表义单位的词汇。双音节词则由两个以上音节构成。书面语言受古代汉语的影响较多，经常使用单音词。我们知道，汉语中有很多音同字不同的情况，这样的字词写出来意思表达得很清楚，读出来则不但拗口，还容易让人感觉不知所云。双音节词因为两个字之间可以相互说明、印证，不易让听众因混听而产生误解。因此，口头语言中多采用双音词。如，书面语中说“我已完成作业”，口语则常说“我已经写完作业”；书面语说“我曾到过此处”，口语说“我曾经到过这里”等等。

但是，多用双音节词不能绝对化，要考虑约定俗成的表述方式，如果一味将词汇改为双音节词，有时反而很不自然。如“他询问孩子”就没有“他问孩子”更自然、口语化。另外需要注意的是，由于单音节词与双音节词不太容易搭配，用得过多也会影响声音的协调性和可听性。

2. 慎用简称

我们在生活中会对一些较长的名词采用简称，如“人大”、“政协”、“三个代表”、“五讲四

---

① 郭胜昔：《浅谈广播新闻的采访和写作》，《国际广播影视》（专业版）2006 年第 11 期。

美三热爱”、实现“四化”等。对于一些大家非常熟悉的事物用简称，可以使语言简洁、生动，不至于因句子过长而显得啰嗦、累赘。但是，一些不同的名词可能会出现相同的简称，如人民代表大会简称“人大”，中国人民大学也简称“人大”，在使用这些相同的简称的时候，就需要考虑是否会引发歧义而误导听众。

遇到这种情况时，需要注意表达的语境，最好能在第一次使用的时候采用全称，然后再使用简称，或者在报道的开头结尾使用全称，中间部分采用简称。

对于那些人们不太熟悉的名词或者尚未得到广泛认同的简称尽量避免使用，等到人们熟悉之后再来使用。

3. 少用同音异义词

现代汉语中有许多同音异义词，有的意思相近，有的意思相反，如果在稿件中使用这些词语，就很容易产生歧义。比方说：“这种食品能够治病”和“这种食品能够致病”，念出来是一样的，听众听完以后就不知道到底是该吃还是不该吃；“我今天要去听越剧”和“我今天要去听粤剧”，让人不知道到底听的是浙江戏还是广东戏；至于“我要报酬”和“我要报仇”，则更让人不知道你是要钱还是要找人报复。这样的例子在现代汉语中还有很多，为了使听众能够正确理解广播要传达的意思，应尽量避免使用可能造成误听、误解的词语。

类似的词语还包括：继续—记叙、履行—旅行、记忆—技艺—计议、水力—水利、切忌—切记、治病—致病、全部—全不、全力—权利—权力、公事—公式—攻势、战友—占有、形成—行程、情谊—情意—情义、盈利—赢利、受奖—授奖、符合—复合、证据—正剧、上升—上声等。

4. 慎用代词

在现代汉语中，第三人称代词“他”、“她”、“它”在发音上是完全一样的，如果在新闻稿件中使用了多个第三人称代词，我们无法正确区分。即便是同性，当两个“他”或“她”同时出现在一篇报道中的时候，听众也很容易由听觉上的混乱造成理解上的偏差。因此，记者在使用代词时要格外注意，自己先读一读，看看是不是会带来理解上的困难。

5. 不用半文言

有些人在写作的时候，喜欢使用文白夹杂的方式。事实上，有很多现代常用词语完全可以替代那些半文言的表达方式，如将“数日”改为“几天”、“致函”改为“写信”、“昔日”改为“过去”、“故里”改为“故乡”、“系”改为“是”、“故而”改为“所以”、“如何”改为“怎样”、“宜于”改为“适合”、“分赴”改为“分头去”、“日益”改为“越来越”等。

6. 少用方言土语

一般来说，我们在写作广播新闻稿件时要尽量避免使用方言土语，但并不是完全排斥方言土语的使用。如果记者对报道使用的方言土语进行了大众化的解释，能够方便听众正确理解，还是可以使用的。如果报道使用的是听众耳熟能详的方言土语，反而能使新闻报道更加轻松活泼，也容易让听众产生亲切感。

7. 删除冗语

语言要简明、准确，那些重复啰嗦的内容要尽量省去。如，绝对真相、十分接近、打开来、推迟到以后、从来没有的第一次、真实的事实、在现在等,都要尽量避免。

(二)使用句法简单的句子

1. 用最简单的陈述句

记者在新闻报道中使用简单的陈述句,尽快交代清楚"谁""干了什么",可以使听众在最短的时间内掌握核心事实和观点,可以起到方便听众获知信息的作用。

2. 避免或尽量避免倒装句

新闻文本中句与句之间最好为递进关系。先提出说明对象,再加以说明,然后说明结果,主语在前,谓语在后;动词在前,宾语在后;中心语在前,复合句的偏句在后。如某某某说什么内容,要好于什么内容某某某说。

3. 避免被动句式

一般来说,被动句式没有主动句流畅,而且打破了事件的内在联系,听众容易找不到重点,从而影响其对新闻内容的理解。因此,记者应当先告诉听众发生了什么事情,再交代事情发生的原因。

4. 多用短句,少用长句

长句和短句相比传递的信息复杂,容易形成信息间的相互干扰。作者要尽量把句子的附加成分改为独立短句,以便于听众听清所要表达的内容并正确把握。需要注意的是,不管长句还是短句,句子的结构都要完整。

(三)注意引言、出处的使用

所谓引言,就是报道中引用他人所说的话。在广播新闻报道中,一般有作为直接引语的采访对象的同期声和作为间接引语的记者归纳总结过的采访对象的语言。所谓出处,简单讲就是引言的来处。在"＊＊说:……"中,＊＊是出处,……则是引言。在文字表述中,出处可以放在引言的前面、中间和后面。但在广播新闻中,从符合听众注意和收听的角度出发,引言和出处的使用应注意以下几点:

1. 出处要放在引言前面

我们一般习惯听到人名再去留心他所说的内容,先交代引言的出处,可以帮助听众更好地把握和理解信息。

如:

村党支部书记何国江对农民的不满和领导布置的任务左右为难,他说:[出录音]过去县里这个书记来了植一下苹果,那个书记来了种一下枣树,来一任书记换一茬树,也不考虑我们村的实际情况,也不管农民愿不愿意,这样逼着农民种枣树,我看甜枣也会变成苦枣。[录音止]

2. 引言要简洁具体

我们知道,听众在收听广播节目时都处于非专注收听状态,且单独诉诸声音的内容不容易理解和记忆。如果引言过长或者过于复杂,听众很容易产生听觉疲劳,或者因为不好把握语言重点而造成理解偏差。因此,要想让听众正确把握新闻,就不应人为制造听觉障碍。对于那些不得不使用的长篇引言,如重要的领导人讲话等,可以采用多次说明出处的办法,将长篇引言分成若干个段落,或者采用直接引语和间接引语相结合的方法,既可以将大段内容分割,又能够通过记者的归纳总结,帮助听众更好地理解新闻信息。间接引语的内容可以通过"说"、"指出"、"强调"、"表示"、"赞同"等引出。

二、广播文本的写作要求

(一)按照广播的听知规律选择新闻材料

广播新闻一般来讲主题鲜明、集中。由于其主题相对单纯,往往需要集中传递某一新的信息、新的观念,最好只围绕一个中心问题展开。广播新闻的材料应当围绕主题进行取舍,相同的材料在表现不同的主题时,其所放置的位置、所起的作用不同。总体而言,广播新闻选材要符合听觉规律的要求,尽可能通过听觉形象的展示,达到如闻其声、如见其人的境界。

广播新闻材料选择的注意事项:

1. 材料要典型、具体

广播是依靠声音来传递信息的,听众一般容易对那些有情节的内容产生兴趣,而忽略那些枯燥无味的内容。广播新闻要想引起听众的注意,激发其收听热情,就需要用典型事实使人产生鲜明的感受,进而形成记忆。有人经过调查后发现,人们对具体形象的广播内容的记忆程度,要好于抽象笼统的节目内容。

广播与报纸相比是一种感性多于理性的媒介。报纸的文字稿可以是概括性的,而广播则必须是具体形象的。具体形象的事实容易在人的头脑中形成联想,带来共鸣,而节奏有张有弛的报道,也更符合人们听觉的客观规律。

获得 2000 年度中国广播电视新闻奖一等奖的广播消息《牧民斯拉木曝光滥砍滥伐者》[①]在行文、结构等方面并无特别之处,但在典型挖掘方面可圈可点。有专家认为,该报道的典型性体现在五个方面:题材典型,普通牧民不惜花重金请人拍摄三小时录像带上告到自治区人大常委会;背景典型,全国上下都关注西部大开发的生态平衡和环保问题,林业系统先进国企却反其道而行,滥砍滥伐;单位典型,滥砍滥伐的是自治区有名的林业系统先进国企,警示作用突出;斯拉木曝光的手法典型,录像证据比一般的口头检举和写举报信具有说服力,能够人赃俱获;音响典型。由此可见,用典型事实说话,对于增强广播新闻的表现力作用巨大。

牧民斯拉木曝光滥砍滥伐者

本台记者傅雪琴、孙健中报道:昨天(8 月 8 日),牧民斯拉木在他的家乡——奇台县五马场乡看到了自治区林业局派来的调查组。这个调查组是由他拍摄的反映奇台林场滥砍滥

① 新疆人民广播电台2000年8月9日播出。

伐问题的录像带引来的。

奇台林场是自治区林业系统先进单位。从1998年起，他们把国家下达的天然林采伐任务承包给私人老板。天然林随即遭到大规模的滥砍滥伐。斯拉木看在眼里，急在心上。于是，他出资三千块钱，请人用摄像机拍下了犯罪分子滥砍滥伐的现场。

[出录音，译]“看着这种前所未有的滥砍滥伐的行为，我心里很难受。西部大开发，树都砍完了，环境破坏了，我们怎么开发？我觉得我有责任揭发他们。”[录音止]

斯拉木的录像带被送到了自治区人大常委会。看完长达三个小时的录像，自治区人大农业经济委员会主任艾山·哈木拜提十分震惊。

[出录音]“原来茂密的森林如何变成‘秃头山’，这个里面可以看到。这是一个纯粹的破坏生态、破坏国家资源的行为，应该严肃处理。”[录音止]

作为重要证据，自治区人大把录像带转交给自治区林业局，要求林业部门对滥砍滥伐责任人进行严肃查处。

广播新闻主要诉诸听觉，因此，要尽量回避枯燥概念和数字。对于那些不可缺少的概念和数字要适当进行说明和补充，或改变其表达方式，做到“硬件软化”，使抽象的概念形象化。

2. 精选生动细节

在广播新闻中，细节是采访对象所呈现或表露出来的特征明显、个性鲜明的特质，它往往通过自然的音响、人物的语言和现场情景表现出来。

在广播新闻采写时，记者要注意全方位、多角度刻画新闻事实，把自己在新闻现场的所见、所闻、所感真实生动地刻画出来，令听众产生身临其境的感受。记者需要通过选择有个性的细节材料来表现新闻现场，使自己的报道传真、传神、传情，令人难忘。精彩的细节和情节描写往往会成为报道的点睛之笔。正如李向明同志在《广播新闻创优谈》中曾经讲过的那样，广播要注意细节的选择，“在取材上有画面，有情节，使平面文字变成立体图像，使逻辑思维尽可能变成形象思维；在写作上有动有静，使文章跌宕起伏，掷地有声。”

报纸新闻中常用白描表现细节，白描同样可以用于广播新闻，但需要注意广播的语言更侧重于说，白描细节要“说”得到位，“说”得精当，“说”得传神，给听众以无限想象的空间，增加新闻的美感和可听性。好的音响尤其是能表现细节的音响，能给听众以无限的遐想空间和艺术震撼力。只有那些最能体现事物本质，深刻、感人的典型细节，才能赋予广播新闻永久的魅力。

如第15届中国新闻奖一等奖作品《女儿本色》[①]中，记者这样写全国公安系统特等英模任长霞的上任：“四月的登封，桃花谢了，山花遍野。公安局调来个女局长。众人一看，个儿不高，体不壮，黑妮儿一个。几百号人高马大的干警，顿时心里一怔，干警刘文治（出录音，刘）当时有人说公安局没人了，派个女局长。男的还不行呢，女的会中吗？（录音止）众目睽睽，任长霞浑然不觉。”这里不仅有任长霞外貌的描写、风格的描写，也有干警的心理描写。

① 河南人民广播电台2004年6月9日播出。

口语化,短句式,使稿件听起来活泼生动,引人入胜,而且描写紧扣"女儿本色"这个主题,看似轻描淡写,实则大有深意。

第16届中国新闻奖二等奖作品《教育资金滞留挪用严重　财政局长却在全省教育会议酣然入睡》①的记者在1分30秒之内,以不到500字的篇幅,不但使用了五段同期声,而且抓住最能表现主题的典型人物、典型场景作了画龙点睛式的白描,如"汕尾市的财政局长背靠椅子、耷拉着脑袋,郑德涛的话还没能把他叫醒,旁边的人捅他一下,他才猛然觉醒。"寥寥数笔,把某些人对教育问题的漠视勾画得淋漓尽致,让听众如临其境、如见其形。

广播新闻在选择细节时可以从以下方面入手:

(1)捕捉典型细节。记者深入现场,细致观察,抢抓到最有代表性、最能说明问题本质的细节。

(2)围绕主题选择细节。将细节放在新闻主题下进行考察,选择能够突出主题的细节,舍弃与主题无关的细节,以免分散听众的注意力,破坏对主题的表达。

(3)选择富有感染力的细节。新闻报道中细节的使用贵精、贵细,过多的细节使用会使新闻变得臃肿、滞重,以致淹没重点和主题。

3. 选择典型的音响材料

音响是体现广播优势的重要手段,通过音响构成听觉形象画面,可以更加有效地刻画人物和现场,也可以使广播新闻更加富有感染力,更加使人印象深刻,引人入胜。

获得第16届中国新闻奖二等奖的作品《周小燕与〈长城谣〉》②在不到4分钟的时间里,记者选用了周小燕在三个不同的历史时期演唱《长城谣》的实况录音和周小燕感人肺腑的讲话以及大剧院现场热血沸腾的场景实况,为听众传神地再现了我国著名声乐教育家、女高音歌唱家周小燕的拳拳爱国之心。报道中的音响真实、细腻、感人,为突出主题、升华主题和打动听众起到了不可替代的作用。

周小燕与《长城谣》

我国著名声乐教育家周小燕教授的17位曾经获得国际声乐大奖,现活跃在国内外歌剧舞台的拔尖学生,今天(18日)晚上在上海大剧院隆重举行了一台"周小燕优秀学生音乐会",音乐会上,周小燕和她的学生再次选择了抗战歌曲《长城谣》。周小燕的一生与《长城谣》这首著名的抗战歌曲紧紧联系在一起,从她几度演唱这首歌曲的经历,我们可以看到她那一颗滚烫的爱国之心。

1937年,抗日烽火燃遍祖国大地,武汉街头,简易舞台上,一位年轻姑娘深切地唱着:"万里长城万里长,长城外面是故乡……"歌声悲愤苍凉,如泣如诉。

[实况:周小燕40年代唱片《长城谣》……]

这位姑娘就是周小燕,那年她20岁不到,正从她求学的上海音乐专科学校回家过暑假。

① 广东人民广播电台2005年9月23日播出。

② 上海人民广播电台2005年6月19日播出。

抗日战争爆发了,武汉成为全国抗战的中心,周小燕全身心地投入到抗日救亡运动之中。她和妹妹们帮助母亲为抗敌将士缝制棉衣,去医院护理伤病员,参加武汉合唱团,用她那独特的歌喉,在街头、在学校、在医院演唱抗日歌曲,《长城谣》、《歌八百壮士》、《最后的胜利是我们的》等抗日名曲,都是由她首唱的。

1995 年,抗战胜利 50 周年,长城上,身穿黑底红花旗袍的周小燕,以 78 岁的高龄,再次放歌《长城谣》。

[实况:周小燕唱《长城谣》……]

"万里长城万里长,长城外面是故乡。没齿难忘仇和恨,大家拼命保故乡。四万万同胞心一样,新的长城万里长。"歌声中,周小燕想起了自己的弟弟为了抗日,献出了自己年仅 18 岁的生命。无数的先烈为了保卫国家,前仆后继,英勇奋战,她的眼眶湿润了。其实,那一天,她的丈夫、著名电影导演张峻祥已经病在床上起不来,为了这次演出,周小燕不顾自己年老体弱,一早从上海出发赶到北京,演出完当夜又赶回上海。今天,抗日战争胜利已经 60 周年,周小燕回忆起当时在长城上的感受时,仍不能平静。

[实况]周小燕:

那次在长城上,情绪是很激动的,因为我想到我首唱的时候,是中国最困难的时候,心情是什么呢,就是怕做亡国奴,怕失去自己的祖国。再在长城上唱的时候,我们中国是什么情况,世界瞩目的中国,一个强盛的中国。这一天,烈士们没有看到,我的弟弟没有看到,我的父母也没有看到,我看到了。所以,那时我是很激动的。

6 月 18 日,88 岁的周小燕,再次登上上海大剧院的舞台,这是一场她的一些名扬海内外的学生,为庆贺她从教 65 周年而举办的音乐会。周小燕又选择了《长城谣》。

[实况]周小燕:

我首唱时只有 19 岁,现在我是向 90 进军了。要听当年的音色没有了,但是当年的爱国激情还是有的。

[实况]周小燕领唱、合唱《长城谣》……

伴着激动的泪水,周小燕诚挚地说:"抗战胜利 60 年了应该再唱一唱《长城谣》,这回不是唱声音,而是要唱精神。"舞台上的周小燕精神矍铄,激情飞扬,她用一个又一个音符和音阶,在"母亲——祖国"这条旋律线上放声歌唱。

[实况:掌声结束]

(二)遵循线性传播规律安排新闻结构

广播新闻的结构要从听众的听觉效果出发,充分考虑各方因素,安排组织新闻事实。我们知道,现代社会信息传播的速度已经大大加快,媒体获得真正意义上的独家新闻的机会已经越来越少。相应的,在不同的媒介上出现的同题新闻也越来越多,但是不同的媒体在处理同一个题材或新闻事件的报道时,会根据媒体的差异和自身的定位采取不同的处理方法。对比下面两条获得第 13 届中国新闻奖一等奖的同题消息《浙江率先为贫困农民筑起最低生活保障线》[①]和《开天辟地第一回　浙江贫困农民依法享有最低生活保障》[②]，我们不但可以看到不同媒体在结合媒体特征安排新闻结构方面的差异，还可以进一步了解广播新闻报道在安排新闻结构时的一些基本原则和规律。

浙江省率先为贫困农民筑起最低生活保障线

10月初，浙江诸暨市牌头镇66岁的农民周信均，到民政部门领取了全家每月160元的最低生活保障费。从这个月开始，浙江省23万贫困农民同城市贫困居民一样，享受到了最低生活保障。10月1日实施的《浙江省最低生活保障办法》，对此作出了明确规定。这在全国首开先例。

经过二十多年的改革开放，浙江省从一个资源小省，一跃成为经济大省，经济总量、财政收入位居全国前列。有了强大的经济后盾，浙江省在全国率先将贫困农民纳入城乡一体化的最低生活保障范围，并制定了专门的地方法规。全省各级财政每年将拿出一亿多元资金，确保所有贫困农民能够享受最低生活保障。

浙江省改革与发展研究所所长卓勇良认为：

[出录音]

“设立农民最低生活保障，这是构建和完善社会保障制度的一个重大举措。这一办法可以让少数目前还处于贫困状态的农民，也能享受到改革开放带来的成果，有利于社会稳定和促进经济的持续快速发展。”

开天辟地第一回
浙江贫困农民依法享有最低生活保障

我国农民依法享受社会保障的历史在浙江开篇。到今年12月中旬，浙江现有的23.2万名贫困农民全部依法享受政府提供的最低生活保障。

这一保障制度以法规形式写入了10月1日开始施行的《浙江省最低生活保障办法》。据省政府法制办负责人介绍，以法规形式将农民列入社会保障的保护范围，此举为全国首创。

在绍兴市马山镇渔港村，原先年收入只有480元的64岁农民封秋娥，再也不用为明年的生计发愁了。按照《保障办法》，她和孙子明年可以获得2200多元的保障金，直至她家的人均收入超过当地最低生活保障线为止。这些钱全部由绍兴市和马山镇政府的财政支出。现在马山镇有90户148名低收入农民获得政府的援助。绍兴市民政局同志表示：“以往，我们对申请保障金的农民半年审批一次，按年发放。如今我们按《保障办法》规定，按季发放到每户农民手中。”

曾经是贫困县的泰顺县，已有一万多名农民获得了最低生活保障金。每个提出“低保”

---

① 中央人民广播电台2001年10月9日播出。

② 《浙江日报》2001年12月18日刊发。

申请的农民，其所在村委会都要在村里发布不少于七天的公告，以体现公开、公平、公正原则。

《保障办法》根据农村居民每月粮油、干鲜菜、肉禽蛋、衣着被褥和教育、医疗等费用开支，按照当地物价指数额定最低生活费用，作为最低生活保障线，凡家庭人均收入不足最低生活保障的部分全部由当地财政保底，并以现金形式按双月或季度发放。

早在1996年，我省就着手建立城乡一体的最低生活保障制度。但由于没有法规保障，申请和审批的程序不规范，资金来源没有保证，尤其在经济欠发达地区，低收入农民的利益得不到有效保障。

作为近年来中国经济发展最快的省份之一，浙江多数农民已脱贫致富，各级政府的财政收入日渐充裕。让少数贫困农民享受社会保障制度，是建立市场经济体制的重大配套措施。

"《浙江省最低生活保障办法》的实施，将使浙江贫困农民从过去享受解急济困式的关怀转变到有了法制保障。"省民政厅有关人士说，"如果有的贫困农民基本生活失去保障，他们可以以'不作为'或'侵权'为由，依法申请行政复议直至提起行政诉讼。"

据悉，为顺利启动农村"低保"制度，省财政今年投入了1400多万元，主要投向欠发达地区。目前，我省每季共有2700多万元资金用于支付农民的"低保"费用。

以上两篇报道报道的是同一个内容，但不同媒体的处理方式有所不同。其差异主要体现在以下几个方面：①选取材料多少不同。广播消息材料简洁明快，报纸消息材料详尽细致。②表现形式不同。广播消息偏重信息传递，是动态消息；报纸消息长于信息解释，为解释性消息。③消息结构不同。广播消息由点到面、由表及里，开头是事实观察，中间是背景穿插，结尾是意义展望；报纸消息点上的事实与面上的背景穿插安排，结构回旋。④切入点大小不同。广播消息落笔小而具体，体现可听性；报纸消息开端讲究气势，总揽全局，体现指导性。⑤表现手法不同。报纸消息评述自如，思辨性强。

由以上两条消息的对比我们可以看出，广播消息在结构安排方面的基本要求是——以线性结构为主。就是说，广播消息应围绕一条主线安排结构，报纸新闻常用的"花开几朵、各表一枝"的方式容易造成听觉混乱，不适合广播消息使用。由于广播听众处于非专注收听的半收听状态，很难把握所有的信息。因此，记者在安排结构时要注意对导语和层次衔接处作必要处理，不要在一个段落中放入太多的事实。并且要在层与层之间的转折给予必要的铺垫和过渡。对于那些重要的核心信息，还可以考虑给以必要的重复和强调，以增强听众的收听效果和听众对信息的把握。

（三）坚持"用事实说话"

新闻写作要用事实说话，用什么样的事实来说话呢？我们说要用典型事实。我们认为典型事实是新闻报道中重要的、具体的、形象的事实，这些事实是真实的、新鲜的、有情节的，而且能够表达主题思想。这些事实在报道中不需要使用很多，但能够把事情说清、说深、说透，能够以一当十。

获得2001年度中国广播电视新闻奖一等奖的消息《危困地区领导异地在五星级酒店给

儿子办婚礼》①中，记者不对事实妄加评论，而是充分利用事实的说服力，凭借“耳听”、“眼观”、“手录”客观记录事实，将隐性采访的真实性与录音剪辑的逻辑性巧妙结合，事实清楚、主题鲜明。节目播出后，黑龙江省纪委对该市的有关部门立即进行了严肃处理。

危困地区领导异地在五星级酒店给儿子办婚礼

昨天，本台投诉热线接到一位下岗职工的电话，得知七台河市政府一位领导今天将在哈尔滨市五星级酒店香格里拉为儿子办婚礼。今天一早，记者赶到了结婚现场。

[现场音乐声起，压混]

上午10点28分，周奇先生、韩玲玲小姐结婚典礼在《没有共产党就没有新中国》的乐曲声中正式开始了。

司仪：尊敬的女士们、各位先生们、各位嘉宾、各位朋友，大家好！今天莅临婚礼的有：七台河市委副书记王贵忠、副市长腾喜魁、张景孺，还有七台河市委、市政府、组织部、人事局、工商局、公安局的领导……

[压混]

婚礼上，七台河市委副书记王贵忠代表来宾致词。

王贵忠：无论老朋友，还是新朋友，但愿我们永远是朋友，朋友就是财富。让我们以今天这个喜庆的日子为契机，以江泽民“七一”重要讲话为指导，开拓创新，扎实工作，在各自平凡工作岗位上作出不平凡的新业绩。

据了解，新郎、新娘都在哈尔滨工作。新郎的父亲是七台河市政府副市长周喜成。这时，周喜成一面招呼客人，一面接听电话。

周喜成：啊，你好，你好。啊是，没在七台河，这不，正学习嘛，那边不方便。（停顿）来二百多人，该来的都来了。（笑声）大伙捧场。

在酒店的停车场里，记者发现60多辆“黑K”打头的小轿车，其中有“黑K00015”、“黑K00032”、“黑K00037”等小号车，K字头的车都是七台河市的。

七台河市距离哈尔滨市450公里，一位从婚宴提前退席的来宾说，为参加婚礼，多数人昨天就来到了哈尔滨。

来宾：领导让来的，礼钱也是以单位名义送的，都一万两万的，像我这小单位拿个两千块钱，人家正眼瞅都不瞅。

这场婚宴每桌不算酒水是2600元，相当于七台河市一个职工大半年的收入，婚宴摆了28桌。

七台河市是我省经济形势严峻的地区，全市42000多名工人中，下岗职工达22000多人，有的人已经七个月没有开出工资了。

在上面这则报道中，2/3的篇幅使用了现场隐性采访的典型音响和谈话。这些具有说服力和讽刺意味的音响构成了消息的主体，如：“今天莅临婚礼的有：……”还有“啊，是啊！

---

① 黑龙江电台2001年8月1日播出。

没在七台河，这不，正学习嘛，那边不方便。来二百多人，该来的都来了(笑声)”。在对现场的报道中，记者使用的是不加任何评价的客观描述，如“摆了28桌”、“每桌不算酒水是2600元，相当于七台河市一个职工大半年的收入”、停车场的车号是“黑K00015”、“黑K00032”、“黑K00037”等，婚礼的规模、等级、参加的人都“一目了然”。记者选取的背景材料与现场事实形成鲜明对比：一面是危困地区七台河，一面是哈尔滨仅有的两家五星级酒店之一的香格里拉；一面是“每桌不算酒水是2600元，相当于七台河市一个职工大半年的收入”，一面是“有的人已经七个月没有开出工资了”；一面是“都一万两万的”，一面是“小单位……拿个两千块钱，人家正眼瞅都不瞅”……这样一些具有反差的典型事实相互映衬，深化了报道的主题。

通过以上的例子我们可以看到，“用事实说话”对于再现新闻现场、深化报道主题具有重要的意义。广播新闻工作者一定要学会选取典型事实和典型音响，用声音构筑听众头脑中的声音形象，提高广播新闻的传播效果。

(1)用事实说话要能够再现新闻现场。广播记者通过选取有代表性的现场音响和同期声来帮助听众在头脑中构筑新闻现场，起到如闻其声、如临其境的感觉，进而使得报道的可信性和说服力增加。

(2)用事实说话要善于使用背景材料。背景材料虽然不是新闻事件的组成部分，但往往会起到解释、说明新闻事实，深化人们对新闻事实的认识等方面的作用。尤其是一些对比性的背景材料的使用，更能使记者巧妙地将观点寓于事实之中。

(3)用事实说话还要善于使用同期声。同期声是广播记者在采访中录制的被采访对象的原话。不同身份、地位、性格的人所说的话会有所不同，新闻报道中同期声的使用可以克服报道概念化的毛病。另一方面，同期声意味着消息来源，使用同期声在提高新闻真实性的同时，还可以提升报道的权威性。

(四)灵活生动地使用背景材料

新闻通常由六个要素组成，是构成新闻事件的主体。通常被归纳为五个“W”和一个“H”：五个W是英文词汇中的“何时(when)”、“何事(what)”、“何地(where)”、“何人(who)”、“何因(why)”，一个H是“如何(how)”的缩写。很多情况下，一条新闻仅仅具有新闻要素还是不够的，还需要一些关于事件前因后果的内容，这就需要由背景材料来体现。

1. 背景材料及其类别

所谓背景材料，是指那些能对新闻事件起到解释、说明、衬托、铺垫等作用的附属材料。它不是新闻事件本身，但能对新闻事件进行解释和说明。通过背景材料的使用，可以对新闻事件产生的历史原因、环境条件等进行分析解释，使其不成为孤立事件，同时使受众能更好地认识和理解其意义。

背景是衬托新闻主体的材料，虽然它不是新闻，但离开了它，新闻的价值反而不易得到体现。美国新闻界认为，背景就是解释，解释就是新闻报道的深入化。胡乔木同志在《人人要学会写新闻》中说过：“新闻的明了却比准确难得多。因为人们总是认为自己明了的事情人家也明了,这就使自己总是说话不明了。”“你把你的读者每一次都当作对你的知识一无所知,准没有错。”“你得在你的新闻里,每一次供给他详细的解释,纵断面和横断面的背景,色、香、声、味,呼之欲出,人证物证一应俱全。这样,你的新闻就叫做‘立体化’了,就叫做让人明了了。”灵活自如、言简意赅地使用背景材料,不但能使新闻事实报道增色,还能够进一步凸现其新闻价值。

广播新闻的背景材料通常包括:与新闻事件有联系的历史材料;新闻事件的环境因素、社会环境、地理环境;帮助听众理解新闻事件的有关知识,解释新闻中包含的难以理解的技术名词和概念;衬托和深化新闻事件意义的他人评论,新闻事件当事人以及新闻事件有关的人士,对新闻事件产生的原因及影响的评论和观点,对听众理解新闻事件的前因后果、意义、影响有很大帮助。

新闻中常用的背景材料大致可以分为三种类型:

(1)对比性背景材料

对新闻事件的历史和现状,正确和错误等以及横向与纵向的对比衬托材料。通过这些材料与现实材料的比较,可以显示事物的变化和意义,更有助于突出新闻个性。如前面提到的《危困地区领导异地在五星级酒店给儿子办婚礼》中,记者对七台河市经济情况的介绍,“七台河市是我省经济形势严峻的地区,全市42000多名工人中,下岗职工达22000多人,有的人已经七个月没有开出工资了”,与新闻事件中领导儿子婚礼“这场婚宴每桌不算酒水是2600元,相当于七台河市一个职工大半年的收入,婚宴摆了28桌。”形成鲜明对比。

(2)说明性背景材料

用来说明和解释新闻事实产生的原因、条件和环境等方面的背景材料,如新闻中涉及的人物历史、地理环境、历史演变、物质条件等。如《朱镕基总理会见造林模范马永顺》①中对马永顺的介绍:“身材高大、头发花白的马永顺是铁力林业局退休伐木工人,全国闻名的造林模范。”“1959年,周恩来总理在接见马永顺时,嘱咐他不但要多生产木材,还要多栽树,实现青山常在,永续利用。马永顺牢记周总理的嘱托,把他采伐的3万6千棵树当成‘欠账’,带领全家老小十几口人上山造林,为荒山披上了一片片新绿。”背景材料的交代将“伐木”与“造林”看起来截然相反的两件事情结合在了一起,交代了马永顺带领全家上山造林的动机,也凸现了马永顺伐木英雄成为造林模范的典型意义和社会价值。

(3)注释性对比材料

能够帮助听众更好地理解新闻事件,增长知识和见闻的材料,如新闻中一些科技、文学艺术等知识和名词,以及一些产品的特性和性能等。这类材料所注释的内容一般都不容易一下子听懂,这就需要对它们进行一定的解释,以帮助听众更好地理解报道内容。

如,2003年度中国广播电视新闻奖一等奖作品《世界上第一个大豆杂交种在我省诞生》②的背景材料:“大豆属于自花授粉作物,如何通过杂交提高其产量一直是一项世界性的

① 黑龙江人民广播电台1998年8月31日首播。
② 吉林人民广播电台2003年1月16日播出。

难题。长期以来,世界范围内大豆单产每年只提高 0.5%。"既交代了大豆杂交种诞生的意义和价值,又避免了使用繁琐复杂的专业用语。

与报刊新闻中的背景材料相比,广播新闻中背景材料的交代通常较简略,但必不可少。

2. 使用背景材料的注意事项

(1)既要穿插灵活又要保持完整

一般来讲,新闻报道的背景材料可以根据需要放在任何地方,并没有固定的格式。但在广播新闻中,如果背景被拆得过于零碎,人们就不容易听清楚,搞明白。尤其是那些历史背景和环境背景,在灵活运用的同时,需要注意背景材料的完整性,真正体现背景材料的作用。

(2)背景材料要紧随在被解释、说明的内容的后边

广播新闻大多是按照时间顺序进行传播的,这就要求广播新闻的背景介绍要尽可能地接近被解释、说明的对象。如果相隔太远,就会影响听众的收听效果。

(3)导语中运用背景材料要凝练

一般来讲,导语中应当提出的是那些最新鲜、最能体现新闻价值的事实。但这并不意味着背景材料不能出现在新闻导语当中。因为在某些时候,缺少了背景的新闻事实让听众一时无法理解,反而会影响传播效果。这个时候,就需要加入背景,当然背景材料不能喧宾夺主,一句话甚至几个字,起到揭示新闻价值的作用即可。如 2001 年度中国广播电视新闻奖一等奖作品《中国足球梦圆五里河》的导语:

各位听众,现在是 9 点 23 分 26 秒,主裁判吹响了终场哨声,中国足球队以 1:0 战胜阿曼队,提前一轮冲进 2002 年世界杯决赛圈,中国人 44 年的世界杯之梦今夜圆梦沈阳五里河。

该导语中,背景交代言简意赅,却将比赛的意义表现得淋漓尽致。

第四章
广播新闻报道：消息

消息是以简短篇幅迅速报道事实信息的一种新闻体裁，是报纸、通讯社、广播、电视、网站等媒体发布新闻资讯最常用的方式，常常被人们称为“新闻”①。广播消息是广播新闻最重要、最基本的形式，能够以最快的速度、最简洁的文字和音响及时传递新闻信息，因而是广播新闻宣传最有效的形式。

广播消息特指由广播电台播发，受众通过收音机或其他便携收音设备接收的简明新闻信息。广播界按照多种方法对广播新闻进行分类：按照时间长度，广播消息可以分为短消息和长消息；按照内容类别，广播消息可以分为时政报道、经济报道、文体报道、社会报道等；按照题材性质，广播消息可以分为突发新闻、预知新闻、综合性新闻、批评性新闻等；依据报道形式划分，广播消息可以分为口播新闻、录音新闻、现场报道等。

第一节　广播消息概说

一、广播消息的特点

与其他媒体的消息相比，广播消息既体现消息的共性，又强调广播的个性，因此，广播消息的特点不是绝对的，大多数具有相对性。

具体而言，广播消息的特点表现在以下方面：

（一）具体形象

与一般新闻相比，广播新闻更加具体、形象。要实现这一要求，一方面要尽量减少抽象、笼统、概括性的文字，多采用具体形象的事实来说明问题；另一方面要尽量使用鲜活的细节

① 新闻有广义和狭义之分。广义上的新闻指包括消息、专稿在内的各种新闻报道体裁，狭义上的新闻指的就是消息。

描写。

一般来说，新闻中为了交代事情发生的背景，说明事情发生、发展的过程，阐明事件的意义，交代面上的情况等，有必要进行一些抽象的概括。但广播新闻中概括性的文字不能过多，而是要多用写实性的文字，用事实说话。

在写广播新闻稿件时，要用具体的细节材料来反映新闻主题，从而准确体现新闻个性，抓住新闻事件的特点。广播新闻短小，并不意味着不需要花费篇幅来写细节。精彩的细节生动具体，能给听众留下深刻的印象。因此，广播消息可以通过细节描写或特色化的语言来完成形象的构建。

当然，也并非所有的广播新闻都必须有细节描写。什么样的题材需要细节，细节放在哪里，都需要根据新闻事件的内容来具体情况具体对待。对于那些必须涉及的概念和数字，也要尽可能地用具体形象的事实来阐释，同时还要对其进行适当的说明和补充。也就是说，要尽量地具体化和形象化。

(二)短小精悍

取材精练、篇幅短小是消息的共同特点，但在广播新闻上表现更加明显。在西方国家，无论是何种媒体上的消息，一般都是几十字、上百字，上千字的新闻相对较少。据介绍，美国对外广播新闻每半小时的新闻节目，除 7 分钟广告外，23 分钟内播出 30 ~ 40 条新闻，平均每条 30 秒多一点。

在我国，广播消息也在不断缩短。据统计，20 世纪 80 年代，中央人民广播电台的《新闻和报纸摘要节目》30 分钟的节目，每条新闻平均篇幅 1 分 30 秒。1995 年，同一节目每条新闻只用 39 秒，缩短了将近一半。① 为了鼓励和提倡写短消息，1997 年开始在一年一度的广播电视新闻奖的评选中设立了“短消息”的奖项。

所谓“短消息”，按照广播界权威人士的话说，就是要主题集中而又鲜明，时空跨度不宜过大，选材典型内涵丰富，一稿一事最为适宜，取材精粹排列有序，舍弃可有可无信息，表现手法小中见大，使用音响突出特点，语言简洁明快优美，口语通俗禁绝空话。② 短消息具有篇幅短小、简洁明快、易懂好记等特点，因而深受听众欢迎。目前，中国广播电视新闻奖对消息的划分是 1 分 30 秒以内的为短消息，1 分 30 秒到 4 分的为长消息。

下面这条获得了第 15 届中国新闻奖一等奖和 2003 年度中国广播电视奖一等奖的消息《美英军队开始对伊拉克实施军事打击》③包括标点在内，只有 165 字，仅仅 58 秒；除了呼号和有关预告外，仅仅 84 字。最核心的内容只有一句话——“据报道：北京时间今天上午 10 点 40 分，美英驻海湾军队开始对伊拉克实施军事打击！”——仅仅 35 个字。在对伊拉克战争开始的报道中，中央电台在全国所有媒体中第一时间最先抢发的消息。在权威主流媒体

① 曹璐：《广播新闻理念与实务创新研究》，中国广播电视出版社 2007 年 5 月版。
② 江欧利主编：《中国广播电视新闻奖 2000 年新闻佳作欣赏》，新华出版社 2002 年 1 月版。
③ 中央人民广播电台 2003 年 2 月 20 日首播。

中,它比 CCTV -4 快 11 秒,比新华社快 3 分钟,比 CCTV -1 快 8 分钟。在近乎白热化的媒体大战中,这条短稿为广播抢得先机,再次证明了广播在时效争夺中不可忽视的地位。

美英军队开始对伊拉克实施军事打击

中央人民广播电台!

中央人民广播电台!

现在播送刚刚收到的海湾局势的最新消息!据报道:北京时间今天上午 10 点 40 分,美英驻海湾军队开始对伊拉克实施军事打击!

中央人民广播电台!

中央人民广播电台!

现在播送刚刚收到的海湾局势的最新消息!据报道:北京时间今天上午 10 点 40 分,美英驻海湾军队开始对伊拉克实施军事打击!

此前已有报道说,大批美军战机已经开始从科威特飞向伊拉克边境。目前战斗仍在进行,我们将在稍后的报道中详细介绍情况,同时我们将滚动报道战场最新动态。请您锁定中央人民广播电台第一套节目。

无独有偶,获得第 16 届中国新闻奖的广播作品《历史性的握手》[①]全篇 966 字。而新华社通稿,包括中央电视台的播出稿,是 1417 字[②]。

历史性的握手

[播音员]中共中央总书记胡锦涛在人民大会堂与中国国民党主席连战进行了历史性的握手,两党最高领导人举行会晤,就促进两岸关系改善和发展的重大问题及两党交往事宜,广泛深入坦诚地交换了意见。

请听中央台记者郭亮、赵雪花、李涛采制的特写:历史性的握手。

[现场杂音,压混]

记者:2005 年 4 月 29 号下午 2 点 58 分,中共中央总书记胡锦涛沿着红地毯,走到人民大会堂北大厅中央,向等候在这里的中外记者挥手致意。

2 点 59 分,中国国民党主席连战乘车来到北京人民大会堂。他走下车,拾阶而上,迈进向他敞开大门的人民大会堂北大厅。在这里迎候的中共中央总书记胡锦涛微笑着,向连战伸出了手。

3 点整,在海峡两岸中国人期盼已久的目光中,中国共产党和中国国民党的最高领导人终于见面了,他们的手紧紧地握在一起。

[掌声]

---

① 中央人民广播电台 2005 年 4 月 29 日播出。

② 李涛:《先声夺人 以实动人 用情感人——对广播报道重大新闻事件的几点看法》,《中国广播》2007 年第 2 期。

胡锦涛：连主席你辛苦了，我也非常热情地欢迎你。

记者：在如雨般的拍照声中，胡锦涛和连战互致问候。胡锦涛热情欢迎连战来访。

这是历史性的时刻！

这是跨过了那道浅浅海峡的握手，这是穿超了半个多世纪纷纭历史的握手。

握手后，胡锦涛和连战表情轻松，并排走过红地毯，步人人民大会堂东大厅。这是两党启动正式交往、面对现实、开创未来的一次最重要的会晤。

[掌声]胡锦涛总书记首先致欢迎辞。

胡锦涛：4 月的北京春意盎然，在这美好的季节里，我们迎来了中国国民党主席连战先生率领的国民党大陆访问团。今天的会见是我们两党主要领导人历史性的会见。你们的来访是中国共产党和中国国民党关系史上的一件大事，也是当前两岸关系当中的一件大事。从你们踏上大陆的那一刻起，我们两党就共同迈出了历史性的一步，这一步既标志着两党的交往进入了新的发展阶段，也体现了我们两党愿共同促进两岸关系发展的决心和诚意。我们共同迈出的这一步，必将记载在两岸关系发展的史册上。我相信，国民党大陆访问团的这次访问，以及我们两党的交流对话，已经给两岸关系的改善注入了春天的气息。[掌声]

记者：中国国民党主席连战发表答谢，说：

连战：我也很坦诚地跟各位提到，那就是这一趟来的并不容易。我一再讲台北、北京，台北、南京距离不远，但是因为历史的辛酸，让我们曲曲折折，一直到今天才能够见面。所以我说，有点相见恨晚的感觉。当然，中国国民党、中国共产党，我们过去曾经有过冲突，我们都知道这些历史的过程。但是历史毕竟已经是过去的事情，我们没有办法在此时此刻再来改变历史，但是未来却是掌握在我们的手里。让我们把握当前，让我们共同来开创未来。[掌声]

在上面这条 3 分 45 秒的新闻中，记者把握时机，选准切入点，突出了两党最高领导人的握手这一历史性时刻和胡锦涛与连战的致辞，记者串词寥寥数语点明主题，大量采用现场音响（讲话和掌声），选择亲切、感性的语言，为听众营造现场的感人气氛。尤为重要的是，该报道改变了重大时政新闻采用新华社通稿的做法，对现场音响的大胆剪辑也改变了重大新闻事件惯以长篇幅来表现的状况，在众多媒体报道中独树一帜，成为广播时政新闻报道改革的有益尝试。

（三）浅显易懂

广播消息是为听而写的，从一方面来讲，那些口语化、通俗化的内容能够使听众听得明白、听得有兴趣，另一方面，由于广播受众的文化水平参差不齐，只有写得通俗才能照顾到那些文化水平不是很高的听众。

广播消息的通俗化一方面是要改造书面语言的复杂结构，使广播语言口语化，使其更符合口语播讲的需要；另一方面则是要把消息的因果关系把握好，使消息的线索更加单一，经过取舍之后，使得消息更加通俗化。

如吉林人民广播电台的广播消息《世界上第一个大豆杂交种在我省诞生》作为科技报

道，没有陷入就课题说课题，大量运用科技术语的怪圈，使人觉得晦涩难懂，而是把侧重点放在新闻的背景和意义等普通人非常关注又容易明白的地方上，用准确、简洁而通俗的语言概括总结，让人们对大豆杂交种及其培育过程、产生的意义有了较为感性的认识。

二、广播消息的结构

消息的结构有两层含义：一是指消息在组织素材、安排内容等方面的处理方式，二是指消息结构的基本内容，一般包括导语、主体、背景、结尾等。简化了的消息结构包括导语和主体两个部分。

广播消息的结构有多种分类方式，我们采用最简单的方法，将广播导语分为“倒金字塔”式和非“倒金字塔”式两大类。

（一）“倒金字塔”式

也叫倒宝塔式或倒三角式结构，是最传统、常见的导语写作形式。该形式最早出现在南北战争时的美国。当时，美国的电讯业尚不发达，电报经常在报社传送新闻的过程中中断，为了把新闻中最重要的内容及时传送到报馆，记者们把事实按照重要程度进行排列后写成新闻，将最重要的事实放在前面，这样，即便电报信号中断，也不影响编辑部刊发新闻。

在“倒金字塔”结构中，最重要的事实在开头，其余材料按重要程度依次排列，各段独立存在。由于上重下轻的结构特点，形成倒立的三角形，故称为“倒金字塔”式。

倒金字塔结构形式的优点包括：能够及时迅速地报道最新、最重要的新闻事实，使受众很快就能了解消息的中心意思；由于省略了对新闻事件过程的叙述，可以有效缩短新闻的篇幅；按照事实的重要程度排列顺序，逻辑形式上思想清楚，便于编辑和修改。编辑能够根据时间和篇幅的需要进行剪裁而不影响新闻稿件的完整性。

但这种结构形式也存在一些局限，比如说，由于最重要的事实在报道的最前面，后面的内容不太容易吸引受众；过于标准化的形式容易造成缺乏文采和生气等。一般来讲，报纸上运用倒金字塔结构的时候较多。

对于广播来说，这种结构方式则打乱了事件发生、发展的时空顺序，主要靠逻辑顺序安排结构，不利于听众在短时间内迅速理解报道内容。但是，这并不意味着广播消息就排斥倒金字塔的结构形式。

广播消息采用倒金字塔形式，需要把事实的安排顺序与听众的兴趣尽量保持一致，帮助听众从一个层面自然过渡到另一个层面。消息开篇就要明确时间要素，防止因时间含混而干扰对事实的理解。此外，还需要注意音响在段落过渡中的衔接作用，避免时空交错的突兀感。由于倒金字塔结构中段落间具有跳跃性，广播新闻在写作的时候，还要有意识地强调段落间的转折和过渡，或者强调新闻来源，或者强调时间、地点，或者使用一些铺垫性的话语，以唤起听众的注意。

2003年度中国广播电视新闻奖一等奖作品《北京有个总理也是你的亲人》[①]采用的就是“倒金字塔”的结构形式。

北京有个总理也是你的亲人

[现场问候，压混]一直密切关注新疆巴楚地震灾区的国务院新任总理温家宝，今天(3月29日)来到重灾区琼库尔恰克乡看望六村党支部书记达吾提·阿西木和震区灾民。

突然袭来的“2·24”大地震夺走了268人的生命，达吾提·阿西木家五位亲人丧生。震后，他强忍巨大悲痛，不分白天黑夜带领党员干部抢救伤员，照顾孤儿，迅速解决全村灾民的吃、住和孩子上学问题，加紧春耕生产，重建家园。乡亲们称他为“废墟上的钢铁脊梁”。

温总理紧紧握着达吾提·阿西木的手，明亮的眼睛里噙满泪花：

(出录音)“支部书记，你的悲痛就是我们大家的悲痛。在这场大的地震灾害面前，你是个好党员，党员干部都要向你学习。你记着北京有个总理，也是你的亲人。”

温总理轻轻拍着达吾提·阿西木的肩膀，鼓励他和在场的维吾尔族乡亲们：(出录音)“齐心协力，生产自救，重建家园。”

该消息首先报道了温家宝总理到达灾区视察的核心事实，然后交代了总理看望达吾提·阿西木的缘由以及在总理视察现场的情景，总理紧握他的手，眼里噙着泪花说出那句暖人肺腑的“你记着，北京有个总理，也是你的亲人”，表现出新一代党和国家领导人亲民、爱民的风范。尽管这条消息算是近年来广播时政报道的上乘之作，但报道的最后，温家宝总理带领维吾尔族乡亲喊口号的段落，让听众听了有“作秀”的感觉，反而消解了报道传递出来的感人的力量。报道如果去掉这一段，可能感觉上更好。

(二)非“倒金字塔”式

这种形式又可以进一步细分为以下几种常见的情况：

1. 时序结构

也叫“金字塔”式结构。这种结构方式是记者完全按照事件发生的顺序安排结构，先发生的在前面，后发生的在后面，随着情节的推进逐步走向高潮，报道叙事结构清晰，现场感强，且保持了新闻事件故事的完整性，适用于故事性、情节性较强的事件新闻。缺点是开头相对平淡，难以一下子就吸引听众。

2005年的珠穆朗玛峰高程重新测量是一件引人关注的事件。中央电台记者郎峰蔚是唯一随行的中外广播媒体记者。第16届中国新闻奖二等奖作品《中国珠峰测量队成功登上“世界之巅”珠穆朗玛峰》[②]是记者使用64K宽带海事卫星音频广播技术，在普通音频传输设备完全不能到达的珠峰地区第一时间同步传回的现场音频新闻，是中外媒体中唯一一篇来自测量一线现场的广播录音报道，是宣布测量成功后发出的第一篇新闻，也是中国广播史上

① 新疆人民广播电台2003年3月29日播出。

② 中央人民广播电台2005年5月22日。

海拔最高、条件最为艰苦的一篇现场新闻。

中国珠峰测量队成功登上“世界之巅”珠穆朗玛峰

中国珠峰测量队今天(2005 年 5 月 22 号)上午 11 点成功登上“世界之巅”珠穆朗玛峰，对珠峰高度进行了 1975 年以来的首次精确测量。请听中央台特派记者郎峰蔚从登顶现场发回的录音片断。

[现场声，喘息声]

记者：中央人民广播电台，中央人民广播电台！我是记者郎峰蔚。现在是北京时间 11 点 08 分，队员们成功登顶了！

[指挥部同期声：加布，听到没有？请回答。

登顶队员：听到了，我们成功了！(喘气声)

指挥部：好！祝贺你们！到达顶峰几个人了？

登顶队员：十个人。

指挥部：十个人！

(开香槟声、欢呼声)

记者：队员们终于到达峰顶，指挥部里一片欢腾。

指挥部：现在赶快帮助测绘队把仪器架设起来。]

记者：现在是上午 11 点 50 分，测量指挥岳建利一声令下：

[出录音

岳建利：登顶队员注意，峰顶测量开始，请检查所有指示灯……

(渐弱混入)]

记者：刹那间，峰顶觇标的透镜将彩虹一样的光芒，发射到海拔 5200 米到 6300 米的六个交汇测量点的仪器上。

[出录音

测量队员甲：气压？

乙：5400。

甲：温度？

乙：102.2。

(渐弱混入)]

记者：现在是中午 12 点 15 分，珠峰复测总指挥张燕平欣喜地接过我的话筒：

[出录音]张燕平：现在觇标已经屹立在珠穆朗玛峰的峰顶，正在不间断地进行 48 小时的数据记录。珠穆朗玛峰登顶测量取得初步成功。下一阶段，我们将全力以赴地进行数据整理分析和计算。多种测量手段的配合使用，将有可能使测量精度在 1975 年的基础上进一步提高。8 月份，中国将向全世界宣布珠穆朗玛峰的新高程！

该消息以时间为主线，结构清晰简洁，具有高度的时效性和同步行进感，来自一线的真实音响具有震撼感和感染力。该报道播出后受到了听众的欢迎，网上的听众留言达 5000

多条。

记者采用时序结构时要注意对事实有所取舍，繁简适当，不要平均使用笔墨，或者颠倒了事实的轻重关系。

2. 导引结构

这种结构方式从具体生动的情节场面入手，先声夺人，引起听众的注意和激发联想，然后再概述全局，增强可听性。采用该结构有助于听众理解某些概括性、抽象性较强的新闻事实，或有人情味的事实。导引结构又被称为“延缓兴趣”结构。

获得2000年度中国广播电视新闻奖一等奖的长消息《令人尴尬的表彰会》①是一篇批评报道，安徽省阜阳市颍州区在发生特大环境污染事故后，当地政府非但没有及时调查事故原因，采取措施抓紧治理，却文过饰非，召开了所谓的“表彰会”，欲盖弥彰，引起了群众不满。记者在采访中发现了受表彰的村民拽掉大红花的细节，于是从表彰会后出现的尴尬场面入手，抓住问题、追踪采访，运用大量同期声，真实反映了村民对欺上瞒下的官僚主义作风的鞭挞和对保护环境的期盼。该报道播出后引起了多家媒体关注，当地政府迅速采取措施，加快了七里长沟的治理步伐。

令人尴尬的表彰会

今天上午，阜阳市颍州区在区委礼堂召开“五·一八”事件见义勇为英雄表彰会，表彰“五·一八”事件中的九名救人英雄。然而，会议刚结束，记者却看见两位受表彰的村民拽掉大红花，扯下绶带，甩到地上。

他们为何对表彰会不满呢？事情是这样的，5月18号傍晚，位于阜阳城郊区的颍州区谷堆村，村民杨建波父子到七里长沟挑水浇地，忽然晕倒在沟里，为了抢救杨建波父子，先后有九名村民跳入沟中，也莫名其妙地倒下。结果，鹿文艺、鹿金台及杨建波父子等六名村民当场死亡，肖其生、周学义等四名伤者被送往医院抢救，才幸免于难。

为表彰英雄，颍州区政府给见义勇为的肖其生、周学义等五人，每人2000元的奖励，给死难者家属每人发放4.5万元到5万元不等的抚恤金，并号召全区人民向他们学习。

刚刚走出会场的肖其生、鹿金顶等几位受表彰的村民告诉记者：

[录音]我们是受害者，哪里算什么英雄？开这个表彰会说起来比较滑稽，(英雄)本来这边不愿来，上面通知一遍又一遍，又披红又挂彩。我们要求的不是拿这些奖金，而是要求把环境治理好，给死难者一个答复。

村民们还告诉我们，他们一再要求公开事故原因，然而，有关领导避而不答，并称“五·一八”事故为意外事故，让他们十分不满。

[村民录音]按照《环保法》规定，这是特大环境污染事故，怎能称为“五·一八”意外事故？(表彰会)是糊弄俺，天天光喊达标，达了什么标？到底治好了吗？

记者从市环保部门了解到，硫化氢有毒气体是村民中毒的罪魁祸首，而这种有毒气体是

① 阜阳人民广播电台2000年6月5日首播。

沟里没有达标的工业废水和大量的生活污水综合反应产生的。由于长期受这种有毒气体的侵害,谷堆村1200多口人中大约70%的人出现了头痛、浮肿等症状。如今“五·一八”事件已经过去近20天,可七里长沟的恶劣环境却丝毫没有改变。

[村民录音]“五·一八”不出现是这个环境,出现了英雄还是这个环境,至今还是这个环境。人死了,就换来一个小小的表彰会就处理清了吗?再次请求政府部门尽快拿出治理措施!

表彰英雄,本来是鼓舞人心的大好事,可村民们反倒觉得被糊弄了,他们渴望的是实实在在的治理行动,期盼着悲剧不再重演。

采用引导式结构时需要注意:引导部分的事实必须具体、生动、简洁、概括,具有可听性,主体部分尽可能生动形象。

3. 逻辑结构

按照事物发展的逻辑联系安排材料。这种结构中材料既不按照时间顺序,也不按照重要程度进行排列,而是按照事实的内在联系和逻辑关系进行组织,主体层层深入、环环相扣。事实的逻辑关系包括因果关系、对比关系、并列关系、点面关系等多种。该结构形式多适用于非事件性消息,如综合消息、经验性消息等。以下面这则中国广播电视新闻奖获奖消息《产粮大县兴起种草热》①为例:

产粮大县兴起种草热

“过去除草,现在种草”,千百年来传统的种植观念正在被栾城转变。今天,县政府作出决定,破天荒拿出2000万元扶持农民种草。

栾城,县志载“弹丸之邑”。全县农民“土里刨食”,精耕细作,80年代初就成为全国有名的粮食高产县。售粮连续17年名列全省第一,还扛回全国粮食生产先进县奖旗。近两年,随着粮价持续走低,农民收入增长缓慢。

今年夏天,栾城组团到加拿大考察,带回国外发展草业的信息。有头脑的农民很快就把目光投向生态环境,在“绿地”上大做文章。

“忽如一夜春风来”,一时间种草热火爆栾城。植绿色文明,送都市春光。眼下,一进县界,就会看到成群结队的农民整地、碎土、种草,一派生机。农民杨二嘎感叹地说:“俺握了一辈子锄把子,哪想到如今草比粮食还值钱!”县委书记郑雪碧介绍,一亩草地收入两万元,比种粮多20倍。截至下午6点发稿,全县除留足粮田面积外,种草突破13000亩。

小草连着大市场。目前,京、津、鲁、豫等省纷纷发来电函订购。昔日产粮大县,一跃成为中国最大的草皮生产基地。

以上这条消息共分五段:第一段“县政府作出决定拿出2000万元扶持农民种草”是消息的缘起;第二段通过背景材料介绍栾城县历史上靠种粮曾创造的辉煌;第三段写面对近两年种粮增收缓慢,农民的目光投向生态环境,思维开始改变;第四、五段呼应导语,描述“种草

① 河北人民广播电台1999年10月31日播出。

热”的现状。段落之间起伏有序，环环相生，播出上句，便能牵引听众判断下句的走向，体现出高度的逻辑性。

这则消息以河北栾城从产粮大县到种草大县的变化，不但反映了农村开始以调整种植结构的方式向实现高附加值的效益农业方向发展，而且深层次反映了当代农民思想的解放和观念的转变，立意新颖、主题重大。

尽管说逻辑结构多适用于非事件性新闻，但某些时候，如果能将可以对比或类比的两件事情组合成一条新闻的话，很容易起到 1 + 1 > 2 的组合效果。下面这则获得第 16 届中国新闻奖二等奖的广播消息《耗水大户“水疗城”竞相出现在缺水边城乌鲁木齐》①，如果将“我为节水出点子”颁奖仪式和金海湾水疗餐饮广场开业两条新闻分别播出，也许不能引起听众的任何关注，但当发生在同一天的两件事情被组合为一条新闻时，现实针对性就变得强烈起来。该消息由提倡节约用水、鞭挞资源浪费的表象，发掘出事件背后的商业利益优先的节水无意识，以及政府官员对此的麻木不仁等。观照现实、明确主题、严密构思、注重细节、稳重叙事，是这一报道突出的特点。

耗水大户“水疗城”竞相出现在缺水边城乌鲁木齐

各位听众，今天(2005 年 12 月 18 日)上午 12 点 30 分，乌鲁木齐水务局在友好路图书城举办了“我为节水出点子”的颁奖仪式。就在同一时刻，位于天山区昌乐园的金海湾水疗餐饮广场隆重开业，下面请听本台记者从两个现场发来的报道。

[出记者现场报道]

听众朋友，大家好，我是记者赵萌，我现在在乌鲁木齐市国际友好图书城。(现场音响扬起)“欢迎大家参加由乌鲁木齐市水务局主办的‘我为节水出点子’现场颁奖活动”。

[记者]乌鲁木齐市水务局局长王魁梧在活动现场呼吁。

[出王魁梧局长的现场讲话]乌鲁木齐市是一个水资源极其缺乏的城市，节约用水是我市发展的迫切需要，我们的目标是:2008 年把乌鲁木齐市建设成为全国的节水型城市。

[出记者现场报道]

各位听众，我是记者乌拉木，您现在听到的是金海湾水疗餐饮广场开业仪式。

[出现场音响]

我宣布金海湾水疗餐饮广场剪彩仪式正式开始。今天前来参加庆典的市委领导有，市委副书记……

[记者]我现在采访的是金海湾水疗餐饮广场总经理潘军。

[出潘军讲话]

金海湾水疗餐饮广场现在的投资规模已经超过了 1.2 亿，总营业面积是 2 万平方米，我们就是要打造水疗行业航母级的休闲娱乐场所。同时，我们这个项目也是 2005 年市政府督办的重点工程项目，同时，它也将成为我们天山区一个形象的标志性的建筑。

---

① 新疆人民广播电台 2005 年 12 月 18 日播出。

据了解,金海湾水疗餐饮广场的开业只是乌鲁木齐大兴水疗洗浴娱乐场所的一个缩影。今年以来,乌鲁木齐市大大小小的水疗洗浴场所层出不穷,遍布大街小巷。

出租车司机王捍卫:

[出录音]

你说现在乌鲁木齐这个水疗城呀,是泛滥成灾,乌鲁木齐随便走到哪条大街小巷都能瞧见它们的身影,这个水资源的浪费太厉害了。像友好路,一路上去像"大商洗浴",再往下那又是一排子水疗。然后到阿勒泰路你再看,从阿勒泰路下桥头开始,一直走到木材厂,这一路大大小小,无数个。

乌鲁木齐市自来水公司负责人透露,今年以来仅天山区、沙依巴克区兴建的水疗城、洗浴中心就达150多家,其数量和规模在全国其他城市中也属罕见。一个大型水疗城平均每天耗水量相当于400个普通人家的用水量,而被称为离海洋最远城市的乌鲁木齐,人均水资源量不足全国人均水资源量的1/4。近年来,城市生活用水连连告急,特别是今年夏天的缺水量由前些年的3万立方米上升到10万立方米。

乌鲁木齐市东后街居民王军:

[出录音]

我们乌鲁木齐呢,城市用水越来越紧张,就拿这个东后街这个片区来说吧,这个地方一到夏天就开始限时、分段地供水,甚至有时候几天就没有水来,弄的老百姓生活没有着落,到处找水,甚至买些矿泉水,而且家里面都有大盆、大桶,就怕停水。

一边是城市用水紧缺,社会各界献计献策建设节水型社会;另一边耗水量巨大的豪华洗浴城纷纷上马。面对记者的疑问,前来参加金海湾水疗餐饮广场开业典礼的乌鲁木齐市政府官员不置可否。

[出录音]

这个我……我说不好,我说不上这个。

需要提醒的是,广播消息的任何结构形式都不是万能或一成不变的,实践中切忌机械地照搬某一种结构方式,而应当依据具体内容,从综合传播效果出发,做到利于内容表达,利于听众接受,利于媒体传播,形式与内容相和谐。这样,即为最佳结构方式。因此,记者既要熟悉消息的基本结构方式,又要根据不同新闻事实和现场气氛灵活运用,力争有所创新。

第二节　广播消息的采制

一条完整的广播消息由标题、导语、主体、结尾等几部分构成。广播消息的标题有的时候在节目中播报,有的时候不播报,但总体来讲,广播新闻标题的制作与报纸新闻标题相比比较粗糙。多级标题和过长的标题都不适用于广播消息的标题。我们就略去标题的写作内容,直接进入广播新闻的导语、主体和结尾的写作要领。

一、广播消息的采制要求

(一)把握重大主题,以小见大

新闻媒介要对国内外发生的重大事件、重大变化进行生动的记录和描述。综观多年来获得中国新闻奖、中国广播电视新闻奖的作品,我们很容易地发现:主题重大是其获奖的重要原因之一。受众对于那些国内外发生的重大事件有着强烈的获知欲,新闻媒体有着满足受众需求的责任和义务,因而,重大题材往往会成为媒体关注和竞争的重点。一方面,媒体会自觉地选择重大题材进行报道,另一方面,重大题材报道又很难独家垄断消息源,于是便出现了许多同题竞争。比如说,自2004年以来,很多媒体都意识到了执政为民、科学发展、和谐发展、确立正确的执政观等是当前发展中迫切需要关注的问题,但是,并不是每一篇抓住了重大主题的新闻都能够获奖,在同题竞争的时候,谁能够准确把握重大事件的基本特征,高屋建瓴、视角独特,谁就容易脱颖而出。

获得第17届中国新闻奖二等奖的广播消息《兖州封存两亿吨大煤田,留给子孙美好家园》[①]表面看起来写的是兖州市对新发现的油田现在开发还是将来开发的争论,实际上却是对两种政绩观和发展观的抉择。对于科学执政这样的重大主题,记者选取了从身边小人物、小事物入手的方法,消息一开头就用白描的叙事手法表明了这个"小人物"保住良田的喜悦。反映基层农民的诉求,然后再从兖州市对待煤田两种不同的态度交锋展开,兖州市封存煤田的事情放在全国也许不算大事,但以牺牲环境为代价发展经济,却是全国普遍存在的严重问题。正如消息结尾同期声所说的那样:"兖州作出这个决策,它是局部服从全局,小局服从大局的一个决策。从决策层来讲,这是一个战略思维的重大转变。"兖州是个小城市,转变是个大问题,报道以小见大地让人们深刻认识到:"拉动经济增长固然重要,但实现可持续发展、科学发展,构建和谐社会更为重要。"同样抓住这一事实,《大众日报》的同题材消息《兖州:2亿吨大煤田不挖了》得了当年中国新闻奖的一等奖。由此可见,大话题、小切入对于重大题材报道具有相当的借鉴价值。

兖州封存两亿吨大煤田　留给子孙美好家园

给子孙后代留下一方美好家园,兖州市舍弃年5000万元的地方财政收入,毅然叫停了一个2亿吨大煤田的开发。请听山东台记者权珍琦、孙泉莉发回的报道:

11月14号一大早,兖州市小孟镇后孟村村民王军山就来到自家的麦地前,前几天的降雨化解了入秋以来的干旱,顶着露珠的麦苗油亮亮的。眼前的一切,王军山是看在眼里乐在心里。然而更让他感觉踏实的还是昨天村干部传达的上级精神,市里决定停止小孟煤田的开发,脚下这方良田总算保住了。

王军山:

---

① 山东人民广播电台2006年11月15日播出。

[录音]挖这个煤,挖出来就是钱,但是有它的害处,一塌方,别说环境问题了,各方面的条件都造成很大的损害。一塌方,没法种地了,对社会对以后的子孙后代造成很大的危害。

王军山所忧虑的也正是兖州市领导关注的。兖州煤炭资源丰富,是全国八大煤田之一,目前辖区内有兴隆、杨村等六个煤矿,煤炭资源给兖州带来巨大财富的同时,也留下了触目惊心的环境包袱。仅采煤形成的塌陷地就以每年2000亩的速度在递增。

今年省有关部门在兖州境内探矿时,发现了小孟煤田,勘探表明,这座方圆120平方公里的煤田探明储量2亿多吨,埋深不到500米,按年产量200万吨计,可开采近百年。

小孟镇党委书记韩春旺为此欣喜若狂:

[录音]一听说有煤炭啊,我们心里很激动,觉得有了新的增长点了!

消息传出,台塑集团等多家企业也争相前来洽谈合作开采事宜,而且都开出了很高的价码。

每年8亿元的销售收入和5000万元地方税收,这块诱人的"蛋糕"吃还是不吃?兖州市出现了两种截然不同的声音:

[基层干部录音]挖煤是有好处的,有资源就开发出来,叫老百姓富起来,我觉得这也是很对的。

[兖州市委书记录音]煤炭资源也是有限资源,挖出来卖了,急功近利,倒是收益比较快,但是对大自然是个破坏,也不符合科学发展观。

在众多的质疑声中,兖州市委一班人果断拍板:拉动经济增长固然重要,但实现可持续发展、科学发展,构建和谐社会更为重要。

兖州市委书记韩军:

[录音]经济指标增长是一种政绩观,把资源保护起来,留给下一代,也是政绩观。污染了、塌陷了,让人民没法生活为代价,这不行。所以我们决定要集中精力发展工业,发展现代农业,发展高科技的产业,这个煤炭就不再挖了。

叫停小煤矿,实力是兖州人不可或缺的底气。近几年他们倾力发展替代产业,崛起了造纸包装、橡胶轮胎等新兴产业集群,煤炭产业在其经济总量中的比重从过去的50%下降到不足20%。

山东省政府新闻发言人张德宽认为,在当前建设资源节约型、环境友好型社会的大背景下,兖州市这种勇于放弃、积极贯彻落实科学发展观的做法具有标本意义。

[录音]我们现在需要树立一个新的理念:我是利用孙子辈的资源,我应该珍惜。兖州作出这个决策,它是局部服从全局,小局服从大局的一个决策。从决策层来讲,这是一个战略思维的重大转变。

(二)取材精粹,做好信息优化

广播消息篇幅短小,要想在有限的篇幅内传递尽可能多的信息量,就需要对信息进行优化,去除人们已经熟知的无效信息或重复信息,保留那部分新鲜、重要的,能够引起听众关注的信息。其中最有效的办法就是抓住核心事实——能够揭示新闻中心思想的事实,具有鲜明特点的事实，具有普遍意义的事实——只有抓住了这些新闻中最重要的、最有价值的信息，才能够抓住听众的注意力。与此相对应的是，要尽量删除那些与信息表达无关的冗余信息——重复累赘的句子和词语，言之无物的套话、空话等。选取有代表性的事件"以小见大"，是做好信息优化工作的有效办法之一。

如获得第18届中国新闻奖一等奖的广播消息《铜鼓县砍掉2亿元香菇产业，保住30万方天然阔叶林》①，记者在采访中敏锐地抓住铜鼓县为改变"菇兴林毁"的局面，痛下决心，立誓三年内退出香菇产业这一鲜活事实，从落实科学发展观的角度立意，由香菇市场的冷清入手，先抑后扬。然后进一步报道了当地为菇农寻找致富门路，开拓增收途径的措施，既解决影响科学发展的突出问题，又把菇农的积极性引导到科学发展上来，三分钟的作品中使用了六段典型音响，内容充实、结构严谨、主题突出，对推动科学发展观在基层的落实起到了很好的示范作用。

铜鼓县砍掉2亿元香菇产业，保住30万方天然阔叶林

铜鼓县今年减少八成香菇产量，保住近30万立方米天然阔叶林。请听江西电台记者张吉昌、刘崇智采写的录音报道：

（出现场口播）

又到香菇上市时，但记者在铜鼓县的赣西北香菇交易市场发现，这个占地2万平方米的江南最大的香菇交易市场内，难得见到香菇的影子。店主们告诉记者，一年前，这里的香菇交易还很红火。（出录音）

"以前规模大，很多人往这里送。当时我们就有12个保鲜库，装满了香菇了，一个冻库一般装到2万斤。"

作为我国南方重点林业县，铜鼓县前些年依托林业资源兴起香菇产业。到2005年，全县香菇年产量突破1200万袋，一跃成为全国第二大香菇产地，全县1/3的人口从事香菇及相关产业。铜鼓县农业办主任黄德业介绍说：（出录音）

"当时的产量达到了15000吨左右，销售香菇产值大概是2个亿左右。种了香菇的（每）户平（均）一年达到3000～5000元的纯收入。"

香菇生产需要消耗大量的阔叶林。铜鼓县林业局总工程师谢新根算了一笔账，从取料、搭棚到灭菌、烘干，每生产一吨香菇要耗费20多立方米的阔叶林木。而天然阔叶林对保持水土、涵养水源具有重要作用。只占全县活立木蓄积量1/4的天然阔叶林，照此下去，不出十年将消耗殆尽，严重威胁到生态安全。（出录音）

"香菇生产每年就消耗二三十万个立方米的木材，个别地方甚至就成了一座荒山了。"

为改变菇兴林毁的局面，铜鼓县去年痛下决心，立誓三年内退出香菇产业。铜鼓县县长杨玉平对记者说：（出录音）

"毁了天然阔叶林将毁了铜鼓的绿色生态，也就等于毁了铜鼓的立县之本，更谈不上科

① 江西人民广播电台2007年9月8日首播。

学发展。”

仅仅一年时间，铜鼓县的香菇产量就下降了八成，保住近30万立方米天然阔叶林。

为帮助菇农寻找新的致富门路，铜鼓县科技局积极引导菇农转变食用菌生产模式，推广不消耗木材的草腐菌。带溪乡原香菇种植大户帅新兆改种巴西菇后，在市场上照样吃香。(出录音)

“稻草呀、玉米秆子都可以生产。上半年，巴西菇每亩的收入在1.3万元。”

而不断壮大的有机农业正接替香菇产业，成为铜鼓农民新的增收途径。铜鼓县绿色产业办主任帅明池对此信心十足：(出录音)

“我们的规划是，有机农田10万亩，茶叶5万亩。三年以后，肯定要达到这个香菇的人平均增收的水平。”

(三)用事实说话，塑造鲜明的声音形象

要想使广播消息形象生动，就需要采用具体形象的事物说明抽象的道理和枯燥的数字，力求使抽象的东西具体化、无形的东西有形化、远处的东西近观化，用听众日常生活中看得见、摸得着的事物和浅显易懂的道理进行比喻，帮助他们理解还不完全明白的道理和知识。其次，还要用具体的事实说明观点，少用抽象、笼统的概括。再次，恰好好处的描写可以帮助刻画栩栩如生的新闻人物和事件，增强新闻的立体感。

获得2000年度中国广播电视奖一等奖的广播消息《令农民生厌的双亿元村》①以及实行的表现手法和典型音响的震撼力，层层剖析了胜利村“双亿元村”的假象，揭示了广大农民对浮夸、虚报的深恶痛绝和坚决抵制。弄虚作假是我国经济和社会生活中的顽疾，成因复杂、危害极大。要揭露弄虚作假，最好的办法是用事实说话。记者在3分48秒的时间内，使用了8段录音对话，有5位村民(对记者说出真相的孙国友、村里的上等户李太荣、贫困户吴玉芬、主动说明情况的大娘和村会计李长春)从各自的角度驳斥了村委会主任的经验介绍，加上党支书记无力的辩白、镇长的蛮横拒绝，以典型音响为主体，用村民真实质朴的语言展示了胜利村真实的情况，有力地揭示了该村弄虚作假假典型的真相。

令农民生厌的双亿元村

[录音]村民：这不是瞎扒吗？亿元村，配吗？也不嫌呵碜，欠了一屁股饥荒都没着落呢。还双亿元村呢！那是吃柳条拉粪筐，肚子里编出来的，哪有那出事儿？

讲话的农民叫孙国友，有四十多岁，他很激动，在黝黑的脸上，也能看到涨红着的血色。

记者是今天上午，随同全省乡镇企业会议来到胜利村的。村委会主任孙廷忠向大家介绍情况时，村民孙国友也在场。记者发现他听了村委会主任的话直撇嘴。村委会主任究竟和大家讲了些什么呢？请听一段录音：

[录音]

① 黑龙江人民广播电台2000年3月12日首播。

孙廷忠：村办企业年产值超亿元，农业总产值超亿元，双亿元。现在我们村人均收入4500元，村里给老百姓都入了医疗保险，老头老太太有养老金，小学生上学免费……

按照常理，农民巴不得富裕起来，但胜利村的村民却讨厌给他们戴上的虚假的"双亿元村"的红帽子。

六十多岁的李太荣老汉，在胜利村是上等户。记者来到了李太荣的家。

[录音]

记者：大爷，您是村里有名的蔬菜大户，全家一年能收入多少？

农户：一万多块钱儿。一家六口人，十来亩地，人均收入就两千多块。

记者又走访了贫困户吴玉芬。

[录音]

记者：大姐，现在日子过得咋样啊？

农户：我没法说，孩子上学上不起。电视台记者采访都上当官的家，他们都住得那么豪华，屯子里这么困难从来没领过来看看。

听说有记者来了，一些村民找上来谈情况。

[录音]

记者：大娘，您一年能领多少退休金哪？

农户：上哪儿领啊？谁给呀？没给还硬说给了。保险，保啥险了？看病不还得自己掏腰包。

记者找到了村会计李长春，了解胜利村的外债情况。

[录音]

记者：有多少饥荒？

会计：一千多万吧，该建筑公司的、胶合板厂的，一千六七百万呗。

记者：从1995年到1998年，这笔欠款一直有？

会计：那可不，对呀，那账都在那儿搁着呢！

记者：村里从1995年就负债累累了，为什么还成了双亿元村呢？

会计：……（沉默）

据村民反映，胜利村村办企业大部分亏损，农业总收入顶多也就五六百万元。"双亿元村"从何谈起呢？

记者来到村党支部书记邢殿军家了解情况。他的住处很气派，一栋豪华的五层小楼。邢殿军不在家，记者拨通了他的手机。

[录音]

记者：我是省电台《早餐前后》的记者，想跟你核实一下情况。

邢殿军：你啥意思？

记者：产值亿元是怎样核算出来的？

邢殿军：这事你不要问我好不好？

记者：为什么不问您，因为您是支书，最了解情况。

邢殿军：我那样报吧，我得报到上级党委、各级政府去，你找各级政府去问，他那都有档案，行不行？

记者：那您是怎么报的？

邢殿军：你管这事干啥呀？我不管那事。

记者又来到管辖胜利村的哈尔滨市道里区新发镇政府，想看看胜利村的财务报表，却遭到镇长宁立新的拒绝。

[录音]

镇长：你们哪儿的？看啥看呢？是上边让报的，愿意找找上面去！我没工夫！

镇长说胜利村"双亿元村"是"上边"让报的，村一级的"上边"是乡镇，镇长说的"上边"又是谁呢？记者将跟踪报道。

二、广播消息的导语

古希腊哲学家柏拉图在《理想国》中写道：开头，是一本书的最重要部分。在新闻中，导语就是开头，是整条消息最早与听众接触的部分，导语的好坏直接影响到听众对于新闻的第一印象和能否吸引听众。导语是消息开头的第一句话或第一段话，是消息重要的组成部分。

由于导语在消息的开头部分简述新闻事实最关键、最重要、最吸引人的内容，起到传达新闻事实的核心内容、点明主题，以及引导听众接受和理解新闻内容等多方面作用，所以要求记者在导语部分用简洁生动的文字，传递信息中最重要、最生动、最有吸引力的内容。

西方新闻记者对新闻导语的撰写非常重视，认为选择导语是新闻写作首先的、最重要的一步。路透社认为：导语是报道中最重要的部分。它可能是一个繁忙的交易商阅读的经济报道的唯一部分。法新社认为：比较理想的导语应有完整的内容，可以从整条消息中提出来单独使用。美联社认为：导语应当用最少的字收到最大的效果。因为导语肩负着紧紧抓住受众的责任，美国大学新闻学院的学生或研究生要花一年的时间学习新闻导语的写作。有的西方新闻学者甚至强调一个新闻记者在写一条新闻前，应当设计20条以上的导语。

1945年8月15日，日本签署投降协议，各家新闻通讯社争相报道这一举世瞩目的大事，其中美联社和路透社的导语仅分别为三个和两个单词：

美联社1945年8月14日电：Japan has surrendered（日本投降）

路透社1945年8月14日电：Japan capitulated（日本放弃抵抗）

这两则导语简短有力而具有千钧之力，被当时的新闻界同行公认为最佳导语，至今受到推崇。事件发生的时间、地点、新闻来源、具体的投降条款和条件放在主体中写。

除简明新闻以外，导语一般是构成消息独特结构的一部分，位于消息开头。单一的事件性新闻一般用第一段或一句话作导语，概述最重要的事实；当报道内容包括两个以上相互关联的新闻事实时，一般采用多段落的复合导语，第一段为"主导语"，后面的段落称"次导语"。

广播消息运用声音系统传播信息，要求遵循声音传播的听知规律。除了要求达到精练、明快、生动等共同要求外，还要做到开门见山，突出最精彩、最鲜活的事实，或提出问题或营造悬念，以吸引听众的收听兴趣。

(一)导语写作的基本要求

报纸新闻的导语写得精彩是为了吸引读者，广播新闻同样需要精彩的导语来吸引听众的注意。由于广播是诉诸听觉的媒介，广播消息的导语写作除了要遵从导语写作的一般原则外，还要注重结合听众"听"的需要。

1. 突出听众最关心的新闻要素

导语一般用寥寥数语，突出最关键或能够吸引人的事实，达到吸引听众注意的目的。不同的消息，导语强调的新闻要素也有所不同。一般来说，在报道事件性新闻时，消息导语侧重强调"何时"(when)、"何事"(what)；在报道非事件性新闻时，则主要提示"何故"(why)和"如何"(how)，其他要素可以放在主体部分交代。

如《三峡发电啦》①的导语仅仅两句，就把"何时"、"何地"、"何事"交代得清清楚楚。

"各位听众，今天晚上7点30分，三峡电厂2号机组开始并网调试。开工十年的三峡工程第一次发出的强大电流，正源源不断地送入华中电网。"

《吉林向走读官亮起黄牌》②的导语强调的则是"如何"。

"吉林省日前对部分在乡里当领导，却把家迁到城里居住的'走读干部'亮起黄牌。省委、省政府要求这些干部要么搬家下乡，要么就地免职。"

突出最新的时间要素，能够给予听众运动感和参与感，使听众感到自己与新闻事件的发生、发展同步。如中央人民广播电台新闻《朱建华打破男子跳高纪录》的导语："朱建华今天下午跳过2米38的高度，再一次打破了男子跳高世界纪录。"突出了新闻五要素中的"何时"、"何人"、"何事"，让听众很容易就记住了新闻的主体信息。如果诸要素俱全地写成："今天下午在上海虹口体育场举行的第5届全国运动会上，我国著名跳高运动员朱建华，在全场观众的鼓舞下，以有力的一跳，跳过2米38的高度，再一次打破了男子跳高世界纪录。"反而容易将最主要的信息淹没掉了。

2. 概述整篇新闻最主要的内容

报纸采用生动、简洁的文字突出新闻中有价值的内容，使读者对新闻中的各种要素一目了然。导语部分不再重复标题内容。由于广播不能诉诸视觉，广播导语就需要兼具标题和导语的双重功能。因此，广播新闻导语要尽可能突出一个最重要的新闻事实，其他的新闻事实则在主体中再作交代。同时还要注意多用具体形象的事实，虚实结合。既不能像报纸导语那样抽象，也不能过于具体地对新闻事实进行详细叙述。

3. 选择生动、具体的事实或语言

根据报道内容的不同，可以通过描述生动的细节写成"除述式"导语，也可以通过选择新

① 湖北人民广播电台2003年6月24日播出。

② 中央人民广播电台2000年1月24日首播。

闻当事人一两句经典语言作成“引语式”导语。“陈述式”导语应避免叙述语言前后重复。“引语式”导语用于正面报道时,引语的选取具有肯定或支持的含义;用于批评性报道时,引语往往带有否定的意味,有的选取受害者或目击者的言论进行揭露式否定,有的则选取当事人的言语进行暴露式否定。

4. 导语与新闻主体形成呼应

广播新闻导语在内容和风格上都要力求与新闻主体形成一定的呼应关系。常见的呼应方式有着重强调新闻主体的某一个突出点,引起关注;着重描述事件现场最有意思的场景,引起兴趣;直接揭示新闻的本质,以引导舆论等几种。

第6届中国新闻奖二等奖作品《警报,不忘“九·一八”》①的导语是:

今天是9月18号,现在的时间是22点20分,您听到了吧,此时我市夜空响起震耳的警报声。64年前的这个时刻,日本军国主义炮击沈阳北大营,拉开蓄谋已久的侵略中国的序幕。沈阳市委、市政府决定,这个时刻在全市13个县区同时拉响150个警报器,以告示人民,不忘“九·一八”。

该消息正文部门由两名记者分别采访整合而成,记者采访了过路的司机、拉响警报的建议者、“九·一八”事变的见证人以及青年学生等,通过多重采访印证导语揭示的新闻主题。

(二)常见的导语形式

广播新闻的导语可以有多种写法,概括起来,可以分为直接式导语和和延缓式导语两大类。直接式导语开门见山、直截了当地切入主题,在广播新闻写作中运用广泛。一般采用直接陈述的方式,记者从新闻素材中提炼精华,以平实自然的语言对报道内容进行梳理和概括;延缓式导语则先采用描写、解释、设问等方法,让受众对新闻产生兴趣或具有感性认识之后,再引出所要报道的新闻内容,从而强化新闻的报道效果。

如第12届中国新闻奖一等奖作品《我向总理讲真话》②的导语:

(掌声)压混

7月19日上午,国务院总理朱镕基冒着酷暑来到颍上县十八里铺乡宋洋小学。

(掌声)在小学会议室里,大家刚刚坐下,总理便发了话:大家畅所欲言,讲什么都不会犯错误,也不会罚款。(压混)

以下是几种常用的导语:

1. 陈述式导语

陈述式导语又被称为概括式导语或提要式导语,是对新闻事件的主要内容和完整过程进行提要式概括的一种导语形式。这种形式的导语采用叙述的手法对主要的新闻事实进行概括,用简练、朴实的语言记录重要的事实,使听众一开始就能把握新闻的主要内容。由于该形式采用平铺直叙的表现手法,不给人以跳跃感,符合人们的听觉习惯,因而是各种广播

---

① 辽宁人民广播电台1995年9月18日播出。

② 阜阳人民广播电台2001年7月23日播出。

媒体普遍采用的一种导语形式。

广播新闻的导语不仅能够吸引听众收听，而且告诉听众这是一条关于什么事情的新闻，有助于听众理解后面的内容。所以，大多数广播新闻采用概括式导语，即便采用其他的导语形式，也要注重描写与叙述、议论与叙述的结合。

如获得第15届中国新闻奖二等奖、2003年度中国广播电视新闻奖一等奖的消息《温家宝握手艾滋病患者，提倡全社会关爱艾滋病人》①的导语：

2003年12月1号，今天是“世界艾滋病日”。中共中央政治局常委、国务院总理温家宝专程来到拥有艾滋病药物研究资格的国家级临床基地北京市地坛医院，看望住院治疗的艾滋病患者，慰问医护人员。

请听中央台记者郭亮发来的报道：

记者：北方冬日的阳光洒在北京地坛医院整洁而安静的院落里。上午10点30分，温家宝和吴仪在刘淇、王岐山的陪同下来到患者和医护人员中间，他们的胸前都佩带着象征关爱艾滋病患者的红丝带。在与艾滋病患者亲切握手之后，温家宝、吴仪等还与患者并肩围坐，促膝交谈。

这条消息采用的是“双导语”的形式。近年来，在现场报道中，双导语的情形经常出现，播音员先播出一条导语，引入记者的现场报道后，记者在新闻现场以另一条导语开头进行报道。广播消息使用双导语时，需要注意两条导语要各有侧重，避免重复。

记者在使用概括式导语进行写作时，一方面需要恰当使用典型的具体事实对新闻进行概括，不要将其抽象化、概念化；另一方面要在对新闻事实价值准确判断和提炼的基础上，对新闻事实进行概括，要正确、透彻地把握新闻事实和新闻事实所具有的意义。另外还需要避免叙述语言前后重复。

2. 描写式导语

描写式导语也叫见闻式导语，导语的内容通常是记者的所见所闻，是记者对新闻现场的某些特点或新闻人物的某些特殊点作简要的描述，以渲染气氛，引起听众兴趣，然后再揭示新闻事实的一种导语形式。这种形式的导语形式活泼，容易增强新闻的现场感和形象感，便于调动听众的听觉形象。但需要注意：描写式导语的描述要恰如其分，不要刻意渲染。

如第16届中国新闻奖一等奖作品《历史性的握手》②的导语：

2005年4月29号下午2点58分，中共中央总书记胡锦涛沿着红地毯，走到人民大会堂北大厅中央，向等候在这里的中外记者挥手致意。2点59分，中国国民党主席连战乘车来到北京人民大会堂。他走下车，拾阶而上，迈进向他敞开大门的人民大会堂北大厅。在这里迎候的中共中央总书记胡锦涛微笑着，向连战伸出了手。3点整，在海峡两岸中国人期盼已久的目光中，中国共产党和中国国民党的最高领导人终于见面了，他们的手紧紧地握在一起。

胡锦涛与连战会晤，是2005年两岸瞩目、世界关注的大事件。作者通过对现场人物动

---

① 中央人民广播电台2003年12月1日播出。

② 中央人民广播电台2005年4月29日播出。

作连贯、细致的描写，让听众产生如临其境的感觉，感受到了两岸关系的“春天气息”。

3. 提问式导语

这种类型的导语先把问题提出来，然后再引出下文。该形式可以发挥广播有声语言语调生动的优势，利用问题唤起听众注意，便于听众掌握要点，引起其关注和思考。

如2000年度中国广播电视新闻奖一等奖作品《令农民生厌的双亿元村》的导语：

[录音]村民：这不是瞎扒吗？亿元村，配吗？也不嫌呵碜，欠了一屁股饥荒都没着落呢。还双亿元村呢！那是吃柳条拉粪筐，肚子里编出来的，哪有那出事儿？

讲话的农民叫孙国友，有四十多岁，他很激动，在黝黑的脸上，也能看到涨红着的血色。

记者是今天上午，随同全省乡镇企业会议来到胜利村的。村委会主任孙廷忠向大家介绍情况时，村民孙国友也在场。记者发现他听了村委会主任的话直撇嘴。

该报道一开篇就采用了村民孙国友提出的三个问题，用以引起听众对所叙述新闻事实的关注。然后在消息的正文中层层深入地剖析了胜利村这个“双亿元村”的种种假象，揭示了农民对浮夸、虚报的深恶痛绝和坚决抵制。

需要注意的是，首先，提问式导语的问题和答案都应该简洁明确；其次，采用这种导语方式，一般在一条新闻中只能提一个听众确实关心的问题，而且这个问题也不是宏观问题，而是消息主体能够圆满回答的问题。

4. 引语式导语

就是引用文件、公报或新闻人物的谈话，准确、鲜明地突出主题或作为新闻由头的导语形式。这种导语既可以用于正面报道，也可以用于批评报道。

当其用于正面报道时，需要选择具有肯定或支持含义的语言。如第11届中国新闻奖二等奖作品《为了草原多绿色》①的导语：

（出录音：朱镕基总理的话）“今年北京九次沙尘暴，一百颗沙子，60%就来自内蒙。东边到了日本，南边到了长江，危害全国以至于世界，再不治理就不得了了！”

用于批评报道时，则要选择受害者或目击者的言论进行揭露式或暴露式否定。如《省长热线在泰来被封锁》②的导语：

[录音]我的孙子都十三啦，到现在也没落上户口，找哪哪不管！想给省长打个热线电话吧，黑天白天地拨拉也拨拉不通。

讲以上这番话的是泰来县胜利乡三合村村民王永富。

听众朋友，我是记者杨松涛，我现在正在泰来县采访。据王永富今天向我介绍，一段时间以来，省长热线电话在他们这里怎么也打不通了。在王永富家，我拿起他家的电话，拨打了省长热线。

在使用引语式导语写作时，记者要认真提炼和选择，力求概括新闻实质，不曲解原意，不断章取义，还要在适当时候交代讲话人身份以及引语的出处。

---

① 内蒙古人民广播电台2000年5月15日播出。

② 黑龙江电台2002年3月18日播出。

5. 评论式导语

评论式导语也被称作结论式导语，是把对报道的主要事实进行简要评价的结论放在首位，揭示其内涵和意义，再进行深入阐述的一种导语形式。这种导语的结构和句型都比较简单，干净利索，鲜明有力。

如第10届中国新闻奖二等奖作品《佛山私营企业挂起“经理革命”旋风》①的导语：

今天，广东新的科技集团聘请留学日本十年的博士张元建出任模具公司总经理，打破了该集团一直由家族管理的旧格局，同时，也把佛山私营企业刮起的“经理革命”旋风推向一个更高的层次。

与概括式导语不同，尽管结论式导语也是先报道事实的结果，再进行阐述，但它侧重强调新闻事实的性质、经验、意义等，通常需要把叙述和结论紧密结合。需要注意的是，采用该导语形式切忌牵强附会，议论要有理有据，在事实基础上深化内涵。

对广播新闻的导语写作来说，究竟采取何种方式，需要根据报道的内容来决定。总的原则是要在符合新闻传播规律的基础上，创新广播的导语写作。当前许多电台在写作广播消息导语时存在的套话连篇格式化、内容冗长不精炼、缺乏新闻由头、多余的情景交代以及没有突出最新事实等常见毛病，需要在写作的时候有意识地改正。

三、广播消息的主体

主体是广播消息最基本、最重要的组成部分，是对导语所传递信息的丰富和完善。主体通过完整地、翔实地叙述新闻事实，对导语扼要概括的事实、观点或相关要素作进一步的展开、解释和补充，以丰富、充实消息所表达的内容。从位置上讲，主体位于导语之后，受导语制约，并对导语起支撑作用。主体部分呈现的是新闻的主要事实，是新闻的主干。

（一）主体写作的基本要求

广播新闻导语对报道最重要的事实进行言简意赅的概括性交代，往往不能涵盖新闻所有的内容，往往是或者语焉不详，或者有尚未交代的事实，或者缺乏必要的背景性说明等，这都需要在主体部分进行充分表现。

总的来讲，广播新闻主体要遵循新闻报道的基本要求，围绕新闻主题选用典型性材料；紧承导语，力求主线单一、层次分明；语言通俗易懂。因此，消息的主体部分虽然可以有概括性的文字，但写实的文字和音响应当是消息的主体。

1. 用典型事实说话，先声夺人

广播消息容量有限，主体是否充实，在于取材的质量而不是数量。用典型事实说话，可以以一当十。以2003年度中国广播电视新闻奖一等奖作品《劳模楼里无劳模》②为例，记者

① 广东人民广播电台1999年12月19日播出。

② 辽宁人民广播电台2003年12月6日播出。

在采制该报道时，三进鞍山钢铁公司，五进劳模楼，一个星期的采访中获取了大量珍贵的音响资料和内幕材料，在播出的报道中，选取了“劳模楼”住户清欠办主任张甲灵的快人快语、打报告申请盖楼的矿业公司副总经理石伟、省特等劳动模范韩玉喜和两位对如此分楼“打抱不平”的职工的同期声，“劳模楼”里处长住户们装修140～150平方米新房的场景，与省特等劳动模范韩玉喜搬进了儿女们为他租的35平方米的租住房形成了鲜明的对比，用事实证明“劳模楼”已经变成了“处长楼”的事实，用分到房子的处长的快人快语，直接抓住了听众的耳朵。巧妙运用对比手法，以平实的叙述和白描的手法，把巧立名目为干部建楼这一新闻事件表现得淋漓尽致，报道篇幅虽然短小，但揭示的主题却相当深刻。

劳模楼里无劳模

鞍钢集团矿业为劳模建造的劳模楼终于竣工。可是令人不解的是，在张榜公布的分房名单上，竟然没有一位劳动模范。昨天记者来到劳模楼时，看到新住户正在忙着装修。

（出录音）

[装修声]

张：我这个来讲是152平方米，这属于三室一厅两卫。

记者：是按劳模分的，还是按处长分的？

张：对，就是正处级。我们这个楼上来讲，有一个是技校教育副校长，我楼下姓赵，叫赵新，他是七选厂的党委书记，对门是高树清，他是生活服务公司的副经理。（压混）

说话的是矿业公司清欠主任张甲灵。他说，劳模楼一共有34套住房，面积都在140到150平方米，这些住房全部都分给了公司的处级干部。“劳模楼”如今已经变成了“处长楼”，那为什么要叫劳模楼呢？在矿业公司，记者看到了一份该公司建“劳模楼”的申请报告，报告写道：“鞍山市计委：我公司现有五十多位劳动模范，他们大部分还住在原先老结构的房子里。为改善他们的住房条件，拟建一栋住宅楼。”对于这份报告，矿业公司副经理石伟解释说：

（出录音）

我给上级报告，我目的要建成楼。建劳模楼，批的时候要顺利点。

石经理说，近几来年，市中心区域建楼审批越来越严格，用“劳模楼”的名义向市里申请立项会容易得多。果然，这个立项得到了批准。

眼看着劳模楼变成了处长楼，鞍山矿业公司的职工十分气愤：

（出录音）

既然盖劳模楼，为什么名不副实？你挂羊头卖狗肉干什么?!

劳模们做了那么大贡献，这房子本应该分给劳模的，现在处长们都挤了进去，算怎么回事？（录音完）

就在昨天，公司的全国“五一劳动奖章”获得者、省特等劳动模范韩玉喜，由于家中住房实在紧张，搬进了儿女为他租的一套35平方米的单间。

（出录音）

可以不讲究结尾，只要主体写完了，事实交代清楚了，就可以结束了。事实上，有头有尾符合听众的听知习惯，尤其是述评新闻、综合新闻、经验性新闻需要在结尾处进一步归纳分析、点明主题。因此，广播消息应该有结尾，好的结尾可以使报道增色不少。

广播消息在结尾部分需要注意：

(1)尽量以事实作结尾，不空发议论。

(2)消息结尾部分应紧扣主题，可以强调核心主体部分的核心事实，但不是简单重复。

(3)结尾的风格要与全篇一致。

(二)常见的结尾形式

与新闻导语相同，广播新闻的结尾方式也可以是多种多样的，常见的有以下几种：

1. 总结式结尾

就是对全文的内容进行概括、总结、归纳，使新闻报道的内容具有完整性，同时加深听众对新闻的印象。

2001 年度中国广播电视新闻奖一等奖作品《吉林省向“走读官”亮黄牌》的结尾：

乡镇干部的这种“走读”现象造成了很多问题，首先是影响到干群关系，其次是难以很好地贯彻党的方针政策。一些干部很少下基层调查研究，安排工作则是“雨过地皮湿”。对这种只想当官，不想干活的干部，吉林省委、省政府下决心坚决给予调离。

2. 引语式结尾

引用与新闻内容相关的人物或新闻人物本身的语言作结尾，或者总结全文，或者表达决心，或者点明意义。

如《东莞农民上网招商引资遍地开花》的结尾采用东莞网络公司总经理何冬梅的话：

到现在为止，已经有二十多万人次访问了我们的招商网页，落实了二十多个项目，实现了经济效益 3 亿多元，效果非常显著。现在东莞农民上网已经成为一种很普遍的趋势，我们相信 1999 年会迎来一个更大的发展。

3. 背景式结尾

即用背景材料作为新闻报道的结尾。由于新闻的最新事实已经在前面交代清楚，结尾交代背景材料，旨在交代事情的来龙去脉或与新闻事件有关的历史、地理、风土人情等。

如《打工仔成为国家计委座上宾》的结尾：

在这次被邀请参加座谈会的 13 位代表中，除了刘兴发一人是打工仔，其余的都是大学教授、博士或将军。

4. 进行式结尾

在结尾处点明事情发展到何种程度，引导听众继续往下听，一般用于连续报道或大型体育比赛等报道中。

如黑龙江台获奖消息《令人生厌的“双亿元”村》的结尾：

镇长说胜利村“双亿元村”是“上边”让报的，村一级的“上边”是乡镇，镇长说的“上边”又是谁呢？记者将跟踪报道。

5. 评论式结尾

通过对新闻进行评论,进一步点明新闻意义,或者借他人之口说明观点。这种结尾的评述要求基于事实但高于事实,是对事实具有哲理性的评述。

如第8届中国新闻奖二等奖作品《亏损企业入住高级度假村开扭亏会议》①结尾,记者通过度假村一位公关经理之口对亏损企业在高级度假村开会的事情进行批评:

[出录音,普通话翻译,混播]

企业都亏损了,还来这里开什么扭亏会议,真是没见过。

6. 启发式结尾

用启发、含蓄,引人入胜的话语作为结尾,有似断非断、似了非了之笔,启发人们的进一步思考,给人留下深刻印象。

如1999年度中国广播电视新闻奖一等奖作品《要想争雄世界 必先逐鹿中国》的结尾:

面对外国企业巨子咄咄逼人之势,中国企业家们也坐不住了。据了解,本次《财富》年会的中方与会者之一、海尔集团总裁张瑞敏到上海后的第一件事就是要去海尔的几家专卖店看市场。此举对于向来注重品牌和市场的海尔来说,也许只具有象征性意义,但在这场全球化的角逐中,中国企业应该如何应对,却更值得我们关注和思考。

7. 自然式结尾

就是随着新闻事实的交代清楚而不再单独结尾。

当然,上面所讲的结尾形式并不能够涵盖实际报道中所有的结尾形式,一篇报道有没有结尾,如何结尾,要根据所报道事实的具体情况定,不人为肯定或否定。

---

① 广东佛山人民广播电台1997年12月19日播出。

第五章

广播新闻报道：专题

在西方国家的广播新闻报道体裁，分为简体新闻和繁体新闻。简体新闻相当于我们所说的消息和简讯，繁体新闻则是我们运用于新闻专题的报道体裁。从报道的题材上说，专题对应的是专稿。

那么什么是专稿呢？在新闻领域，专稿有多重含义：其一是与“通稿”相对应的“专稿”，即通讯社专门为某个新闻单位提供的或新闻单位自己采写的稿件，以及国际广播中专供某一语言广播的稿件；其二是与消息、评论相对应的专稿，属于体裁范畴。我们在使用专稿概念时，使用的是它的第二重含义，即广播消息以外的所有报道体裁。包括通讯、特写、访问等多种样式。

新闻性专稿广泛地运用于广播新闻报道中，在新闻专题节目和新闻杂志节目、新闻访谈节目中尤其多见。习惯上，在广播新闻报道中，我们较少使用“专稿”这一概念，更为广泛使用的是“专题”。

第一节　新闻专题概说

所谓新闻专题，是就新闻事件或新闻现象，采用叙述、描写、议论、抒情等手法，或结合实况音响、人物谈话录音等手段做成的专题作品。它具有新闻性，但它不是新闻消息的拉长，也不是新闻消息的组合。它具有专题性，但它不止于一般地说清一件事，说清一个主题，它应该有深层开掘或有打动人心之处。① 目前，广播新闻节目中播出的新闻专题有口播专题和录音专题两种。另外有相当数量的深度报道也以专题的形式播出。

一、广播新闻专题的特点

消息和专题都是广播新闻报道的基本体裁，两者都坚持“用事实说话”的基本原则，但

① 江欧利主编：《中国广播电视新闻奖2002年度新闻佳作赏析》，新华出版社2004年版，第127页。

是，专题并不是消息的加长版，而是更加深入、具体、形象地报道新闻事实、现象和人物，在反映社会现实的同时，对社会生活的方方面面进行分析和解释，起到引导社会发展的作用。我们从消息和专题的对比中，分析广播新闻专题的特点。

（一）报道内容深入化

广播消息的主要任务在于快速、准确、及时地传递新闻信息，专题则注重从把握社会脉搏和反映时代精神的高度选择题材、提炼主题，在报道新闻事实的同时，注重反映其发表变化过程、原因及影响，重视发掘典型细节和情节。与广播消息强调"何时（when）"、"何地（where）"、"何人（who）"、"何事（what）"不同，专稿的重点更多地放在解释新闻事件"为什么（why）"和"如何（how）"上，并且对这几个要素予以集中体现。此外，对新闻事件、现象和人物的"意义（meaning）"解读，也是专题着力解决的问题。

（二）新闻时效时机化

与消息强调新闻时效性中的"时间"要素的及时性不同，专题更注重新闻报道的"时机"选择。专题把新闻题材放在一定的社会现实背景下处理，更加强调新闻事件或事实的现实意义和针对性。因此，在广播新闻报道时，两者常常配合使用。

（三）表现手段综合化

与广播消息多采用叙述性的语言不同，广播新闻专题同时调动叙述、描写、抒情、议论等多种手段，用对播、交谈、问答等形式，以及请当事人或听众代表直接参与播出，手段比消息更为丰富多样。

以获得第13届中国新闻奖一等奖和2002年度中国广播电视新闻奖一等奖的作品《造林还是造字》①为例，我们可以对广播专题的特点增加一些感性的认识。

造林还是造字

听众朋友，您平生见过的最大的标语字有多大？最近，记者在湖北省郧西县算是大开了眼界。今天的《焦点时刻》请听湖北台记者杨宏斌、通讯员胡成采制的录音报道《"造林"还是"造字"》。

今年11月28号，记者乘车经过郧西县店子镇太平寨时，突然发现，公路旁陡峭的高山上，一个巨大的水泥字扑面而来。因为离得较近，记者无法看到它的全部，只有跑到500米开外的地方抬头仰望，才看清这原来是一个硕大的"禁止"的"禁"字，而它只是一幅巨型标语的1/4。记者驱车十几分钟，才终于将山体上用石头砌成的这四个大字看清："封禁治理"。四个大字连成一排，挺立在群山之间，十分壮观。

"封——禁——治——理——"这四个大字是什么意思呢？

① 湖北人民广播电台2002年12月9日首播。

[出音响]

记者："封"就是封山，那"禁"呢？

郑直："禁"就是禁止砍伐，禁止放牧——放牛放羊，"治"就是治理荒山，"理"就是管理的意思。[音响止]

说话的人是原店子镇林业站职工郑直。他曾参加过这幅巨型标语的设计、建造。他告诉记者：这幅巨型标语是店子镇政府1999年组织五个村的两千多劳力，大干一个半月建成的。

这每个字究竟有多大？郑直说，每个字严格按照840平方米来建造的，一个字大约是29米长、29米宽，足有9层楼那么高，比两个篮球场还要大！"封禁治理"的"封"字，就右边"寸"字里的那一"、"，就有9米宽、4米高，能坐下40多个人。

是谁想起在山上造字的呢？

郑直介绍说，当时，县里号召退耕还林、封山植树，周边乡镇都在山林上做巨型标语，显示抓这项工作的气魄和决心。店子镇的领导见别的乡镇的山体标语很气派，受到上级表扬了，不甘示弱，决定也要做几个大字，字的大小一定要超过周边乡镇。镇里安排郑直和文化站站长桂千奇对标语字进行设计，刚开始，领导对他们的设计还不大满意。

[出音响]

郑直："开始就是按照领导意图，一个字做一亩那么大。结果做那么大，他们下来一看，小了，最后又重搞，重搞就是按840个平方这样设计的。"[音响止]

设计的字体大小超过了周边乡镇，领导满意了，才开始施工。郑直说，这山体大字的做工很讲究：

[出音响]

"先挖槽子，先开这个字的笔画；再用石头一个一个给它往上排。槽子好像是40公分深吧。石头砌好了以后，就和砂浆，和这个水泥，再灌；灌了后再抹平；抹平之后上涂料、刷白，石灰的不行，石灰的水一冲就没得了。"[音响止]

太平寨山高坡陡，做字的地方坡度达45度到50度，农民们从河里运砂石，挑水上山，行路艰难。造字时正是高温酷热的夏天，二千劳力每天从早上6点半开始干，一直干到下午7点才收工。

[出音响]

郑直："太热了！就说我们，我们作为干部上去还没干啥子哩，整天脸上的汗都没干过，身上的衣裳都汗湿完了。(如果)扛沙、扛石头、扛水泥，那更辛苦啊。"[音响止]

造这几个标语字共花了多少钱？郑直告诉记者，每个字至少6000元，四个字总共就是24000元，这还不包括群众投工在内。农民给记者算了这样一笔账：如果花24000元买树苗的话，可以买松杉苗16万株，按常规每亩栽127棵的话，可以栽1259亩，能把这座山绿化12遍！

为了显示退耕还林工作的力度，郧西县很多乡镇都像店子镇这样，把"造林"变成了"造字"。据县林业局有关人士介绍，全县造的300多平方米以上规模的大字近一百个！

［音乐混播］

夹河乡建有两处大型标语：一处在金銮山，“封禁治理、美化汉江”这八个大字，共投入2500个劳力，做了三个月，每个字667平方米，八个字全长两公里，跨越三座山；另一处标语在腰滩河，“做好水土文章，绿化湖北山川”12个大字，每个字667平方米，2500个劳力，做了四个月，标语全长5公里！

在羊皮滩建的“泥沟乡退耕还林示范区”十个大字，全部先用水泥浇筑，然后用白火石砌表面，两个村1300个劳力做了三个半月才建成。建这些字的白火石，是乡政府要农民自己掏钱买的。为了买白火石，农民最远的跑到12公里外的陕西月儿潭；没钱买，就下河捡或上山找。

羊皮滩的这十个大字的脚下，就是景阳乡官亭村。当年建字时，官亭村村民就说，与其花这么多钱造字，不如给官亭村修一条村民们盼了18年的断头路。

在各乡镇竞相开展的“造字竞赛”中，店子镇终于后来居上，拔得头筹，凭借“封禁治理”这四个大字创下了字体最大的纪录！

郧西县一些乡镇1999年开始“造字”，一晃三四年时间过去了，巨型标语字体任凭风吹雨打，依然坚不可摧。相形之下，这些地方的退耕还林状况却不容乐观。

原店子镇林业站职工郑直说，建了大字之后，店子镇政府搞了几次植树造林“大会战”，还请来县电视台记者摄像。可一阵热闹过后，剩下的是一片冷清。站在“封禁治理”四个大字前，郑直说：

［出音响］

“你看那山上，现在还不是那个样子！（无奈地笑）年年植树不见树，岁岁造林等于零。”［音响止］

说是“封、禁”，可是记者在店子镇看到，造了字的山上，树木稀稀拉拉、零零星星地种着黄姜和小麦；牛、羊在随意地吃着草，没有人来管。

羊皮滩的“泥沟乡退耕还林示范区”十个大字中，“退耕还林”的“还”字里面还种了农作物；红岩寨“封禁治理”四个字中的“封”字，从远处看去，隐约有几个黑点，爬到字上一看，原来不知是谁种了两分地的黄姜！

红岩寨的大字标语下有两个村，因山高坡陡，水土流失严重，泥石流经常冲毁农民的房屋。从造绿化标语的那一年起，两个村的村民就强烈要求实施退耕还林。去年他们还挖好了树坑，等上级发树苗栽植，可至今没人理这个茬儿！

个别乡镇为了造字，竟然不惜毁林。夹河镇金銮山大型标语字，跨越三座山，其中有一座山的天然林比较好，但镇里为了造“封禁治理”的“封”字和“禁”字，砍掉了不少天然林木。

谈到这几年造字的经验，郧西县林业局的干部们很是得意，他们特别向记者说明，郧西的造字声势已经影响到了郧西相邻的陕西六个县。

［出音响］

干部甲：“对陕西有震动、有促进。”

干部乙：“我们这个郧西呢，和陕西六个县交界，他们看到这个声势以后呢，就你追我赶，

湖北人了不起嘛！(笑)哈哈……”[音响止]

可是，在汉江南岸的陕西省白河县和洵阳县的两个乡镇，记者驱车二十多公里，沿途只见树木，不见字。郧西县的关防乡和湖北口乡，没有造一个大字，却造出了成片成片的树林。看来，“造林”还是“造字”，效果大不相同。

好，感谢收听《焦点时刻》。

地处鄂北郧西县通过造巨型大字的方法，把“造林”演绎成“造字”，是典型的形式主义。记者在采访的时候，偶然发现了郧西县的“造字”工程。在山上造字是店子镇的独创还是郧西县的普遍现象？作者从一个“禁”字开始，到“封禁治理”四个字，再到“封禁治理、美化汉江”八个字，最后到“做好水土文章，绿化湖北山川”12 个字，当记者带着听众看过店子镇、夹河乡、羊皮滩等乡镇后，感到这里的形式主义已经严重到了“触目惊心”的程度。

在采访中，记者观察与访问相结合，既采访了“造字”的设计者、参加者、冷眼旁观者，获得了大量的第一手材料，又对各地进行了实地观察，记者发现现场、挖掘现场、再现现场，没用采用“劳民伤财”、“得不偿失”、“盲目攀比”、“虚报浮夸”、“形象工程”等主观性的批评语言，也没有居高临下、得理不饶人，而是对现场捕捉、感受、采访到的信息进行认真筛选、提炼、比较和分析，采用客观叙述和同期声，充分利用事实本身的说服力，揭示真相、剖析危害，巧妙地把自己的情感、观点和褒贬寓于事实之中，通过事实对比让听众从报道的事实中去感受、评说，得出结论。

记者对“造字”活动的采访没有停留在“奇闻”的表面现象上，而是深入调查内幕。记者从造字劳民伤财的表象入手，进一步揭示了“造字竞赛”带来的恶果，实事求是地剖析形式主义的危害，使作品内容更加丰满，内涵更加深刻，评论更加风趣，批评更加贴切，从而更具权威性和感染力。节目在湖北人民广播电台《焦点时刻》播出后，中央人民广播电台《新闻纵横》节目向全国播发，引起全国听众的强烈反响。《人民日报》等媒体对此予以转载，多家媒体就此发表长篇评论。湖北省委书记俞正声专门作出批示，指出郧西县“造字竞赛”是典型的形式主义，要求湖北各地引以为戒。这样的深度和广度，消息是无法达到的。

二、广播新闻专题的结构

广播新闻专题稿件篇幅一般较长，安排好结构对提高听众的收听效果有着重要作用。一般来说，广播新闻专题在安排结构时需要注意广播的线性传播特征和听众的收听习惯。

(一)纵式结构

纵式结构是广播新闻专题的常用结构，是一种按照新闻事实发生、发展的时间顺序组合和编排材料的结构形式。这种报道形式适用于事件新闻，可以按照事件发生发展的过程，按照时间顺序予以记录，也可以将多个事件按照发生的时间先后依次叙述。

获得第13届中国新闻奖一等奖和2002年度中国广播电视新闻奖一等奖的作品《搬迁》①的作者用了将近一年的时间，追踪采访阜新煤矿的下岗矿工夫妇，关注他们从阜新搬迁到大连瓦房店市炮台镇的历程，一直追踪到他们领到第一个月的工资，真实反映了矿工们搬迁的心路历程，以小见大地反映了阜新下岗矿工异地安置的重大主题。

2000年度中国广播电视新闻奖一等奖作品《珠峰日记》②，则采用纪实的手法报道，以报道只身攀登珠峰的黑龙江人阎庚华的记者陈小刚在珠峰期间的活动为线索，记者从陈小刚在珠峰拍摄阶段记录下来的十几本珍贵音响中进行精心挑选，将阎庚华的活动、陈小刚的活动和陈小刚的内心活动有机地结合在一起，尤其是记者陈小刚在生命禁区采录下自己的亲身经历和内心感受，通过在特定环境中人的特殊活动，突出一名中国记者面对生死考验时超越自我的勇气、坚韧不拔的意志和视职责为生命的敬业精神，形成了强烈直接的听觉印象和感人的张力。

珠峰日记

[班机降落音响]

2000年6月9日，哈尔滨太平国际机场，黑龙江电视台攀登珠峰前方报道组记者陈小钢一下飞机，就被鲜花和闪光灯包围了。就是这名普通记者，从今年的3月2号开始，携带了几十公斤的专业设备，跟踪报道了黑龙江人阎庚华只身攀登珠穆朗玛峰的壮举，创下了职业记者在海拔8000米高度实现电视直播的世界纪录。在珠峰的日日夜夜，陈小钢对着摄像机的话筒，口述了自己的真实经历。

请听新闻专题——《珠峰日记》

[风声、脚步声、喘气声]

今天是5月19号。现在是早上7点多钟，我离开7800米营地往上走。这是一个大冰冻(咳嗽声)，又是一个大坡，脚往上一搭一出溜，一搭一出溜。(碎石滑落声)

风吹在脸上，像刀割似的。(抽鼻涕声)冻出来的清鼻涕总是抹不干净。哎呀，不行了，张不开嘴了，等会儿再说吧。

解说：继通过珠峰北坳和大风口之后，今天陈小钢的目标是在中午直播阎庚华登上海拔8000米的实况。从海拔7800米到8000米，空气中的含量只有平地的20%，气温接近摄氏零下40度。台领导一再叮嘱他要量力而行，但是，接受过登山训练的陈小钢始终被完成直播的信念激励着。

(脚步声)走两步，就得喘两分钟，真是一点儿一点儿都走不动(喊声)。还得往上走，拼了命也要爬上去。

[出陈小钢的歌声]咱们记者有力量，一定要上8000米，不管多么艰险，不管多么艰难，我们一定要上去，一定要上去！

---

① 辽宁人民广播电台2002年12月9日播出。

② 黑龙江人民广播电台2000年6月10日播出。

解说:12点50分,陈小钢和阎庚华到达被称为生命禁区的海拔8000米高度,后方演播室准时将电视画面切向珠峰。

[直播]观众朋友,我现在是在珠峰海拔8000米的地方直播。蓝天下,一座座山峰一脉相连,飘舞的白云上下翻腾。在我身边的,就是近来大家都非常关注的阎庚华(喘气声)。各位观众,实在对不起,我和老阎现在都非常地疲惫。老阎,现在怎么样,什么感觉?

[出阎庚华]我感觉今天特别累,如果体力过一会儿缓过来的话,今天就到8300。如果感觉体力差一点呢,今天我就在8000米处再住一个晚上,明天到8300,21号突击顶峰。

解说:珠峰的雄伟,阎庚华的传奇,在这一刻,通过陈小钢的摄像机,通过"亚洲星诺一号"卫星传播天下。

直播结束后,我已经筋疲力尽了。我是爬进这个帐篷里的,歇了半天才又有劲儿说话(咳嗽声)。老阎又往上走了,从取景器里,我能感受到他那份自信。我有好多好多的话要跟他说。我的身体还在这里,可我的心已经随老阎向上攀登了——

解说:晚上9点,陈小钢把阎庚华到达海拔8300米的消息发回后方,之后,在8000米营地静静地等待着阎庚华登顶的时刻。

今天是5月20号,珠峰的天气说变就变,从凌晨开始刮起了暴风雪。刚才,我好不容易才喊通了老阎,我劝他赶紧下来,他只是说:"知道了,还要观察观察。"

解说:放下对讲机,陈小刚开始担心起阎庚华来。他想起上山前他俩促膝交谈的那个晚上,阎庚华黑黝黝的脸上一直洋溢着兴奋。这位世界上第一个徒步跑完长城,第一个徒步从漠河跑到海南岛,去年曾经登上珠峰海拔8000米高度的硬汉,似乎生来就是迎接挑战的。陈小钢忘不了阎庚华跟他说过的话:"咱中国人,不能让只身攀登珠峰的纪录总给外国人把着。"

那一晚,在读懂阎庚华的同时,陈小钢更深刻地理解了自己来到珠峰的含义。

[暴风雪呼啸声]

暴风雪越来越大了,陈小钢的帐篷不停地摇晃着。阎庚华迟迟没有下来,陈小钢和他失去了联系。

现在是21号凌晨,暴风雪还没有停。我终于喊通老阎了,可是刚说了一句话,我的对讲机就没电了。

解说:和外界的所有联系突然中断,陈小钢的处境更加艰难了。最后一块饼干也被就着雪吃掉了,虚弱的陈小钢躺在帐篷里,思绪渐渐漂浮起来。

我不知道能不能下去了。离开家的时候,爱人把衣服给我熨好了,放在旅行箱里,她说,你千万别逞强啊,别往太高的地方去,家里有孩子、妈妈还有她在等着我——刚到珠峰的时候,我对着电话跟他们说:我在这里挺好的,我一定一定活蹦乱跳地回到他们身边,我会把珠峰上的一切都录下来,回去,放给他们听。

我那些可爱的战友们,我也不知道咱们还能不能在一起——我想你们。

解说:陈小钢忍受着剧烈的高山反应,把吸氧的时间一再缩短,争取给阎庚华多留一些下山的氧气。与此同时,在海拔5200米,珠峰前方报道组大本营的同事们正焦急地呼叫着陈小钢。

今天是22号，现在天亮了，外面的风小了许多，我最期待的老阎还是没有出现。

解说：上午10点，弹尽粮绝的陈小钢没有别的选择。他让一直跟随他的藏民向导带着仅剩的一点氧气上去找阎庚华，自己背着转播设备下撤。

珠穆朗玛峰的峰顶就在眼前。我们将近三个月的努力差最后这一点儿没能完成，我真的很难受，再见了，珠峰……

解说：由于体力严重透支，一路上，陈小钢扔掉了登山包，扔掉了睡袋，只有设备牢牢攥在手里。下到海拔7500米时，几个下山的藏民向导发现了他，把他夹着拖到了山下的营地。同事们拼命地跑过来，紧紧地抱住陈小钢（拥抱声、哭泣声）……

我终于回到了我的同事中间。平静了一会儿，大家问老阎怎么样了？我难受得张不开嘴，我的眼泪根本就止不住。老阎，你快回来吧，快回来吧。

大家劝我赶紧回拉萨调整一下，我说，我一定要等老阎凯旋，我要拍到他胜利回来的镜头。

解说：从峰顶陆续撤下来的登山者们带来了消息，在海拔8848.13米珠峰峰顶，中国的五星红旗格外抢眼。阎庚华实现了一生的夙愿，却在下山的途中倒下了。

今天是5月28日，晴空万里，我就要跟珠峰告别了，要跟老阎告别了，当地的藏民唱起了世代流传下的歌谣为我们送行。[出藏民歌声]上车前，我朝珠峰磕了三个响头，两句话一下涌到了嘴边："洁白的哈达呀，你能不能化作天上的白云，飘到珠峰峰顶，再看一眼登顶成功的老阎；香醇的美酒呀，你能不能随风而去，让我们的庚华再痛饮一杯。"但我心里知道，我永远无法和珠峰说再见，也永远无法和老阎说再见。

[藏民歌声扬起，渐渐隐没——]

从以上例子可以看出，采用纵式结构的新闻专题对事件发生、发展的时间顺序清楚，报道结构脉络清晰、报道重点突出，听众很容易接受并理解新闻报道的内容。需要注意的是，记者在采用纵式结构进行报道的时候，要把握好报道的节奏，事件叙述张弛有度、详略得当，避免成为"流水账"。

（二）横式结构

这是按照新闻事实内在顺序和联系进行报道的一种结构形式。采用横式结构的多为场面宏大但缺乏中心事件的新闻事实，或者是围绕同一主题的多个事实。如《普通中国人的这一年》①记者和地方记者站、地方电台用38种语言及4种方言和汉语普通话播出。

普通中国人的这一年

听众朋友，2002年即将过去。一年365天虽然转瞬即逝，但是在每个中国人的生活中，都或多或少留下了痕迹。为此，我们特别制作了这期节目，节目的主角都是些普通的中国

---

① 中国国际广播电台2002年12月25日播出。

人。让我们一起听听他们的生活感受吧。

（音响，歌曲《心情不错》，渐混，）

歌词大意："这一年总的来说高兴的事儿挺多，家人不错、朋友不错，自己也不错。看看日历不忍心把最后一页翻过，因为要告别快乐的一年总有点舍不得。"

这首轻松活泼的歌曲，恰巧符合在中国南部开放城市深圳一家合资公司做"白领"的刘芸现在的心情，她觉得今年过得不错。她说：

（音响，刘讲话）

"在即将过去的一年，我经历了很多事情，对我个人来讲还是比较有意义的。首先（我）重新找了一份自己特别感兴趣的工作，这份工作具有挑战性，而且薪水还比原来多得多，所以现在我特别的喜欢；其次，我今年个人买了一套期房，明年就可以入住了。我想明年再努力些的话，（我的）'汽车梦'也会实现的吧。"

对刘芸而言，实现购买轿车的梦想是她在新的一年的目标，其实，在中国不少城市中，许多居民已先她一步圆了"轿车梦"。盘点今年的中国汽车市场，可以用"异常火爆"来形容。新款轿车频频上市，百姓更是踊跃捧场，抢着把轿车往家开。汽车消费的增长也带动了中国汽车工业的发展。据统计，今年1～11月，中国轿车产量累计已达到95万辆，全年轿车产量将突破一百万辆。

中国汽车业的迅速发展，使得那些从事相关领域研究的专家都成了大忙人。清华大学汽车制造系的副教授张扬军先生就是其中一位。记者采访他的时候，张扬军刚拿到了去加拿大开国际会议的签证，正准备动身。他说：

（音响，张讲话）

"这次我去加拿大，主要是对加拿大（汽车）燃料、电池方面的相关单位进行考察和访问，为我们下一步和他们进行国际合作打下一些基础。从今年来看，我们的交流确实是比较多了。国家非常重视国际学术交流，意识到要出一流的成果，国际交流是非常重要的。就我自己来说，比如今年3月我去美国参加了底特律汽车行业SAE2002年会，年底又马上有这次去加拿大的访问。这之间，本来还安排有去日本、去德国的（访问），但是都因为时间紧张，取消了。我明年3月份还要去美国参加底特律SAE汽车行业2003年年会。"

张先生这一年真是很忙，给家人的时间很少，这是今年令他不太开心的事情。他说，这几年他们当教师的收入水平提高了，他的同事经常在周末一家人去京郊度假旅游。但他自己由于太忙，很少有机会与家人一起出外度假。

张先生今年忙出了成就感，而记者刘思扬先生的成就感则是主持、策划了一系列的大型报道活动。

刘思扬是中国最大的一家通讯社——新华社的记者，是位有着13年资历的"老记"了。今年最让他得意的是他策划的民工（到城里打工的农民）问题报道获得了成功。他说，民工问题是关系中国发展的大问题，中国现在有近一亿民工，涉及了大部分农村家庭。同时，民工也给城市带来了繁荣。他作为新闻工作者，希望通过自己的新闻报道，去维护民工的正当权益，唤起全社会对民工的理解。

刘思扬说起自己的工作滔滔不绝,时时让人感受到作为记者的使命感。因为工作出色,去年刘思扬的职务得到晋升,他还被选为今年11月召开的中国共产党第十六次代表大会的代表。

说起出席十六大的体会,刘思扬说,他对中国共产党在新世纪里召开的这次重要会议仍记忆犹新。他说:

(音响,刘讲话)

"作为十六大代表,我最突出的感受就是好像经受了一场洗礼,具体表现在三个方面:一是亲身感受到了作为党代表所肩负的责任,这种责任重大,我过去是从来没有体验过的;第二是亲身感受到了党内民主集中制的力量,从十六大报告及新一届中央委员会的产生,我都是亲历者、见证者,也是记录者;第三是我亲身感受到了党和国家所处的历史方位及发展前景。把'三个代表'的思想作为党的指导思想写进党章,提出今后二十年全面建设小康社会的奋斗目标,明确在中国特色社会主义道路上实现中华民族的伟大复兴以及选举产生继往开来的中央领导集体等,这些重大的带有根本性的问题可以说都决定了中国的未来。"

刘思扬说,现在他的压力非常大,明年他要做的一件事情就是给自己"充电"。他说,中国加入世界贸易组织后,掌握英语就和开车、打字一样,已经成为一项基本的技能。因此他要从明年开始,挤出时间来学英语。

说到压力,那些近来正忙于找工作的应届毕业大学生们的压力可能很大。由于近年来中国的高等教育发展迅速,在某些行业、某些城市开始出现供过于求的情况。据统计,明年即将毕业的大学生人数就有160万人。

记者认识中国人民大学商学院一位叫赵剑桥的学生。他本科即将毕业,但是他却没有这份压力,这是为什么呢?听听他怎么说:

(音响,赵讲话)

"因为我保(送上)研(究生)了,所以不用像其他同学那样忙忙碌碌找工作,也不用成天埋头上自习(准备考研究生)。(现在)我的很多同学有了很理想的前途,还有一些同学目前为止还没有找到特别理想的出路,但我发现他们都很乐观、自信,每天在一起都有说有笑的,这让我很受鼓舞。我觉得作为年轻人,即便说没有任何选择了,也可以靠自己的闯劲冲出一条路,接下来的这段时间我可能会比较清闲,我还是想多读点书,让2003年过得更加精彩。"

生活在中国中部河南省舞阳县孟寨镇邢王村的农民张盛花今年的乐事儿也不少:儿子上了大学,女儿考上了高中,在县城当老师的丈夫因为教学出色被评上了优秀教师。她自己呢,经营的娱乐场的生意也不错。

说起生活的变化,这位在农村生活了四十多年的妇女扳着指头算了起来:

(音响,张讲话)

"俺这儿是典型的农村,祖祖辈辈靠种地养家糊口。1984年,咱这农村兴做生意,我就大胆地做了起来,先后卖过鸡蛋、卖过甘蔗,赚了不少钱。去年俺家花近二十多万块钱,盖了一栋楼。三十多间房住不完，我就在楼下开了一个娱乐场，让老少爷们来这里娱乐。开娱乐场加上卖小东西，一天也挣不少钱。”

“小康”这个词是今年中国最流行的一个词，其实它代表着中国人解决温饱问题之后对一种更高水平的生活的期望。而这种期望对中国的八亿农民来说，就更加强烈一些。张盛花说，她觉得自己家现在这个日子就是小康生活。她说，生活富裕了，她家现在正在盘算着，明年一家四口要到新加坡、马来西亚、泰国去旅游。如果倒退十年，出国旅游对于中国人，特别是对于中国农民还是一件不敢想象的事情。

中国人有很强的家庭观念，一家人平平安安被许多人视为最大的幸福。不过，在平安之外，越来越多的中国人体会到了生活改善带给家庭的幸福。住在中国西部新疆维吾尔自治区乌鲁木齐市的维吾尔族小伙子依力江，说起家里的日子，用他的话说就是“局部达到了小康水平”。他说：

（音响，依力江讲话）

“我们生活比以前好多了。以前我写字或干什么是用钢笔，或用稿纸写字，现在直接可以用电脑了。家里电视机、VCD什么都有。以前用书学习，现在用VCD、碟子（指电脑软件），各种碟子直接可以学到各种知识。我的愿望是买一套房子，过一个好点的生活。”

（音响《心情不错》）

听众朋友，传统的中国人每到年终岁尾的时候总是喜欢回首一下往事。当然，这种回顾是为了更好地发展，让新的希望伴随着自己跨入新的一年。听众朋友，今天的节目就到这里了，希望您在即将来临的一年中，也拥有一个更美好的日子。感谢您的收听，再会。

（三）递进结构

递进结构是指通过对新闻现象的分析和调查深入事实背后，从现象到本质，由浅入深、由表及里地发掘新闻背后的新闻的一种结构形式，这类报道一般在开始就提出问题，然后围绕问题抽丝剥茧，逐层深入，通过翔实的调查研究，探究新闻事件或现象的本质和原因。这种报道结构多用于广播深度报道。

第16届中国新闻奖二等奖的作品《1.5%的公愤——质疑陕西“帮困基金”》揭露了在全国唯一存在的省、市税务部门向宾馆、饭店、娱乐等服务行业征收“帮困基金”长达十年的隐情。该报道采访难度大、涉及隐情多，涉及领导职位高，报道播出后，社会反响巨大，各媒体纷纷对此转载。陕西省省委书记和省长分别就此报道揭示的重大问题作出批示，并明令从2006年起停收“帮困基金”。

第15届中国新闻奖二等奖作品《谁害苦了这群穷孩子？》[①]通过披露海丰等地“为了政绩好看，瞒报贫困学生人数，致使孩子无端受苦”的事实，反映了梳理和坚持科学发展观、科学政绩关的重要性。该作品采用新闻调查的方式，层层推进，凸显主题，该作品与一般调查作品不同的是，作者通过提炼“提示语”的方式分段演绎，稿件脉络清晰、环环相扣。

① 广东人民广播电台2004年12月31日播出。

谁害苦了这群穷孩子?

[提示语]一份报告披露惊人事实:海丰县1.5万名穷孩子享受不到免交书杂费的政策!

2001年8月,广东省委、省政府在全国率先作出一项造福全民的决定:从当年起,每年由省财政拨款,减免全省人均年纯收入1500元以下的农村特困家庭子女义务教育阶段的书杂费。这项义务教育阶段"一个都不能少"的减免政策,目的很明确,就是为了让每一个贫困孩子入学不再成为难事!

但在2004年12月,全国人大代表、汕尾市海丰县梅陇镇梅星村党支部书记徐生辉呈送到广东教育厅的一份报告却显示:海丰县还有1.5万多名符合条件的贫困孩子没有从减免政策中受惠,他们仍然在为"有没有钱上学"而继续犯愁。这个原本已不是难题的"难题"令这些孩子的求学之路充满艰辛苦涩,到底是谁害苦了这群穷孩子呢?记者日前赴海丰县作了一番调查。

[提示语]大量贫困生享受不到优惠政策,群众不满的声音越叫越响。

海丰县梅陇镇中心小学有近3000名学生,其中绝大部分是农村学生。副校长叶丰说起贫困家庭孩子减免书杂费这件事,一脸无奈:

(录音)梅陇镇中心小学按照省减免政策,现在享受的是两个同学,但是这个数量远远不够,就我们中心小学来说,(家庭)人均年收入1500元以下的(学生)还有50多人,没办法达到困难学生全部减免。

叶校长经常听到贫困学生家长为此事而发出的骂声:

(录音)肯定有意见,原来我是应该享受的,现在没有了,他本身确实是很困难的,对政府就有意见、有另外的看法了,有些人就要骂了!

四年(二)班的林惠丽,她家里人均年收入还不到1000元,但也享受不到减免的政策。放学后,记者跟随她回了家。那是一间还不到十平方米的砖瓦房,一张床、几张凳几乎就是她家的全部财产,她年近五十的父亲正在家里。

(录音)(问)你小孩下学期的学费,你现在有没有准备?(答)没有准备,看过年的时候有没有人给她红包,叫小孩不要乱吃,留起来,不够的才去借,现在哪里有钱!

也许是家庭的贫困过早抹去了林惠丽身上孩童的烂漫,她一直很沉静,记者和她交谈,她总要迟疑几秒才回答:

(录音)(问)如果因为家庭困难没有书读,你怕不怕?……(答)怕!……你想不想继续读书?……(答)想!……(问)现在家里比较困难,你希望政府怎样帮你呢?……(答)需要政府帮助读书,免交学杂费。

[提示语]海丰县1.5万多贫困生被瞒报、漏报,是上报贫困生人数的5倍!

与林惠丽一样符合政策条件而没有减免书杂费的学生,海丰县竟有1.5万多人!

海丰县教育局局长陈依拉向记者翻阅了2001年的档案材料:根据当年海丰上报的贫困人口数,最终确认符合规定的贫困学生是3472人。但从2002年起,就不断有群众提出,还有很多贫困学生被挡在了优惠政策的门外,不平的呼声也反映到了全国人大代表徐生辉那里：

（录音）从2002年起，就有群众反映到我这里来，解决贫困学生的问题，没有真正、全面落实省政府的要求。

几经努力，2003年，海丰县终于决定由县扶贫办、教育局、监察局纠风办、人大等几个部门共同展开重新调查，陈依拉说，调查的结果与原来相差很大：

（录音）2003年12月重新上报，重报的数字是（家庭人均年收入）1500元以下的学生人数是19085，这是第二次调查的情况。

在海丰县扶贫办那间陈旧狭小的办公室，扶贫办主任余祖利拿出新旧两份报送省政府办公厅、省教育厅的文件，比照了前后的“海丰县贫困人口数”报表：

（录音）2001年，我们上报的1500元以下的贫困人口是17309人，重新调查统计，全县的贫困人口是95424人。

海丰县在2001年和2003年上报的贫困人口数字竟然相差了5倍多！而贫困学生的数目就是根据贫困人口数计算出来的！

[提示语]为摘“贫困帽”，大量贫困人口被瞒报！

前后差距如此之大，原因何在？在海丰县政府2004年10月21日再次上报省政府办公厅的《关于要求重新确认海丰县贫困人口数的请示》中，列出了几条：“一些乡镇干部对扶贫工作认识、重视不够；统计人员少报、漏报严重等等”。

但海丰县扶贫办主任余祖利坦言：

（录音）假如说贫困人口报多了，个别人会担心，会不会影响个人的进步啊，我现在年轻，我当党委书记，会不会影响我进步呢？肯定会有（这方面原因）的。

面对记者的提问，海丰县教育局局长陈依拉也承认了这一点：

（问）我报太多的贫困人口，那我这一年的工作成绩就不明显了，这些是不是造成数字差得比较远的一个原因呢？

（答）有这个可能！因为在2000年还是1999年（我忘记了）就说我们是脱贫县了。

省教育厅副厅长刘育民对个别地方官员这种做法既痛心又无奈：

（录音）第一次上报的时候，当年的两个一把手，李长春书记和卢瑞华省长反复表态：有多少、补多少，超多少，财政认多少！我们很高兴啊，省委省政府这么重视，能够解决一个大问题，结果到了（地方）下面去，你要与脱贫相挂钩，你不愿意报啊，地方政府为了脱贫，每个地方报的人均收入都超过三千、四千、五千，什么原因？就是实事求是，求真务实在基层政府、在你这些地方没有很好地落实！海陆丰我去过好几次，绝对不是现在这个贫困人口，但我也说不出口啊，你政府不愿意报啊。

[提示语]“小康”县的美丽头衔，使穷孩子再次被挡在了优惠政策的门外。

根据有的地方在第一次上报的时候，确实存在漏报的情况，广东省政府在2002年让各地重报。遗憾的是，海丰县这次又错失了良机，因为海丰就在这年提出了已经实现“小康县”的目标，贫困人口不可能增加。海丰县扶贫办主任余祖利：

（录音）2002年定为小康县，（问）海丰已经实现小康县，你作为扶贫办主任来看，符不符合实际？（答）还要努力一段时间才行，按我的看法。（海丰）集体经济年收入3万块钱以下的，我们统计起来还有97个贫困行政村，占了（全县）将近一半，讲老实话，现在有的乡镇连工资都要拖到月底才能发。

到2003年底，海丰县要再次上报的时候，已经为时太晚了，省教育厅副厅长刘育民：

（录音）省领导说了，不能评估没完没了。现在有一个机遇，省委省政府提出的《教育现代化纲要》要逐步实行免费义务教育，我们（教育厅）最近正在制定一个分步实行免费义务教育的办法，准备从贫困的地区、地方先开始，（海丰）只能靠这里去解决了。

[提示语]为了政绩，苦了孩子！

这个《办法》什么时候实施，何时才能解决海丰县1.5万多个穷孩子的读书难问题，还不得而知。令全国人大代表徐生辉忧心的是，刘育民告诉他，这种情况并不只是海丰存在：

（录音）这个情况不只海丰一个地方，其他地方也有。那时候潮阳报的是3000多人，现在落实增加到了14万学生免交书杂费！

徐生辉最近联合海丰县的四名广东省人大代表，再一次向省教育厅递交了一份报告，期望这个问题能尽快解决。

更令徐生辉感慨的是，这群穷孩子受的苦，又该谁来负责呢？

（录音）当年省政府出台的政策是非常好的，表达了党和政府对人民群众的关心，但由于个别的政府官员片面地追求（生产）总值、人均收入要达到多少，没有实事求是地上报这些贫困学生的数目，造成部分贫困学生享受不到省政府的优惠政策。这就体现了现在我们党中央提出的"用科学的发展观去看待政绩问题"的重要性，各级领导、各级政府如何去看待本地区存在的问题，应该实事求是，认真地加以解决。

三、广播新闻专题的分类

（一）口播专题

口播专题指单纯运用语言反映现实生活的专题形式。它以文字稿为基础，是文字稿件在广播传播条件下的具体运用。在写作时，口播专题的文字稿件需要把握为听而写的原则，语言过于晦涩、结构过于复杂，都不利于听众收听，自然会影响听觉效果。在一些时候，口播新闻一样能够采制出好的作品。

第5届中国新闻奖一等奖作品《孤岛守塔人》①是中央人民广播电台《新闻和报纸摘要》"中华英模"系列报道中的一篇。由于《新闻和报纸摘要》节目只有30分钟，这要求中华英模系列报道的篇幅应控制在千字左右。该作品采用白描的手法，为听众展示了一幅情景交融、纵横数百年的灯塔工生活画卷，既有孤岛的孤独寂寞，又有叶中央一家四代人勤恳敬业的博大胸怀。主人公全家无私奉献的精神与当时社会上的拜金主义形成巨大反差。

---

① 中央人民广播电台1994年5月16日播出。

孤岛守塔人

在烟波浩渺、风高浪急的东海海面，坐落着一个渺无人烟的小小孤岛——白节岛。岛上永不熄灭的灯塔，给穿梭往来的航船指明航向，安全通过暗礁林立、风大浪急的白节海峡。

1959年，19岁的叶中央继承父业，上岛当上了灯塔工。早在清朝光绪年间，叶中央的祖父就上白节岛看守灯塔了。父亲是家里的第二代灯塔工，在一次强台风袭击小岛时，被海浪卷走，葬身大海。从此，叶中央把生命交给了孤岛，交给了灯塔，至今已有整整36个年头。

白节岛四面环海，无人居住，也无法跟陆地通讯联络。灯塔工的食物和生活用品，全靠每月一次的补给船送上岛来。海上无风三尺浪，遇到恶劣天气，补给船一两个月出不了航，叶中央和岛上的灯塔工只得缩衣节食，顽强地忍受着饥饿和孤寂的煎熬。一年深秋，岛上的全部食物只剩下两只冬瓜了，偏偏在这时赶上了风暴。两只冬瓜，整整维持了两个星期。

狂风在呼啸，浪涛在翻滚，补给船仍然不见踪影。孤立无援的叶中央，只得在岛上点燃篝火求救。附近的渔轮看到火光后，迅速向有居民居住的长涂岛报告。第二天，装载着补给食品的登陆艇急驶而来。

有一年9月的一天，12级强台风席卷东海海面，白节岛又处于台风中心附近：咆哮的台风卷起巨浪从岛上呼啸而过，雷鸣夹着暴雨抽打着灯塔的发电机房和值班机房，花岗岩房子被震撼得阵阵颤动。已经连续值了两个班的叶中央守在岗位上，他对一同值班的青年职工方志平说："你看好发电机组，灯塔上弦由我负责。"

当时的灯塔转动全靠人工上弦。灯塔工必须每隔一小时爬上灯塔按时上弦，以保证聚光镜水平旋转，形成闪烁的效果。上弦的时间到了，叶中央为了减少狂风阻力没穿雨衣，顶着黑暗和狂风暴雨，冲出值班室，摸索着向50米外的灯塔一步步艰难前进。怒吼的狂风向他袭来，砂石般的雨点劈头盖脑地向他打来，叶中央直不起腰，迈几步，蹲下来，蹲下来，再迈几步，踉踉跄跄向灯塔逼近。强大的飓风在灯塔墙边形成漩涡，把刚刚直起身子的叶中央狠狠撞向灯塔，一下，一下，又一下……浑身湿透、多处受伤的叶中央，终于爬上摇摇晃晃、发出恐怖嗡嗡声的十米多高的灯塔。

1971年1月，春节即将来临。已经整整一年没有回家的叶中央，托补给船给妻子捎去一封信，让妻子带上孩子来岛上过年。一天、两天……船终于来了。心情急切的叶中央匆匆跑下礁石，可船里没有妻子和孩子的踪影。船老大躲避着叶中央的目光，哽咽着说："你妻子和女儿在来岛途中得了重病，快去医院看看吧！叶中央乘坐小船急急赶到医院，却被扶进太平间，只见白色的床单，覆盖着妻子和女儿的遗体。原来，妻子和女儿在来海岛途中翻船遇难。面对突如其来的噩耗，叶中央再也掩不住滚滚而下的泪水：他欠妻子和女儿的太多太多，却再也没有机会补偿……

叶中央埋葬了妻子和女儿，把幸免于难的另两个孩子托付给岳母，又回到了孤岛。

冬去春来，1984年，儿子叶静虎长大成人，叶中央又送儿子上孤岛，当了灯塔工。如今，叶中央和儿子一道，共同点燃着那座永不熄灭的灯塔。

(二)录音专题

录音专题除了运用叙述、描写、抒情、议论等语言手段外,还把音响作为表现新闻事实、表达思想情感的不可或缺的符号。它是广播新闻独有的、富有表现力和感染力的通讯形式。是否使用音响是区分口播专题和录音专题最主要的区别。

与口播专题比,录音专题报道的优势具体表现在以下几个方面:利用音响自身的表现力,增强通讯的现场感和形象性;发挥记者的主体作用,增强报道的直接性和亲切感;以记者对事物的态度影响听众,增强通讯的交流感。第15届中国新闻奖一等奖作品《巴勒斯坦送别阿拉法特》①的记者是唯一近距离观察到阿拉法特安葬全过程的中国记者,其报道题材重大、主题鲜明、音响丰富、细节生动、评论精练,具有很强的感染力。当两名记者得知阿拉法特的遗体将于2004年11月12日安葬在拉姆安拉总统官邸后,立即前往安葬现场守候。掌握了大量第一手材料,并采制了丰富的音响。作品一开始就引入巴勒斯坦国歌。接下来,飞机声、呼号声、哭声、示威声、祷告声、挽歌声,一幅宏大的送葬场景展现在听众眼前,极具感染力。整个报道采用了八段典型音响,具有很强的现场感。

巴勒斯坦送别阿拉法特

(音响一,巴勒斯坦国歌出,数秒后混播,渐隐)

中国国际广播电台,各位听众!现在您听到的是巴勒斯坦国歌。在这雄壮的歌声中,在巴黎去世的巴勒斯坦民族权力机构主席阿拉法特回到了他的祖国巴勒斯坦,回到了他生前位于拉姆安拉的总统官邸。在这里,巴领导人、外国驻巴使节以及数万巴勒斯坦人参加了为他举行的遗体安葬仪式。下面播送本台记者涂龙德、贺金哲从拉姆安拉现场发回的录音报道,题目是:巴勒斯坦送别阿拉法特。

(音响二,出直升机抵达声,数秒后混)

约旦河西岸城市拉姆安拉当地时间12日下午2时10分,运送巴勒斯坦民族权力机构主席亚西尔·阿拉法特灵柩的埃及军用直升机出现在拉姆安拉总统官邸南侧临时停机坪上空。这时,在那里守候多时的送葬人群再也抑制不住自己的悲伤心情,呼号声、哭声、枪声响成一片,人们纷纷以不同的方式表达着对这位被誉为巴勒斯坦"民族之魂"的领导人的崇高敬意。

(音响三,出官邸现场声,数秒后混)

"亚西尔!亚西尔!"数十万送葬人群哭喊着纷纷涌向停机坪,人人都希望最后再多看一眼自己的领袖,能亲自簇拥着他的灵车多走一程。

送葬场面十分宏大。尽管下葬仪式由于政治原因缺少了世界各国政要亲临现场的礼遇,但是,人民的拥戴却给了阿拉法特超乎寻常的葬礼,一场人民的葬礼。

(音响四,出巴保安部队军官喊叫声,数秒后混)

---

① 中国国际广播电台2004年11月13日播出。

“为了亲爱的阿布·奥麦尔，大家让一让！”随着一名泪流满面的巴保安部队军官的哭叫声，拥挤的人群立即闪出了一条通道，里侧的人们还主动手拉手帮助维持秩序，数名因悲伤过度而晕倒的送葬者随后沿着这条“生命通道”被及时抬出了官邸。巴勒斯坦人日常大都喜欢亲切地称呼阿拉法特的名号“阿布·奥麦尔”，为了能让他顺利入土，送葬现场人们的配合与理解无处不在。一名警察手持木棍拦截人流，立即引来周围人群的同声指责，认为他的行径低估了送葬者的觉悟，后者则立即表示道歉并放下了手中的木棍。

（音响五，出祷告声，数秒后混）

在总统官邸的小清真寺里传出的祷告声中，阿拉法特的灵柩随后被安葬在总统官邸西南的墓穴里。墓地旁有青松相伴，其外围铺有墨绿色的大理石，而墓穴等核心部位则都以阿拉法特生前十分熟悉的、白色的“希伯伦石”砌成。为了尽可能弥补阿拉法特不能长眠于耶路撒冷的遗憾，巴宗教人士还特地把从耶城取回的泥土撒在墓穴四周。入土后，阿拉法特灵柩被巴勒斯坦国旗和鲜花覆盖，灵柩中，他脸朝伊斯兰教圣地麦加，接受巴官员和民众的瞻仰、哀悼。

在为阿拉法特送葬的人群中，有年仅 4 岁的孩子，也有年过六旬的长者，还有拄着双拐行走艰难的残疾人。穆罕默德·哈姆迪头戴“阿拉法特式”黑白方格头巾，身披巴勒斯坦国旗，声音嘶哑，让人一接触便能认定他是位热血青年。为参加安葬仪式，哈姆迪前一天便从 25 公里以外的家乡赶到了拉姆安拉总统官邸，晚上就露宿在官邸外。

（音响六，出游行示威声）

“亚西尔是烈士！”“从拉姆安拉到耶路撒冷！”“我们一定要继承您的事业！”参加送葬仪式的巴普通民众不停地高呼口号。阿拉法特毕生都在为建立以耶路撒冷为首都的独立的巴勒斯坦国而斗争，无论是武装斗争还是“实现勇敢者的和平”，阿拉法特都是巴勒斯坦人民的领袖。和平、建国是阿拉法特的遗愿，人民用这样的誓言为他送葬，那是对死者最大的安慰。

（音响七，出巴少年讲话，数秒后混）

“我来这里是为阿布·奥麦尔主席送葬的，他为巴勒斯坦人牺牲了一切，他永远活在我们的心中。60 天后，我们要举行选举，选出巴勒斯坦的新领导人，领导我们争取巴勒斯坦的合法权利。”如果不是那仍显稚嫩的嗓音，听众朋友肯定不敢相信，在记者话筒前的这位被采访者还是年仅 14 岁的少年。作为在阿拉法特开创的巴以和平进程影响下成长的新一代，这稚嫩的声音向世人表达了巴勒斯坦人的心声和对和平的渴望。

（音响八，挽歌声，数秒后混）

在总统官邸院墙外，一群巴勒斯坦妇女流着眼泪唱起了古老的阿拉伯挽歌，声声呼唤着“阿布·奥麦尔”的名号，歌声凄惨，催人泪下。这歌声表达了巴勒斯坦人对阿拉法特不尽的哀思，也表达了他们继承阿拉法特未竟事业，实现巴勒斯坦和平建国理想的坚定决心。

（音响八突出，数秒后渐隐）

中国国际广播电台，听众朋友！刚才您收听到的是本台记者从巴勒斯坦城市拉姆安拉发来的录音报道《巴勒斯坦告别阿拉法特》。谢谢您的收听，再见。

需要指出的是，口播专题与录音专题并不完全对立，录音专题只适用于那些有音响的题材，并且需要采、编、播等各个环节的通力合作，才能体现其优势。有些时候，由于各种客观原因的影响，或者是新闻事实缺乏典型音响；或者是限于条件无法采录音响；或者是音响效果太差，会影响到听众的收听效果等，采用口播的形式能够起到比录音更好的传播效果。

第二节　新闻专题的采制要求

一、主题展现时代精神

主题广播记者要在对新闻事件和新闻人物进行深入了解的基础上，结合对局势的宏观把握来提炼报道主题。

如第17届中国新闻奖一等奖的广播作品《追逐太阳的青春》讲述了唐山15名大学生到西藏援教，期满后主动放弃回唐山工作的机会，立志扎根西藏，继续从事教育工作的故事。近年来，受社会大环境和自身素质的影响，一些青年人开始追逐拜金主义、享乐主义和极端个人主义，缺乏对社会和自身的责任感。该报道将主题确定为“以人为本，解读生命价值”，通过15名唐山援藏大学生的经历，告诉人们尤其是青年人应该树立怎样的世界观、人生观和价值观。

同样获得第17届中国新闻奖一等奖的广播作品《他的童年因禽流感而改变》，讲述了中国首例人禽流感病例——男孩贺俊尧发病前后的故事。该报道通过对医护人员对贺俊尧施救过程的详细描述，体现了中国人在突发灾难面前无私奉献的精神。该作品以对患病男孩进行救治的小切口入手，反映了中国在控制人禽流感疫情方面作出的贡献，也从宏观上触及了禽流感这一全人类共同关注的全球性问题。报道更启发人们深入思考如何保护环境，促进人与自然和谐发展的问题。该报道在结束部分提到：“贺家的事情总在提醒人们，大自然中潜伏着一些未知的危险，他们必须提高警惕。”报道要提醒的“人们”，不仅仅是中国人，要警惕的“未知的危险”，也不仅仅是“禽流感”，而是因环境污染而造成的大自然对人类的“报复”。该节目因主题重大、广播特色鲜明，还获得了2006年度的“亚广联”大奖。

党的十六大召开以来，科学发展、执政为民、树立正确的政绩观等成为新闻报道的主体，对于这样获得普遍认同的主题，如何寻找恰当的切入点是值得记者探讨和研究的。什么是科学发展？如何科学发展？不同的地方出现了不同的看法和做法，记者如何表现关注这些行为，并进行报道和引导？第17届中国新闻二等奖的广播专题《错位的公交站牌出售》从舆论监督的角度切入这一话题。2006年，辽宁省铁岭市政府提出了建设历史文化名城的口号，但铁岭市公交公司在6月份以自主创新、市场运作为名，将全市的公交站牌向社会公开拍卖，使得一些小诊所、小商铺的名头取代了具有历史文化背景的站牌，甚至连市政府一站都被拍卖掉了。这一事件发生后引起了市民的强烈反响和不满，几乎所有当地的新闻媒体都在讨论这件事。辽宁台记者获知这一事件后，先后两次到铁岭采访，听取市民、专家学者、新老站名冠名单位的负责人、公交公司、市主管部门的意见，细致地观察了换牌车站的周边环境，对新老站名的历史背景和现实状况进行对比分析，以矛盾双方的对话作为主线，深刻揭示主题。该报道从铁岭市公交公司的做法入手，提出了市政设施改革在引进民间投资和资本、走向市场经营的时候，城市的领导者怎样把握方向和度，怎样以科学发展的态度、长远的目光经营和管理城市的课题，引人深思。

二、精心选择和组织材料

(一)选择生动、具体、感人的典型材料

新闻专题选择的材料中，典型的情节和细节更能够有效刻画报道内容，烘托作品主题，给听众留下深刻的印象。记者在采制专题时需要选取那些便于记忆，最能触动听众心灵的情节和细节以及典型的同期声，从而有效地再现事件发生的场景或人物的行动，帮助听众理解报道事件的内涵和人物的精神风貌。对于这样的情节，作者应当不惜笔墨，通过细节将事件和人物刻画得栩栩如生。如在《巴勒斯坦人民送别阿拉法特》中，记者写道："一名警察手持木棍拦截人流，立即引来周围人群的同声指责……。"这个细节生动表现了巴勒斯坦人在悲痛之余，依然保持理智的高度觉悟。

唐山台记者在采录《追逐太阳的青春》时，在西藏的采访历时 25 天，行程万余华里，走访了 15 名大学生和他们过去和现在的学生、同事、领导以及学生家长，录制了满满 12 张 MD 盘，记录了一大本的笔记。但新闻专题的长度局限了记者的报道篇幅，一次专题节目不可能将采访的内容悉数表现出来，记者必须对材料进行取舍。最后呈现在报道中的是几个具体而真实的故事：第一届援藏大学生周兰芸离开唐山前，悄悄到血站无偿捐献了 400CC 的鲜血，以此来回报家乡的养育之恩；张文军在林芝二中已经取得不菲成绩之后，主动申请到人称"高原孤岛"的林芝地区墨脱县进行二次援教；第二届援藏大学生于久永和潘丽君共同援藏并在藏区成家、扎根西藏；第三届援藏大学生李亚一因严重的高原病危及生命，在工作了八年零六个月后不得不调回唐山，但他仍然眷恋西藏、眷恋藏族学生；第四届援藏大学生王莹把不满周岁的孩子交给年迈的父母照顾，自己返回西藏，在藏民族的发源地山南积极推广汉语的故事……几个典型人物的典型故事，从乡情、亲情、民族情等不同的角度和侧面，展示了唐山援藏大学生群体阳光、健康、积极向上的精神风貌，也更加凸现了报道的感染力，进一步烘托了报道的主题。

2003 年度中国广播电视新闻奖一等奖的人物专题《悠然说南山》以中国工程院院士、呼吸病专家钟南山为表现对象，作者在不到 13 分钟的专题中，对钟南山院士在抗击"非典"中的几个关键时刻的突出表现进行生动细致的刻画，

(二)精心剪裁，突出骨干材料

在广播专题选材和组织材料的时候，记者要对采访时所收集的材料进行精心剪裁，突出骨干材料。所谓骨干材料，就是那些构成通讯主要内容的基本事实，是那些需要集中笔墨写

的内容。对于那些缺乏特点或者对突出主题价值不大的材料，则要舍得放弃。这样，才能使整篇报道繁简得当，疏密有致。

以前面提到的《孤岛守塔人》的采制为例，记者在对叶中央采访前，先到他的工作所在地进行了四五天的采访，接触了他的领导、同事和儿子后，并与叶中央同吃、同住了三天，从拉家常开始，用亲近聊天的方式，使他打开了话匣子，聊了他长年工作、生活在孤岛上的经历以及无怨无悔的一生。在记者采访的时候，叶中央已经在孤岛上工作了36年，其间有很多故事，记者的采访笔记记了一万多字。在最后写作时，记者对采访获得的材料进行了分析，决定采用最能反映主人公精神面貌的事例，选择了没有粮食用两个冬瓜过两个星期、在台风中奋不顾身地上灯塔上弦、妻子女儿在上岛途中死亡等三件事作为报道的骨干材料。这三件事情分别说明了叶中央的生活、工作和家庭情况，既不多余，又缺一不可。在展示这些材料时，也是有详有略，用细节说话，重点突出。如记者在描写叶中央如何在刮台风的晚上，顶着风暴为灯塔上弦的一段中，记者写道：

怒吼的狂风向他袭来，砂石般的雨点劈头盖脑地向他打来，叶中央直不起腰，迈几步，蹲下来，蹲下来，再迈几步，踉踉跄跄向灯塔逼近。强大的飓风在灯塔墙边形成漩涡，把刚刚直起身子的叶中央狠狠撞向灯塔，一下，一下，又一下……浑身湿透、多处受伤的叶中央，终于爬上摇摇晃晃、发出恐怖嗡嗡声的十米多高的灯塔。

这篇报道仅仅一千多字，但记者在此处却不厌其烦地描述了人物每一个具体的动作。在听这一段的时候，听众的心会随着记者的描述被抓紧，不由得为叶中央捏着一把汗。由此，听众深深地感受到了在海岛上看守灯塔的工作是何等不易！这一段描写虽然占了文章1/8左右的篇幅，却丝毫不显得啰嗦。

（三）精心选择典型音响

录音报道类作品除语言要通俗、生动、流畅给人以美的享受外，还需要有与作品丝丝入扣的典型环境中的典型音响与之相匹配，才能成其为地道的“录音”的“报道”。广播专题《小琼和她的家》就是广播记者用音响讲故事的一个范例：记者从寻访羌寨第一个导游小琼姑娘入手，引出了一个四世同堂的羌族家庭，通过对这个家庭的细腻观察和探访，展现出西部大开发背景下，古老的羌族正在发生的深刻变化。作者用讲故事的方法，通过小琼的讲述，反映了小琼家从第一次勉强收下游客饭钱的尴尬，到精心把家庭装修成“具有相当规模的‘旅馆’”；从一个没有出过远门的羌寨姑娘，到坐飞机上北京参加全国性会议的羌族代表；从世代半农半牧的山里人，到寨门口摆上售票台进行旅游生意竞争的商业兼营者；从年近九旬的老奶奶讲古老的传说，到兴致盎然地跟着孙女儿学讲普通话学说英语……记者利用音响谋篇布局，用音响展开故事，实现时空的转换和再现人物活动的典型环境，作者使用了潺潺的流水声，小羊咩咩的叫声，羌语羌调的叫卖声，羌音古调演唱的歌曲，游客兴之所至引吭高歌的流行歌曲等，这些音响丰满了报道中人物的性格，同时丰富了听众的想象，使听众闻其声如身临其境，听其言如见其人。

三、结构单纯，适合听说

广播专题与消息相比，不仅内容篇幅大，而且展开事件情节的线索多，时间和空间的跨度也大，把这些庞杂的材料、线索和情节有机地融合在一起，就需要考虑音响和文字的和谐统一。这在一定程度上要求记者能够根据报道主题的需要选择和安排材料及音响，巧妙安排结构，使得报道的结构既富于变化又条理清晰，更重要的是，广播专题的结构要能够适应听众的听知习惯。

(一)结构力求脉络单纯、层次井然有序

有人讲，报纸专稿是一个面，广播专题像一条线。报纸专稿用文字来表现内容，读者有时间和可能细细琢磨，所以在结构布局上能够安排多个场景和线索的穿插，读者即便当时不明白，看完后再进行跳跃性的选读，仍然可以明了文章的意思。广播专题则不同，如果打乱事件的因果和时间顺序，跳跃式地穿插安排材料，场景过多且缺乏场景间的紧密联系，就很可能成为听众收听和理解的障碍。这就要求广播专题必须按照广播的线性传播的传播方式进行结构布局。

为了让听众能够听得明白，广播专题一般以单线结构为基础，按照时间或空间顺序进行写作，也就是说，广播专题的情节展开要符合事物发展的来龙去脉和事物间的逻辑顺序，按照事物发生、发展、结局的顺序一步一步进行展开。这样的顺序安排，符合人们的思路，方便听众弄清楚事物的前因后果和人物间的关系等。广播专题可以以时间变化为线索，也可以以地点转换为线索，还可以以事件本身的内在逻辑为线索安排材料和组织结构。

有的时候，根据报道谋篇布局的需要，也可以进行一定的突破，如广播专题《悠然说南山》的结构打破了一般通讯和专题采用的结构方式，没有按照时间顺序和内在逻辑联系的顺序谋篇布局，而是采用小标题的形式提纲挈领，用七个小标题突出钟南山的七个侧面——杰出、受命、勇敢、直言、诚实、仁厚、悠然，共同构成一个完整的钟南山的形象。作者按照每一段落的重点选取事实，根据每段的主题来组合事实材料。每个标题篇幅不长，但重点突出。这样既显得主题一目了然，又通过强调主题吸引了听众的注意力，同时，还是广播结构的一种创新。

(二)过渡顺畅、连贯，前后照应

广播转瞬即逝的特点决定了广播的过渡如果不明显或明确，很容易使听众产生听知障碍，影响其对通讯内容的理解，进而影响整个通讯的收听效果。因此，通讯的过渡要顺理成章，从一个层次向另一个层次的过渡要求掌握节奏，环环相扣，层层深入，既不能拖泥带水，也不能突然抢先，避免使听众产生跳跃感而跟不上报道发展的步伐。

所谓过渡，就是运用句子和音响材料，使广播专题中不同段落和层次间的相互关系明晰。在通讯写作过程中，往往可以采用关联词、语气词、过渡句、过渡段等进行句与句、段与

段、层次与层次间的递进和转折。很多时候，富有事件现场氛围的音响或者人们熟悉的典型音响，也可以作为通讯的过渡。

（三）注意必要的背景交代

广播专题中需要交代必要的背景材料，用以烘托报道的典型材料，并且帮助听众理解事实内在的意义。需要注意的是，背景材料要巧妙使用，与正文水乳交融，不使其显得突兀生硬，而要让听众感觉它是正文必要的铺垫，能够通过背景材料，获得丰富的信息。

1999 年度中国广播电视新闻奖一等奖作品《明月照山河》[①]一开篇就对明月村和山河村的关系进行了交代：在湖南省桃源县西北角，流淌着一条清澈的明月溪。溪畔坐落着两个村，溪南明月村，溪北山河村。早些年，两个村日子过得不相上下，一样穷。可到了 1992 年，情况就大不一样了。明月村由党支部书记刘永山挑头干，立足本地资源，种果木、办工厂，日子越过越红火，成了桃源县的首富村。而山河村呢，面貌未改，山河依旧。全村 800 多号人，集体经济等于零，还欠下一屁股债。这段背景，反映了明月、山河两村的天然联系，既是两村情况的对比，也为明月村要帮助山河村进行了铺垫。

在介绍明月帮山河的具体执行人王桂兰时，又用几十个字介绍了王桂兰的背景："王桂兰做事有两个特点：一是细致，村上好几对寻死觅活闹离婚的，经她三说两说，全部和好如初；二是泼辣，村里党总支书记、突击队长、妇女主任，甚至民兵营长，文的武的，她全干过。那年头生个孩子，临产前 5 分钟，她还腆着大肚子在工地上凿石头开河。"这为后文讲到王桂兰治理山河村不顾自己、敢打敢拼的作风做好了性格上的铺垫。

（四）善于制造悬念

要使广播专题的结构富于变化、妙趣横生，可以在一定的地方设置一定的悬念，也就是通过设置矛盾的症结、冲突的焦点，来吸引听众，使他们听后产生鲜明生动的听觉形象，并且认同这一形象所代表的思想内涵、人文价值和情感类型。

我们前面提到的作品《搬迁》原生态地记录了一对下岗失业矿工夫妇由阜新搬迁到大连瓦房店炮台镇居住就业，并且领取到第一个月工资的曲折经历，其间几处通过设置悬念来完成事件的时间转换。如，住在沉陷区的居民何时能够搬家？那边的新家是什么样子？到了新家靠什么生活？妻子李秀英找到了工作，而丈夫韩小力却没有着落，怎么办？这一个个小的悬念吊起了人们胃口，使他们有继续听下去的动力。当然，每一次的峰回路转都让人提起来的心落了下来——

"他们在这儿还能住多长时间呢？日子会过得怎么样呢？这个问题像块大石头一样压在记者的心头。"……"4 月初，传来了一个令沉陷区矿工振奋的消息：……眼下正在着手为他们建个住宅小区。"

---

① 中央人民广播电台 1999 年 9 月 9、10 日播出。

“李秀英没有和丈夫一起走，她是坐火车去的，想先到那里收拾收拾从没见过的新房子。”……“李秀英一数，小区有七栋楼，每栋楼有六层高，楼前还铺了草坪。走到新家门口，李秀英有点激动，这还是防盗门的呢？她慢慢地把门打开，一股热气迎面扑来，看着装修得立立整整的房子，李秀英乐得合不上嘴，……”

“可是第二天早晨起来的时候，他们又都觉得心里有点啥事儿：安顿下来了，以后干点啥呢？”……“几天后，李秀英乐了，设在炮台镇的大成公司相中了她，安排她到公司食堂工作，而韩小力却挺上火，这几天他一直没找到工作，只能干点零活。”……“功夫不负有心人，镇里的绿色蔬菜种植基地通知他去面试。韩小力终于有了笑模样。”

同样，在《追逐太阳的青春》中，记者也有意识地通过设置悬念吸引听众的注意，然后再用细节进行展开，从而使得作品跌宕起伏、引人入胜，也更加清晰地回到了听众最关心的几个问题：他们为什么来西藏？为什么能坚守这么多年？为什么要放弃回唐山工作的机会？最后使节目的主题在一个用声音营造的情感空间中得以深化和升华。

四、音响和文字和谐统一

在广播专题中是否使用音响，使用何种音响，要根据报道内容和主题的需要进行判断，主要取决于题材本身的特点和音响的清晰度、表现力等。需要使用音响的，就要使音响成为专题的重要组成部分，而不是可有可无的点缀。在录音专题中，音响和叙述语言需要相互配合、相互补充，无论缺少了哪一样，都不能成为一个完整的报道。

《珠峰日记》中大量使用记者陈小刚在生命的禁区录下自己的亲身经历和内心感受的纪实音响，平实客观解说画龙点睛地起着交代背景、烘托气氛、升华主题的作用，典型环境中的语言、典型音响和解说有机结合，大量纪实风格的珍贵音响，使报道具有超乎寻常的感染力和听觉冲击力。而平实客观的解说不仅仅是简单串联，对交代背景、烘托气氛、升华主题起到了点睛作用。

专题中陈小钢的语言、珠峰的风声、帐篷抖动的声音以及人物活动时所产生的踩落碎石的声音、沉重的喘气声、咳嗽声和艰难行进的声音等构成完整的有机体，典型环境下的典型音响，既突出了报道的纪实风格，也比单纯的口头语言更有助于让听众感受人物。由于这种强烈的、直观的听觉诉求，听众很容易被吸引，进而产生身临其境的感觉。同时，语言和音响的组合相互衬托，推进情节，张弛有序。

新闻专题《巴勒斯坦送别阿拉法特》，作品一开始就通过音响引入了巴勒斯坦国歌，接下来，飞机声、呼号声、哭声、示威声、祷告声、挽歌声，表现细节的音响多达八处，一幅宏大的送葬场景展现在听众眼前，给听众以巨大的冲击力和感染力。这些典型音响的运用，反映了巴勒斯坦人民对阿拉法特的爱戴，这与当时一些西方媒体渲染的现场混乱无序的不实报道形成了鲜明的对比。

第三节　广播新闻特写

一、广播特写概说

“特写”作为一个名词,来源于电影,最早指的是电影的特写镜头。它把拍摄对象的某一有特征的细小部分加以放大,延续画面的时间,从而造成视觉上的特殊效果,比一般的镜头更加清晰、逼真和富有生气。

新闻特写随着广播电视的兴起而出现在广播电视的新闻报道中。按照我国新闻界的理解,新闻特写是以描写为主要手法,摄取新闻事实中最富有特征的表现力的片断和场面,形象地再现新闻事件、新闻人物的报道形式。新闻特写通过对新闻事实的某些重要场面、片断或新闻人物的某些典型活动进行近镜头的生动刻画,将富有特征的真人、真事“放大”和“再现”在新闻受众面前,给人留下深刻的印象。①

广播特写借鉴了电影特写的表现方式,抓住新闻事实中具有个性的部分,通过语言、音响和文字进行细致的描述和描绘,从而勾勒出生动的广播形象。可以说,广播特写以特写手法“再现”听觉形象,使其放大、凸显。其构成要素主要是:人物个性化话语 + 展示主题的现场音响 + 音乐。

广播特写按照题材可以分成人物特写、事件特写、风貌特写等几种。其中人物特写在描绘人物时,往往抓住某一典型的富有表现力的事件、场面、行为和生活细节,侧重报道新闻人物最有特点、最具价值的言行细节;事件特写选举重大事件、有典型意义或听众关心的事件的特殊场面、特别镜头和典型细节,集中进行描绘和刻画。特写刻画的事件比消息更为具体和细致,比通讯更加侧重那些最出彩的镜头和细节的描述;风貌特写以具有典型特征和特殊意义的风光、景物和民俗作为反映对象,形象生动地再现记者的所见、所闻、所感和所思,给听众以强烈的动态感受。

20 世纪 90 年代以来,中央人民广播电台采制的一些广播特写相继获得了“亚广联”的大奖,如《一场特殊的音乐会》、《一个人的渡口》、《来自长江源头的家书》、《传唱到今天的千年史诗》、《沙漠人家》等。这些特写和一般的新闻报道相比,制作都比较精美,尤其在音响的采录和使用方面,更有诸多值得借鉴的地方。但与一般的新闻报道相比,由于采制时间较长,它的时效性相对较弱。

在国内的新闻奖项评比中参评的特写,一般都篇幅较短,往往获得的是消息类奖项,如获得第 5 届中国新闻奖一等奖的《在巴以签署执行协议的时刻》、获得第 10 届中国新闻奖一等奖的《挤“水分”》、获得第 16 届中国新闻奖一等奖的《历史性的握手》等,获得第 16 届中国新闻奖二等奖的《沙漠里飞出绿色的歌》是自中国新闻奖设立以来唯一获奖的专题作品。

① 程道才:《广播新闻写作》,中国广播电视出版社 1999 年版,第 237 页。

二、广播特写的采制要求

广播特写与广播消息和广播通讯相比，有着自己的独特之处，其采访写作也不同于其他新闻体裁。在广播特写中，开头结尾、故事情节、典型音响、转场过渡、解说旁白等几方面共同承载着它的主题，缺一不可。

总体而言，广播特写中的人物要求是鲜活的、实在的，广播特写所报道的事件是真实的、具体的，它要求作者细心捕捉能体现人物特征的情景、细节及富于特色的典型音响，再与恰到好处的语言、文字相结合，生动地展示新闻人物或事件的真相，诠释作品蕴含的主题。其中尤为值得注意的是广播特写的真实。真实是广播特写的生命，是广播新闻特写创作的出发点和基本点。这种真实包括新闻信息真实、作者情感真挚等多个方面，各种形式和手法的创新都建立在真实的基础之上。正如有的广播专家认为的那样：特写是信息的传达，是事实的阐述，但是这种传达和阐述，必须是有趣的、有特点的、有想象力的，更重要的是，它必须有相当的深度，使人听了以后能加深对问题的理解。因此，新闻特写需要有技巧地表现真实。

（一）选材高度集中

广播特写运用大量的现场音响及一定量的语言描述，集中表现新闻人物或事件的某些富有特征的侧面或片断。与录音通讯不同，广播特写不必展现新闻的全过程，只需抓住人物或事件最有表现力的一个侧面或片断，采用描写的手法，对所报道的对象作传神、细腻的描绘和渲染，从而打动听众，令听众有所愉悦和感悟。因此，广播特写中展开的是最有价值的一段，通过绘声绘色的描述，达到令听众“窥一斑而知全豹”的效果。

以河南焦作台播出的录音特写《挤“水分”》[①]为例，记者在为期两天三夜的会议上，整整录了17盘磁带的素材。在会议上，被挤出的“水分”不仅仅是一个沁阳市（注：焦作市辖下的一个县级市），每个县市的汇报中的一些不切合实际的数字都遭到了无情的“挤压”。一些项目因资金无法落实而未被通过，一些县市区的想法、思路、计划因脱离实际而遭到否定；所有上报数据都被参加会议的统计、审计、计委、经委、财委、金融等部门人员和市委市政府的领导反复论证。但是，记者没有把这些内容全部收入报道，而只是选取了有代表性的几段对话，只是几天的论证、“挤压”的一个片断。这种横断面式的描述，将几个人的对话、口气、神态、会场气氛等刻画得栩栩如生，生动反映了焦作市新任领导班子认真执行《统计法》，实事求是抓经济。这条仅仅3分钟的报道给听众留下了遐想回味的空间和余地。

挤“水分”

冬至晚上8点，焦作市委二楼会议中心会议室里灯火通明，开了两天的全市经济工作会议还在进行着。两天来，各县市区轮着汇报了今年的经济运行情况和明年的打算，现在发言

① 焦作人民广播电台1999年12月23日播出。

的是沁阳市委的一名主要领导。(注:沁阳市属焦作市下辖的一个县级市)

[录音](汇报人):“元月至11月份主要经济指标完成情况……我们的数字是两个数字。一个是上报数,一个是实际数,平常就是这样统计掌握的。”[止]

原来,在审核沁阳市的材料时,发现这样一个情况:国内生产总值同去年上报数相比,下降了31%;同去年实际数相比,增长了9%。

听到这儿,市长秦玉海皱起了眉头:

[录音]“这个概念就是说去年你们有40%的水分。去年40%是无效的。40%是无效数字!”[止]

秦市长四十出头,原任黑龙江鹤岗市市长,今年2月调来后,大部分时间在下边搞调查研究。

[录音](秦玉海):“我看对待数据问题,我们采取这样一个态度,我们执行《统计法》,依法统计。多年来由于统计不规范形成的不合理因素,今年在统计当中要把它剔除,剔除过程中有可能和以前相比出现负增长,这个我们也要勇于承受。我看不要搞两个数字,去年的数字和今年相比,如果是下降了,就是下降了。不要搞两个数字。”

(汇报人):“中,回去我们再核实一下。元月至11月份我们沁阳国内生产总值累计完成27.5亿元,同比增长9%,地方财政收入累计完成9616万元,同比增长了28.7%……”

(秦玉海):“你这个数据严重违背经济规律。9%的国内生产总值增长拉动不了28%的财政收入增长。这个数字你可要算好,你可不要‘拍脑袋’。”[止]

这时,市委书记刘其文插了话:

[录音]“如果你财政数字是真实的,你国内生产总值算得不准确;要么是你国内生产总值增长是正确的,你财政还有水分,还是虚的。”

(汇报人):“我们再算算账。数字……不好玩转。”

(会场上有人发出了笑声)

(刘其文):“什么!”

(汇报人改口):“算账……是统计部门算的……”

(刘其文):“说这话是要挨批评的。数字不好玩,谁叫你玩数字了?你实事求是统计嘛!有多少是多少嘛!”[止]

会场沉静下来。书记的话口气很重,在场的人都感到了震撼。

汇报人擦了把汗,又谈起了明年的经济指标。与会领导人对这些数据作了详细的质询,指出一些指标过高,而另一些指标却显得保守,关键是没有做到实事求是。

听完汇报,刘书记恳切地告诫大家:

[录音]“我们讲实事求是,是为了发展得更好;我们讲加快发展,是要求在实事求是上的加快发展。不去做艰苦细致的工作,在数字上做游戏,早晚是要倒霉的。只要我们做到最大的努力,我们是八就是八,是十就是十,我们得坦坦荡荡呵……”[止]

由此可见,广播特写所突出的重点是新闻事件发展变化中最关键、最重要、最生动感人的一幕,是事件的重点和特点。围绕新闻事实的重点与特点,围绕新闻事件的精彩“瞬间”场面进行集中描述，效果要好于从头至尾的平铺直叙。

需要引起注意的是，广播特写在突出重点材料的同时，还要注意交代必要的背景材料和有关的知识性材料。但是，这种材料的穿插不宜大段大段地集中交代，而应当采用适当穿插的方法。

（二）音响真实、典型、传神

广播特写有别于录音通讯的一个重要特征就是能够用音响说话。德国广播专家彼得里昂哈特·布朗认为，音响是广播特写的心脏。广播特写的采制者要懂得和音响交谈，要从音响中设定场景。音响不是语言的解释，与文字相比，人的语言、大自然和日常生活中的音响要更加生动精彩，内涵也更为丰富，更具有感染力。广播特写不需要记者大段的文字叙述，凡是能用音响表达的就用音响来表达。当然，广播特写的音响必须是真实的，能够以真实的声音表现实人实事。典型音响要能起到“画外音”的效果。布朗在他的作品《欧洲的钟》中，通过音响为听众形象地展现了钟的诞生，介绍了钟的用途、钟的历史，表现了钟带给人类的安宁、平和与美好，更通过钟的消失揭露了战争带给人类的危险、灾难与苦痛，警示人们要警惕战争、捍卫和平，作品主题深刻性、音响丰富、内容与形式完美结合，成为国际广播特写作品的典范之作。

第16届中国新闻奖二等奖作品《沙漠里飞出绿色的歌》讲述了一对蒙古族青年男女在荒无人烟的沙漠植树种草，奋斗15年的感人故事。主题集中、内容丰富、形式生动活泼，丰富的现场音响加上记者亲切自然的讲述，把听众带到了一个个生动、鲜活的画面中，使人有亲临其境之感。该特写是一篇音响非常丰富的报道——狂风沙暴声，牛车行进声，流水、狗吠、鸡鸭鸟鸣叫以及生活场面的倒奶茶、接电话、看电视、走路、挑水、倒水浇树等原生态音响，清晰自然，与相关内容构成和谐有机的整体。节目播出后得到听众的广泛好评，并在《精品放送》节目中重播。

在该作品基础上丰富完善的广播特写《沙漠人家》记者从13个小时的声音素材中把最能凸现主题、烘托气氛、反映人物内心活动、表情言志的歌声选择出来，同时精心选择典型环境音响，用歌声作主线，以记者讲述、人物对话、现场音响及同期声，串联、创造出一个个生动的场景，其后录音师对女主人公的歌声进行混响处理，产生沙漠的空旷感，准确生动地表现了于艳文内心的忧郁、孤独和寂寞，听起来非常自然真实。由此可见，高品质的音响在优秀的广播特写中起着举足轻重的作用，可以更为深刻有效地刻画人物、营造环境、揭示主题，感染听众。

（三）注重细节描写

描写是新闻特写基本的表现手法，广播新闻特写需要通过对新闻事件和事实当中具有特点的细节精心描绘，通过具体细致的细节描述刻画富有特色和动感的鲜活的“瞬间”形象，来增强新闻报道的感染力。广播特写中如果缺少了这些丰富生动的细节，就不可能成为成功的作品。

在一些特定题材的广播特写中,需要对新闻事件发生和新闻人物活动的现场气氛和周围景物作出细节上的描绘,以帮助听众了解新闻事件的本质和新闻人物的内心世界。经过恰当处理的对周围环境和现场气氛的刻画,可以生动传神地告诉听众发生了什么样的事件以及事件是如何发生的。

描写分为细描和白描两种,广播特写中的白描和细描应当恰当地相互配合。所谓白描,就是用尽可能简洁的话语,贴近自然地勾勒出新闻事件或新闻人物的真实面貌。在广播特写中,对现场景物、背景情况以及新闻人物的体貌特征等适宜采用白描的手法,进行简单勾勒。对新闻事件中精彩的"瞬间"片断则采用细描,对其进行具体细致传神的细节描述。白描是细描的先声和铺垫,细描是白描的发展和高潮。新闻特写中缺少了白描,故事的梗概、人物的特征就不能交代清楚;缺少了细描,就失去了感人的细节,也就失去了新闻特写最重要的特点。

以第5届中国新闻奖一等奖作品《在巴以签署执行协议的时刻》①为例,作者打破了一半签订协议等活动的报道程式,没有简单概括签字仪式的发生、发展和结果,而是以独特的视角观察现场人物的举手投足,描述他们斡旋、交谈间表达的立场和态度。尤其是记者把握住签字过程中出现的突然中断以及问题解决的过程,取材精当,描述细腻传神,报道悬念迭起,扣人心弦,听后耐人寻味。

在巴以签署执行协议的时刻

当天上午11点多钟,埃及总统穆巴拉克、巴解执委会主席阿拉法特、以色列总理拉宾、美国国务卿克里斯托弗、俄罗斯外长科济列夫、以色列外长佩雷斯、巴解执委会成员阿巴斯和埃及外长穆萨等八人走上开罗国际会议中心会议大厅的主席台。八个人在主席台中央站成一排,主席台左边是讲台,右边放着一张桌子和一把椅子,桌上摆着三蓝三黑两摞文件夹。

11点40分,阿拉法特首先坐到桌前,他先翻开三个黑色文件夹,在上面签字。当他翻开蓝色文件夹时,稍微犹豫了一下,没有签字,又把文件夹合上。然后起身返回自己的位置,并分别同其他人握手。记者注意到,他同拉宾握手的时间最短。

其后是拉宾签字。他也是先在黑色文件夹上签。当他打开蓝色文件夹时,发现上面没有阿拉法特的签名,脸色显得有些阴沉。他马上收起签字笔,走到阿拉法特面前说了几句话,然后回到自己的位置。

这一些都是在上千名来宾的眼前和数十架电视摄像机前发生的,会场顿时紧张起来,主席台上的八人立即走到拉宾和阿拉法特跟前,进行紧急磋商。拉宾情绪激动,满脸涨红地同阿拉法特争论。穆巴拉克总统则表情严肃地同双方交谈着什么。只见阿拉法特用力地把手一挥,表示拒绝签字。

签字议程被打乱,会场的空气几乎凝固了,巴以自治谈判巴方代表团团长沙阿斯紧急走上主席台,同阿拉法特小声说话。尽管克里斯托弗、科济列夫和阿巴斯先后发表讲话,但人

---

① 中国国际广播电台1994年5月5日播出。

们的注意力全集中在几位领导人的磋商上。阿巴斯讲完话后，八人退向后场，全场顿时一片哗然。这时距签字开始已经过去了约30分钟。

12点20分左右，八人重新回到主席台。阿拉法特再次走到签字桌前，在助手的帮助下，打开了几乎使签字仪式失败的三个蓝色文件夹。他先在文件上写上一段话，然后签上自己的名字。随后，拉宾叫来翻译，弄清批注内容后也在蓝色文件夹上签了字。

此时，主席台上的八人都露出了笑容，会场上爆发出热烈的掌声。佩雷斯、阿拉法特、拉宾和穆巴拉克先后讲话。签字仪式宣告结束。

在这篇特写中，记者在描述阿拉法特和拉宾的不同表现时采用了细描的方法，如："阿拉法特首先坐到桌前，他先翻开三个黑色文件夹，在上面签字。当他翻开蓝色文件夹时，稍微犹豫了一下，没有签字，又把文件夹合上。然后起身返回自己的位置，并分别同其他人握手。记者注意到，他同拉宾握手的时间最短。""（拉宾）先在黑色文件夹上签。当他打开蓝色文件夹时，发现上面没有阿拉法特的签名，脸色显得有些阴沉。他马上收起签字笔，走到阿拉法特面前说了几句话，然后回到自己的位置。""拉宾情绪激动，满脸涨红地同阿拉法特争论。穆巴拉克总统则表情严肃地同双方交谈着什么。只见阿拉法特用力地把手一挥，表示拒绝签字。"等等，这些细节性的描述很好地再现了新闻现场，增加了新闻的感染力。

第六章

现场报道与现场直播

在广播新闻报道当中,带音响的报道比口播报道更能突出广播的特点。而在带音响的报道中,现场报道更以其强烈的现场感和对所报道事件、人物的近距离观察、展示和描述,受到听众的欢迎。在西方广播界有一条不成文的规定:凡是适合于现场报道的新闻,绝不采用其他形式报道。因此,在当今广播事业比较发达的西方国家的广播新闻节目中,现场报道占有相当大的比重。广播记者手持话筒,在新闻发生的现场大量采制现场报道,已成为世界性的潮流。理由很简单,就是现场报道以其明快的节奏,解说最能全面体现新闻事件的现场,最能为听众带来身临其境的感受。对广播记者来说,熟练掌握现场报道的要求并驾驭现场报道,是基本的业务要求。

第一节　现场报道

一、什么是现场报道

现场报道是随着电子技术的发展而出现的独特的广播报道形式,在国外被称为实地报道或实况报道。所谓现场报道,就是记者在现场边采访、边解说、边录音制作的广播新闻。现场报道有两种播出方式:直播,在现场直接播出,报道与播出同步;录播,现场录音回来后经剪辑播出。

第二次世界大战期间,美国哥伦比亚广播公司记者爱德华·默罗所作的一系列《这里是伦敦》的报道,就是很有代表性的现场报道。在第二次世界大战德军轰炸伦敦的日子里,默罗每天晚上都站在德军轰炸的主要目标之一——英国广播公司的大楼顶上,把被战火洗劫后的伦敦的情况及时地报告给美国人民。

如:

这里是伦敦。

我现在站在屋顶上,俯瞰着伦敦全城。此刻万籁俱静。为了国家和个人的安全起见,我不能告诉你们我现在讲话的确切位置。在我的左边,很远的地方,我只能看见高射炮划过青铜色的天空射出的闪电般炮弹,但炮声太远,因此在这儿不可能听到。

战斗接近了。

我想大概不出一分钟,我们就能在附近听到枪炮声。探照灯正在向这个地方的上空搜索。你们将会听到两次爆炸声。听,爆炸了!过一会儿,这一带又会飞来一些弹片。弹片来了,越来越近了。

飞机还是飞得很高。刚才我们也能听到一些爆炸声,——又响啦,那是在我们上空爆炸的。早些时候,我们似乎听到许多炸弹落下来,落在附近的几条街上。现在,就在我们头顶,是高射炮弹的爆炸声。可是附近的炮又似乎没有开火……你们马上又要听到两声爆炸,而且是在更近的地方。听,又响了!声音是那样冷酷无情……①

默罗对战争的描述沉静、克制、准确而富有感染力。他对炸弹四起、烈火燃烧的伦敦的刻画,有效地改变了美国人民对战争的认识。默罗自己也因其在第二次世界大战报道中杰出的表现而享誉欧美。后人评价说:"他的报道在为美国听众提供一种身临其境的战火体验,促使隔岸观火的美国逐渐领悟到这场战争的实质,进而扭转了许多美国人的看法。这些报道的影响是无法估量的。"②

与欧美国家相比,我国广播界开始运用现场报道的时间并不是很长。1957 年 2 月 26 日,北京台记者左辛曾现场报道了北京市第一条无轨电车通车的消息。1978 年 4 月,中央电台记者张小平随中国、伊朗联合登山队采访攀登珠穆朗玛峰的活动。他一手持冰镐,一手拿着小型采访机,在海拔 6000 米冰封上,一边攀登一边报道登山队员向"天险"攀登的情景。随着他的现场介绍,听众可以听到呼啸的风声、冰块碎石滑落声、他自己的喘息声,使有的听众感动得流下泪来。③ 此后,现场报道开始在各领域的报道中采用。

由于现场报道最能够发挥广播的传播优势,目前已经有越来越多的广播电台重视在新闻报道中采用现场报道的形式。

(一)现场报道的优势

1. 有助于增强广播新闻的时效性

对于新闻来说,报道越及时,时效性越强,新闻价值也相应越大。记者现场采访、解说和录音的现场报道,改变了记者前期采访、后期写解说词、配音、编辑、播出等传统的工作方式,省却了诸多节目制作环节,减少了新闻从发生到播出的时间差,新闻的时效性大大加强。由此可见,现场报道是一种能够凸现广播快速直接传播优势,提高广播新闻时效性的报道方式。

2. 有助于增强广播新闻的感染力

现场报道中,记者在新闻发生的现场一边进行观察,一边将这些观察通过准确、细致

① http://www.filmov.com/blog4/index.asp?Forum_Id=11。

② 李彬:《全球新闻传播史》,清华大学出版社 2005 年版。

③ 张骱:《音响报道教程》,中国广播电视出版社 2001 年版,第 69 页。

的描述传达给听众，充分利用听众对语言的心理感知力，用形象的语言让听众产生听视联觉的画面效果，同时大量采用具有典型性的现场音响，让听众产生直观形象的思维，产生身临其境的感受。这种立体化的信息传播方式，也大大增强了广播新闻的感染力和可信度。

3. 有助于增强广播新闻的亲切感

现场报道是记者在新闻发生现场对其所见、所闻、所感的描述，记者往往会先告诉听众"我在什么地方，这里正在发生什么事情，我看到了什么，我听到了什么"，减少新闻传播过程中转述的层次，减少信息损失和畸变的可能，新闻的准确性较高，记者与听众的交流感较强，不但感到亲切，而且增强了可信度。

（二）现场报道与相关报道的区别

在分析广播现场报道之前，我们先要了解几组区别。

1. 广播现场报道与口播新闻

广播现场报道一度被某些电台称为"口播新闻"，其实这是一种混淆，现场报道与口播新闻并不相同。口播新闻并不能够涵盖现场报道所有的特点。一般来讲，现场报道反映的是正在发生或发展的新闻事件；记者在新闻现场进行采访和报道；记者的叙述（解说）与新闻事件的发生、发展保持同步；新闻事件现场的声音除了记者的解说和被采访对象的同期声外，还有来自现场的现场音响等。而口播新闻则是完全借助于广播语言的报道，包括记者在新闻现场的口头报道，也包括主持人或播音员播读的新闻。

2. 报纸"现场新闻"与广播"现场报道"

近年来，一些报社为了增强平面报道对受众的吸引力，开始辟出专门的栏目或者不定期地刊登一些"现场新闻"、"目击新闻"或"现场短新闻"。但这种报道与广播的现场报道并不一致。报纸的现场新闻通过文字符号来实现现场人物、事件、气氛和色调的转换；而广播新闻的现场报道则是凭借记者现场的口述语言和现场音响，来表现和反映新闻事件和现场场景。前者借助的是文字的特性表现功能，后者则借助了声音的特性和表现功能。与文字相比，声音更加具体、直接，也更富有感情色彩，可以让听众更为真切地感受到现场的种种情景，从而缩短了听众和现场之间的心理距离。

3. 广播现场报道与电视现场报道

电视自身的传播特性决定了电视的现场报道具有声画结合的特性，因而电视现场报道中除了来自现场的各种音响外，还有富有现场感的动态画面，即便没有记者的现场口述，人们仍然可以理解报道所要展示的内容。广播记者的叙述固然准确到位，仍不及视觉呈现的更加形象直观，富有感染力。但是，事情往往是一分为二的。广播现场报道的记者解说可以对现场所见所闻进行取舍，重点选择那些听众可能感兴趣和具有价值的内容进行报道，电视现场呈现过多则难免"喧宾夺主"。此外，广播现场报道有的时候仅仅依靠一部手机就可以完成，电视现场报道制作的复杂程度和成本要大大高于广播，因而不及广播现场报道的使用更加普遍和便捷。

(三)现场报道的特点

对某种报道方式的特点和优势的分析,结合具体作品更容易增加感性认识。我们结合第15届中国新闻奖一等奖和2004年度中国广播电视新闻奖一等奖的作品《翱翔雅典,跨越历史——刘翔夺得男子110米栏金牌》①,分析现场报道的优势和特点。

翱翔雅典,跨越历史——刘翔夺得男子110米栏金牌

各位听众,现在是雅典当地时间8月27号晚上9点25分,北京时间8月28号凌晨2点25分,我现在正在雅典奥运会主体育场为您报道。5分钟之后,男子110米栏决赛就要开始了,我国选手刘翔在前三轮比赛中一路过关斩将,轻松顺利地进入决赛。

现在运动员按照道次已经站在了起跑线上,刘翔是排在第四道,他身着中国队传统的红色运动衣,加上他那年轻、自信而又富有朝气的脸,就像一轮即将升起的旭日。

现在运动员都在起跑线上做着最后的准备,他们在放松着自己全身的肌肉,确实是非常紧张的时刻,起跑之后在短短的十几秒之内就会决定运动员的成绩。刘翔做了个深呼吸,给自己鼓劲儿。对于刘翔来说,已经进入决赛,他应该能够放下所有的包袱,奋力地朝着他的梦想去飞翔。

好,现在运动员已经蹲在起跑线上准备起跑。

(出发令枪声)

起跑!第一个栏,我们看到刘翔和旁边的选手并驾齐驱。

第八个栏,第九个,最后一个。刘翔第一个冲过了终点,中国选手刘翔第一个冲过了终点!他以12分91的成绩获得了男子110米栏的冠军,刘翔刚才的成绩也是平了这个项目的世界纪录。刘翔今天晚上真的太出色了,这个成绩超过了他以往创造的个人最好成绩,在奥运会的决赛赛场上,他能够如此完美地发挥出自己的水平,并且能够超水平发挥。刘翔为中国田径夺得了本届奥运会的第一枚金牌,也为中国田径和亚洲田径夺得了第一个奥运会短跑项目的金牌。现在的刘翔身披着五星红旗,正在绕场奔跑着,他就像展翅飞翔的大鹏,他以超人的速度为中国田径乃至亚洲田径开创了新的历史。刘翔向场下的观众挥手致意,并不断地把五星红旗展示给世界。现在刘翔身披国旗绕到了我所在的看台的前面,他自己忍不住哭了起来。太让人激动了!我想今天的赛场会给他留下永远的记忆,五星红旗终于能够在田径短跑赛场为中国而升起了。

(出国歌声,掌声,压混)

刘翔已经站上了最高的领奖台,金牌挂在刘翔的胸前沉甸甸的,中国田径今天能在短跑项目上有所作为,凝聚了多少人的努力啊。如果刘翔的经验能够被更多的中国队员学习、接受,能够为更多的项目带来一些启示,那么这枚金牌的意义将会更大。现在我们去混合采访一下刘翔。

---

① 中央人民广播电台2004年8月28日播出。

（记者齐声喊）“刘翔，刘翔，刘翔！”

（出刘翔录音）“太完美了，太完美了我觉得。根本就没有想到，我自己也没有想到能跑到13秒里面。我可以说，在黄皮肤的中国人或者亚洲人来说，我实现了一个不大不小的奇迹吧。”

以上这则报道完整流畅，记者完整、生动地记录了刘翔获得雅典奥运会110米栏冠军的过程，特点鲜明。首先，这则报道结构完整、引人入胜。记者紧扣事件发展过程，将报道分为背景铺垫、比赛解说、现场描述、赛后评点、采访几个部分。整篇报道一气呵成，又层层递进，高潮迭起。其次，突出细节，刻画丰满。记者通过自己敏锐的视角，用细节勾勒出鲜活的人物形象，用准确生动的语言抓住了紧张赛场气氛中刘翔的心理状态的变化，如：“刘翔做了个深呼吸”、“刘翔向场下的观众挥手致意，并不断地把我们的五星红旗展示给全世界的人”等。

再次，报道情感真挚，表达流畅。记者的情绪紧扣现场气氛，跟随着刘翔的步伐，一步步达到高潮，当刘翔以平世界纪录的成绩夺得冠军时，记者也迸发出了最有力的呐喊：“刘翔第一个冲过了终点，中国选手刘翔第一个冲过了终点！他以12秒91的成绩获得了男子110米栏的冠军，刘翔刚才的成绩也是平了这个项目的世界纪录！刘翔为中国田径夺得了本届奥运会的第一枚金牌，也为中国田径和亚洲田径夺得了第一个奥运会短跑项目的金牌……”

由于这场比赛在北京时间凌晨进行，电台当时并没有直播时段，但记者仍在现场进行了描述和记录，由于记者非常好的把握了现场，使得这篇报道在当天即后来的回顾中多次播出，仍能让听众时时感动。

由上面的报道可以看出，与一般的广播报道相比，现场报道具有如下特点：

1. 现场报道的时效性强

现场报道与其他类型的报道不同，它不是由播音员在播音间播读记者写好的稿件，而是由记者在事件发生现场一次性完成现场采访、现场解说和现场录音。这是该报道形式区别于其他报道形式的根本点，也是现场报道的重要特点。这三个“现场”缺一不可，否则便不能称之为现场报道。这三个“现场”也决定了现场报道的新闻信息传播是同步的，新闻传播和新闻事件的发生、发展零时差，这是任何其他报道都无法企及的速度。

2. 现场报道的现场感强

《美国名记者谈工作经验》中说，一篇理想的报道应该把读者带到现场，使他能看到、感觉到，甚至闻到当时所发生的一切。广播记者同样应该达到这个要求。在现场报道中，广播记者要充当听众的眼睛、耳朵，甚至鼻子，在新闻事件发生的现场，通过自己敏锐的视角，采用细节性的描述勾勒人物形象、描绘现场动态，以生动具体的叙述和大量鲜活的典型音响，就像美国之音《编辑指南》要求的那样，在报道中提供色彩和现场感，让听众产生此时此地的现场感。

3. 现场报道具有时序性

现场报道所反映的新闻事实处于正在发生的状态下，记者必须也只能按照事情发生的前后顺序进行描述，不能采用倒叙的方式，把前面发生的事情放到后面进行说明，而将后面的情形提前。我们知道,现场报道的对象可能是预发新闻,也可能是突发新闻。像刘翔夺得110米栏金牌、乐靖宜获得女子50米自由泳金牌等体育比赛,虽说是预发新闻,但比赛的结果不可能提前预料,记者和听众一样,不到最后一刻,无法获知最后的结果。如果在导语中已经获知了结果的报道,只能是结束采访后经过加工整理的录音报道,而不可能是现场报道。

二、现场报道的采制要求

尽管现场报道有着自己独特的优势,广播新闻工作者应当尽量在新闻中增加现场报道,尤其是带"响"的现场报道。但是,并非所有的题材都适宜采用这一形式。或者说并非所有的题材都能够发挥出这种报道形式的优势。那么,什么样的题材适宜作现场报道呢?

(一)现场报道的选材

现场报道的题材选择要结合现场报道的特点来考虑,那些能够让记者边采访、边解说、边录音的新闻题材才适合这一形式。

1. 拥有典型新闻现场

一是具有较大新闻价值的典型性事件;二是主线单一、层次分明的事件,记者可以集中于一个主题、一个场面或一个事件,便于记者观察、采访或录音。一般来讲,事件性题材比非事件性题材适宜采用现场报道。如重大工程开工或竣工、火箭发射等科研成果的试验鉴定活动、先进表彰大会、体育比赛、战争的某个场面等。这些事件的发生、发展完全按照时间顺序进行,层次清楚、场面集中。记者能够在一定的时间里,通过现场的观察、访问向受众展示事件的发生、发展。那些涉及一事多地、一地多事的综合性报道,则采用系列报道等方式为宜。一般来说,历时较短且现场音响丰富的体育比赛项目比较适合采用现场报道,如游泳、田径比赛中的短跑项目的决赛等。

1996年度中国广播电视新闻奖一等奖作品《乐靖宜勇夺奥运会女子100米自由泳金牌》①采用电话连线的方式,由电台特派记者第一时间现场报道了赛况,现场典型、音响丰富,生动地再现了比赛场景,很容易让听众产生身临其境的感觉。

乐靖宜勇夺奥运会女子100米自由泳金牌

各位听众,我是上海人民广播电台特派记者胡敏华。我现在正在亚特兰大佐治亚州理工大学游泳馆为你作现场直播报道。现在是亚特兰大时间晚上7点30分31秒,过一会儿,女子100米自由泳赛马上就要开始。参加今天决赛的一共有八名选手,其中有我们中国选手乐靖宜,她在预赛中以54秒9的成绩获得第一名。参加决赛的还有美国选手马蒂诺、德国的费尔克、范·阿尔姆西克、美国的范·登肯。她们五位选手可以说代表了当今女子100

① 上海东方广播电台1996年7月21日播出。

米自由泳的最高水平。

今天下午决赛前半个小时，乐靖宜的教练周明通过电话告诉我，乐靖宜现在的情况一切都非常好，准备活动也非常充分，今晚夺取冠军希望非常大。

好，现在运动员进场了。我们看到乐靖宜身穿红、黄、黑三色外套，头戴一顶白色的帽子，正在进行赛前的放松。

（实况声，介绍乐靖宜）

现在乐靖宜向观众挥手致意。

1992年的巴塞罗那奥运会上，她的师姐庄泳也是在这个项目上为中国代表团夺得了巴塞罗那奥运会的第一枚金牌。乐靖宜目前是这个项目的世界纪录保持者，她的成绩是54秒01。

好，现在八名选手已经站起来。乐靖宜身穿黑色的泳衣，这是她非常喜欢穿的一件泳衣，希望会给她带来好运。现在运动员已经踏上了起跳板，准备起跳。

（实况：发令枪响，运动员入水）

好，乐靖宜在第四泳道。现在，八位选手差不多在一个水平线上。

已经过了30米。

现在排在第五泳道的马蒂诺与乐靖宜齐头并进，排在第七泳道的范·登肯现在稍稍领先一步。

（赛场实况声）

乐靖宜第一个游完50米，转身非常漂亮，动作干净利落。乐靖宜前50米的成绩是26秒24。

现在乐靖宜已经游完了75米，她处于领先地位。

美国选手范·登肯处在同一水平线上，乐靖宜稍稍领先。

（赛场加油声）

好，乐靖宜第一个触壁！她以54秒50的成绩，为中国代表团夺得了本届运动会的又一枚金牌。

2. 具有典型的现场音响

音响既具有新闻价值，又能够引起听众的注意和兴趣。这些音响（包括现场新闻事物人物发出的声音和环境音响）所提供的是反映现场气氛和情绪的、单纯依靠文字难以表达的内容。缺乏了典型的音响，现场报道中的现场感就无法得到完整的体现。如体育比赛现场介绍运动员的声音、赛场观众的加油声、发令枪的声音等，都能让听众很自然地融入现场热烈的氛围中去。

第4届中国新闻奖二等奖作品《隆福大厦火灾目击记》[①]中，记者在第一时间赶往火灾现场，采录下了许多现场抢险的第一手音响，消防官兵砸碎玻璃和喷水的声音、消防队员喊话的声音以及记者的咳嗽声和记者采访市长和公安局长的对话声等，用音响记录了现场的

---

① 北京人民广播电台1993年8月13日播出。

活动和场景，让听众有身临其境之感。

隆福大厦火灾目击记

记者：听众朋友，现在是8月12日晚上11点5分，我们刚刚接到一位听众的电话说隆福大厦起火了，我们现在正在赶赴现场。我现在站在了隆福大厦的南口，整个隆福大厦的上空被一股浓烟团团地包围住，大概这里停了有几十辆救火车，现在我跑过了几道防线，已经走得更近一些了，也就是说来到了隆福大厦的楼跟底下，据我们所知，市领导在这里担任现场的指挥，还有公安局局长。

记：市长，您是什么时候赶到火灾现场的？

市长：哎呀！你现在还采访我，赶快把火救完了就算了，小伙子。

记者：局长，您作为现场的总指挥，对火情是不是很了解呢？

公安局长：现在我们的探险班正在向里面去探查。前面冒烟的这个估计不是火，是后面的火蔓延过来的烟，现在新楼里面没有起火，主要是这个地区居民的房子比较狭窄，消防车进来有困难，水源也不太足。

（砸碎玻璃和喷水声）

记者：现在我已经接近了火源，消防队员先用石块砸碎了紧封的玻璃，然后呢用水枪扑灭火舌。现在我已经完全接近了火源，也就是离大火燃烧的地方十米左右，浑身真正感到了灼热的感觉。听众朋友，在火势最凶猛的隆福大厦的后楼，一、二、三、四，第四层我们看到消防的抢险队员也就是探险队员已经搭上云梯敲碎了玻璃，现在正准备闯入火灾的最中心地区。现在在四楼还有没完全撤出的人员，他们正在抢救被火围困在屋子的人。

（消防队员的喊声：李强，接她一下，接她一下，好了好了）。

记者：现在消防队员已经登上了云梯，接住刚刚撤离火灾现场的那位戴眼镜的女同志。据隆福大厦的同志介绍说，这是一直坚守岗位的隆福大厦总机值班员。

（记者被浓烟呛得咳嗽声）

记者：听众朋友，我现在冒着滚滚的浓烟试图闯进刚刚被扑灭的一楼的货场。一楼的货场里充满了浓烟，消防队员正在努力地搜索每一个最后的星星点点。

3. 正在进行中的事件历时较短

现场报道要让听众了解完整的事件，这个事件持续的时间就不能过长。对那些历时较长的事件，只能选取其中一个主题或侧面进行报道，而不是报道其整个过程。如南水北调工程、三峡工程建设等历时多年的工程，一般可以选择开工典礼、大坝合龙、工程竣工等事件进行现场报道。

第8届中国新闻奖二等奖作品《三峡工程顺利实现大江截流》①之所以能在三峡大江截流的新闻竞争中脱颖而出，很大程度上依赖记者能够克服困难，深入“龙口”捕捉典型音响，然后在现场播报中插入必要的背景材料。

① 湖北人民广播电台1997年11月8日播出。

三峡工程顺利实现大江截流

现在播送湖北台记者采制的现场报道:三峡工程胜利实现大江截流。

[出录音]

记者播报:各位听众,我是湖北台记者王彬。现在,我是在三峡工程大江截流处向您报道。现在是上午8点30分。此时的长江风平浪静,薄雾笼罩着江面。在上游围堰左仓戈堤堤头,依次排列着48台自卸车,这些自卸车上满载着各种石料,它们在等待着合龙的冲锋号令。

各位听众,现在是上午8点50分,三峡工程大江截流总指挥部总指挥陆佑楣同志走到了李鹏总理面前。

[出录音]

陆佑楣:"现在葛洲坝集团已经做好了龙口合龙的准备,大江截流总指挥部同意龙口开始合龙,请总理下达合龙令!"

李鹏:"现在,我宣布:大江截流合龙正式开始!"

[鸣弹声、欢呼声]

记者播报:上午9点,随着李鹏总理一声令下,三颗绿色信号弹腾空而起,大江截流龙口合龙之战打响了。

各位听众,三峡工程是当今世界上最大的水利水电工程,大江截流最大水深为60米,最大流量为11,600立方米,施工难度之大,是世界上前所未有。三峡建设者迎难而上,到10月27号,将790米宽的江面束窄为40米宽的龙口,合龙就是将这40米的龙头填平。

今天的截流之战是在长江左右岸四个堤头共11个工作面全面展开。400多辆巨型装载车紧张有序地轮番在四个堤头向龙口抛投石料。我们看到,大江两岸,车如梭,人如潮,4万多名当地群众和移民载歌载舞,在迎接一个伟大时刻的到来。

[截流音响]

各位听众,现在是下午3点28分,最后几辆装载卡车聚集在龙口进行合龙攻坚战,最激动人心的时刻就要到来了!(合龙音响)好,合龙了!现在是11月8号下午3点30分。

[音响]

李鹏:"现在,我宣布:长江三峡工程大江截流成功!"

[汽笛声、欢呼声]

李鹏总理向全世界宣布合龙成功以后,大江两岸一片欢腾。

各位听众,下午3点36分,出席截流仪式的江泽民总书记发表了重要讲话,对三峡工程大江截流给予高度评价。

[音响]

江泽民:"今天,举世瞩目的三峡水利枢纽工程胜利实现了大江截流。这是我国现代化建设的一件大事,也是人类改造和利用大自然史上的一个壮举。这必然给正在满怀信心地进行改革开放和现代化建设的全国各族人民以巨大的鼓舞!"

（二）现场报道的采制

现场报道的内容包括记者的解说和现场音响两个部分。记者要能够很好地把握现场，制作出高质量的现场报道，需要遵循现场报道的一些基本要求：

1. 认真做好访前准备

现场报道听起来像是记者随口道来，实际上需要做很多的访前准备工作。深入了解新闻事件的背景材料，就是一项重要的访前准备工作。在《三峡工程胜利实现大江截流》的报道中，"三峡工程是当今世界上最大的水利水电工程，大江截流最大水深为60米，最大流量为11,600立方米，施工难度之大，是世界上前所未有。三峡建设者迎难而上，到10月27号，将790米宽的江面束窄为40米宽的龙口，合龙就是将这40米的龙头填平。""今天的截流之战是在长江左右岸四个堤头共11个工作面全面展开。400多辆巨型装载车紧张有序地轮番在四个堤头向龙口抛投石料。"这些内容就是背景介绍，通过背景材料的交代，听众不但对三峡工程大江截流的意义有了更为深刻的领会，也对"合龙"这一事件本身有了较为科学的认识。如果没有这些背景材料，有些听众难免出现一定的理解困难。

除了对背景材料有所准备外，记者还应当事先对报道有所计划，包括需要采录的音响和计划采用的结构方式等，是完全按照事件的产生、发展进行时序性的结构安排，还是先简要介绍事件概况，引起听众兴趣后再将视线转移到事件现场的导引式结构。正如美国记者威廉·L. 瑞安所说的那样：在事件正在发生爆炸或即将爆发时去作现场采访，我问自己的第一件事是，什么是新东西和不同之处？使我印象最深的是哪一个角度？……如果我在等待某个事件的爆发，我已考虑好各种可能性，在事件发生时，我已准备好了构思的提纲，甚至做好了我也需要使用那些词汇的思想准备。[①] 如果做好了这样的准备，在报道的时候不难娓娓道来、一气呵成。

2. 及时采录典型音响

现场报道的两个要素是音响和解说。在现场报道中，最能引起听众兴趣并打动听众的是现场的音响。需要注意的是，并非现场所有的音响都要用于现场报道。要选择那些有典型性的重点音响，比如说在火灾现场，最有特点的音响是消防员砸碎玻璃喷水、消防员喊话的声音、在现场救援人员的对话、记者在现场被呛得咳嗽……在体育比赛现场，则是发令枪的声音、现场观众欢呼的声音、现场喇叭介绍运动员情况的声音以及不同类型的体育比赛所发出的入水、击球、打枪等……这些典型的音响不但可以交代事件进程，而且可以描绘场景环境，并通过现场气氛感染听众，起到文字表达和口头解说所无法实现的再现现场的作用。

3. 现场解说准确生动

现场报道的成败，除了新闻事件是否典型之外，现场解说的精彩程度也有直接影响。记者在新闻现场的解说要说清新闻事件的来龙去脉、新闻人物间的关系，描绘现场所能见到、

---

① 李岩：《广播学导论》（第二版），浙江大学出版社2006年版。

听到的情景，还要适时交代新闻背景，恰当抒发情感等。

(三)现场报道对记者的要求

现场报道中，记者处于新闻事件的现场，对自己当时的所见所感进行客观细致的描述，同时还要把这些描述和现场的音响录制下来，在第一时间传回电台。这就对记者的综合能力和素质提出了比其他报道高的要求。

记者进行现场报道的对象是正在发生发展中的事件，这些事件有的是预知新闻，有的则完全是突发新闻，即便是预知新闻也可能出现种种不可预知的情况，因此，记者进行现场报道时需要具备以下几方面的能力或素养：

1. 现场报道对记者综合能力的要求

(1)良好的现场反应能力

记者在新闻现场所要捕捉的是能够体现新闻现场特点和新闻事件本质的典型音响和细节，要能够准确把握新闻事件的瞬间变化，因此，处于新闻现场的记者要首先克服对于现场未知的紧张心理，随时处于机警的状态，眼明手快、动作迅速，及时口述和迅速采录音响，掌握报道的主动。

(2)优秀的即兴表达能力

现场报道的记者要流利地口述新闻现场发生的事件，根据现场的气氛和节奏准确描述，同时要能够见缝插针地加入背景材料，而这些口述的对象大多数是无法提前进行准备的内容，因此，记者要具有较强的随机应变的能力。

(3)熟练的音响采制能力

在广播现场报道中，音响是不可或缺的表现要素。一则成功的现场报道，除了对记者的现场表述有着较高的要求外，现场音响采录的成功与否对于现场报道的成败也至关重要。从某种意义上讲，记者在现场的音响选择和采录直接影响和决定着现场报道的成败。

现场报道中的音响直接、真实地反映着事物发展的原貌，不但可以使听众清晰地感受到新闻事件发生现场的真情实景，还可以让听众真切感知新闻现场的气氛和参与者的情绪，不但能够使听众产生如临其境的感觉，更能起到文字或语言表述所无法实现的情绪调动作用，使听众真正参与到记者所报道的新闻事件当中。由此可见，现场报道中的音响具有记者语言无法取代的作用。

在以上三种能力中，记者的即兴发挥能力，也就是口语表达能力的要求与其他广播报道相比更高，格外需要记者们有意识地进行训练，在新闻现场能够进行恰到好处的现场口述。

2. 现场报道对记者口头表达能力的要求

我们以2001年度中国广播电视新闻奖一等奖作品《漫长的瞬间》[①]来看现场报道对记者语言的要求。

---

① 中央人民广播电台2001年7月13日播出。

漫长的瞬间

(主持人)各位听众,现在是北京时间7月13号22点06分,莫斯科时间18点06分。决定2008年奥运会举办权的国际奥委会第112次全会进入了最后阶段,开始进行第二轮投票。中央台记者陈建奇正在莫斯科世贸中心会议现场。现在,就请他介绍第二轮投票情况。

(记者陈建奇)听众朋友:现在第二轮投票结果已经出来了。经过几位监票人的签字、认定,这个结果将要装到信封里。到底是封口不封口,我们现在来看一下。我想,全国的亿万观众、海内外的同胞,大家都非常关注这个时刻的到来。

啊,我们看到,他把信封拿起来,现在要折叠成比它(原来)小一点。这是最后的结果?还是不是最后结果呢?我们再看,他在认真地审视着这张票边上的每一个数字,把它叠起来。呵,要装信封了,一个蓝色的信封。装进去了!封口吗?我们看看他封不封口。封口了,封口了!是封口了?啊,他把它叠起来,揣在怀里。这次是很郑重地……从(往)他的西装的右手的内侧的兜里面(揣进去)。

这位委员通过长长的通道,多么漫长的通道啊,走到(萨马兰奇)主席的面前。啊,萨马兰奇也在作最后的询问。为什么他(委员)把这个信封揣进去,到现在还不掏出来?真让我们着急!

萨马兰奇满面笑容,和几位执委在交谈。他拿着这个最后的信封走到主席台来了。那也就是,这一次,应该是最后的结果出来了。我们静静听宣布吧。

(萨马兰奇主席宣布:2008年奥运会的主办城市是:北京!)

胜利了!全国同胞们,你们听到了吗?八年了,我们终于胜利了!现场的记者欢呼起来。

各位听众,在祖国和世界各地的同胞们,北京赢了!2008年奥运会的主办权是我们的啦!在投票大厅的外面等待了许久的中国人,都情不自禁地拥抱在一起,欢呼雀跃,喜悦的泪水在脸上流淌。

我们看到,奥申委的同志们相互在握手,在击掌相庆。八年啦,不懈的努力,锲而不舍的申奥精神,使我们的北京终于在新世纪到来的时刻,把举办奥运会的梦想变成了现实。亲爱的同胞们,想笑就笑、想哭就哭、想唱就唱吧!这是中华民族扬眉吐气的时刻。

我们看到,国际奥委会主席萨马兰奇的手和北京奥申委主席刘淇的手紧紧地握在了一起。这是奥林匹克运动和北京的亲切握手,这是世界和中国的握手,这是中国人民同未来的握手!

这里是莫斯科世界贸易中心会议厅。有关投票结果的情况,就向大家报告到这里。

从上面的例子中我们可以看出,广播现场报道对记者语言的要求可以从以下几个方面体现:

(1)现场解说口语化

记者的现场报道,无论是现场采访还是现场解说,都应当注意语言的口语化。记者的解说应当是与现场场景相符合的叙述,而不是背诵事前准备的广播稿。记者的解说节奏应当和事件的产生发展同步，该快就快，该慢就慢，强弱结合，抑扬顿挫。

(2)现场描述准确形象

在现场报道中，记者就是听众的眼睛。听众要能通过记者的描述，了解事件现场的点滴变化，产生对事件如临其境的感受，这就要求记者对于现场发生的一举一动的描述，都要客观准确、形象生动。

记者对现场所发生事件描述的准确性建立在对现场描述详略得当、粗细结合的基础上。记者在现场对关键场景的描述要不厌其详。如记者在报道中对拿着投票结果的委员在将投票结果交给国际奥委会主席萨马兰奇前不厌其烦的动作描述，让听众很容易产生如临其境的感受，将自己的心和现场的情况紧紧地联系在了一起。在记者的叙述中，现场紧张的气氛与人们期待、渴望、紧张的心态被惟妙惟肖、淋漓尽致地勾勒出来，使听众不由得被记者的声音牵引着去思考。

现场描述的形象化对于现场报道来说也非常重要。这要求记者对事件的背景环境和关键场景的描述形象化，才能够使听众通过听而在头脑中产生画面感。

(3)背景材料及时穿插

现场报道的"现场"由事件、场景和背景构成，其中新闻事件是报道的核心，由于新闻事件要在一定的场景中发生，所以现场报道中对新闻事件发生的现场环境，也就是场景的交代必不可少。在报道中及时穿插背景材料，对现场报道作纵横两方面的拓展，可以使事件报道更有深度和立体感。

比如说，在上面的例子中，记者满怀激情地解说道："胜利啦！全国同胞们，你们听到了吗？八年了，我们终于胜利了！"其中"八年了"三个字交代了新闻背景。北京从1993年首次申奥失利到2001年申奥成功，其间历经八年之久，这三个字的新闻背景蕴含了多方面的意义。漫长的八年，使该篇内容更厚重，立意更深远。没有八年岁月的执著，就没有今天瞬间的获胜。

由此可见，现场报道中背景材料和现场解说的结合，可以使报道变得更加厚重而具有纵深感。但需要注意的是，现场报道的背景交代应该少而精，突出重点，点到即止。那种游离于现场之外的大段背景交代，不但妨碍了现场主要新闻事实的报道，还容易冲淡现场报道的气氛。

(四)现场报道的常见误区

当前，现场报道作为一种能够体现广播传播特点的报道形式，以其时效性、可信性、权威性和现场感染力日益受听众的欢迎。广播记者也越来越乐于采用这一形式进行新闻报道。但是在实际工作中，也出现了一些因过分强调形式而走入报道误区的情况。

1. 将现场报道等同于录音报道

我们知道，并非所有的现场报道都采用了现场播出的形式，有些现场报道是记者在现场完成了采访、解说和音响制作后回台播出的，现场报道强调的是"三个现场"的统一，只有那些记者可以以目击者或参与者身份进入新闻现场的事件，才能够进行现场报道。记者在现场采制了音响之后回台配上解说词再进行播出，以为加上“这里是某某活动现场”或者“记者现在在某某活动现场向大家作报道”就是现场报道。事实上，没有实现“三个现场”的统一的报道只能是录音报道。当然，在一些重大活动的现场，比如说在重大体育比赛的现场，记者的情感渗透在现场解说中，这种因被现场气氛所感染的情绪在配音间里是无法调动起来的。因此，后期加上的解说和现场采录的部分无疑会出现割裂。

2. 将现场报道等同于现场播读文字稿

在现场报道之前，很多记者为了达到良好的报道效果，都会做一些准备工作，有的还会写一份基础稿。我们鼓励记者事前对报道进行准备，但应该准备的是报道的主题、思路和结构，而不是详尽的文稿。有了事先写好的文字稿，记者在现场很容易照本宣科，这样就很容易忽略了现场音响的选择和采录，将现场音响变成了记者播读稿件的环境音响，不能将解说与事件的发生、发展结合在一起；经由口头表述的文字语言与现场环境、气氛脱节，报道生硬；记者把注意力放在了播读稿件上，不能将现场看到、听到的情形转述给听众，报道缺乏立体感；更重要的是，即便是预发事件也会存在一定的变数，如果记者缺乏对现场的观察与把握，一味按照事先准备的文字稿件进行播读，就很容易出现稿件与现场事实的脱节。

此外，还需要强调的一点是，新闻是有选择的，“现场”也是有选择的。记者要将自己在新闻现场的所见所闻告诉听众，并不是将各种鸡毛蒜皮的内容事无巨细的一并呈现，否则过多的冗余信息更容易让听众不得要领。记者要在现场选择典型音响，也要选择典型场景进行描述，这样才能突出主题，让听众深刻理解新闻事件的价值和意义。

第二节 现场直播

我们知道，新闻是“易碎品”，因此，新闻工作者要在其破碎之前向受众传递出去。现代广播理论提倡在尽量提高节目时效性的前提下，实现听觉的多元化，以此增强节目的竞争力。“直播”就是体现广播传播特色的方式。

一、什么是现场直播

广播新闻现场直播，历史上曾被叫做新闻现场实况转播。早在 1949 年 10 月 1 日，中央人民广播电台（当时的北平新华广播电台）就实况转播了中华人民共和国开国大典。20 世纪 80 年代初，广电部一位领导提出，“转播”一词用在这里不合适。因为它不是别人播了，我转出去。于是，打那以后，广播界逐步叫做新闻现场直播了。[①] 广播新闻现场直播在 20 世纪 80 年代开始兴起，90 年代以后获得了长足发展。国家广播电影电视总局副局长胡占凡曾经将广播新闻直播称作是“广播优化自身本质功能……的重型武器”。

① 曹仁义：《新闻类广播作品如何创优（六）：新闻现场直播创优》，《中国广播电视学刊》2005 年第 6 期。

现场直播的题材比一般报道更加重大,对重大事件进行大时段、大容量、多方位、多媒介的现场集中的报道,不但发挥了广播媒介的传播优势,增强了社会影响力,而且代表了一家电台在采、编、播、录、制等各方面的综合实力。

1997年6月30日到7月1日,中央人民广播电台组织的大型现场直播特别节目《百年长梦今宵圆》以香港回归期间香港、北京两地为中心,辅之以专家评述、要人采访、主持人背景介绍、历史音响回放等手段,融新闻、历史、文学、音乐等各种体裁于一体,实现了北京和内地六城市之间以及海外报道密切配合,把广播特长发挥得淋漓尽致;青藏铁路开通时,中央电台分别在北京、格尔木、拉萨和进藏列车上设了四个直播点,现场直播《穿越青藏高原》,直播将背景介绍、专家点评、听众参与、文艺元素有机结合,不仅完整、准确、及时地报道了青藏铁路通车的盛况,阐明了通车的重大意义,还用特有的新闻手段对群众关心的问题一一作答,令听众产生身临其境的感觉。

由于现场直播在新闻竞争中逐渐体现出的集团作战的整合实力,这一报道形式越来越受到广播电台的重视,每当有重大新闻事件发生时,许多电台都提前策划、组织现场直播。以前面提到的《百年长梦今宵梦圆》为例,中央电台为准备这次直播,光写作节目单脚本就用了将近三个月的时间,25易其稿,事前搜集资料、采访、制作,直播时利用现代化的传播手段,把广播电视现场报道的特长发挥得淋漓尽致。

什么是现场直播,目前并没有一个统一的定义。有人认为,现场直播是以现场的实况音响为基本内容,一般由记者或播音员按照事件时间或活动的发生、发展顺序,边传送反映实际情况的现场音响,边播报自己的所见所闻,有时还要进行必要的解说和评价①。中国广播电视协会组织专家研讨后,在评奖时对现场直播的界定是:现场直播是广播电视利用电子信号把新闻现场的声音或图像直接发送并同步播出的节目形式。它在传播新闻事件发展变化的同时,把记者的现场报道、播音员或主持人的现场描述或背景介绍同步传输,集新闻报道、提供知识、分析事态于一体,参评节目必须是以新闻现场为直播主体,来自新闻现场的直播信号长度不得少于整个节目长度的1/2,所用录音、录像资料不超过总长度的1/3。②

简而言之,现场直播要以新闻事件作为报道的基础,选择的新闻事件既要是具有较大的新闻价值的重大新闻事件,又要符合党的宣传纪律和相关播出规定;现场直播是对新闻现场的直播,以及以在新闻现场的采访、讲述为主,而不是以主持人直播间的讲述和嘉宾采访为主的直播节目;现场直播中可以插播事先录制的专题或者播出一定数量的音乐节目,但直播是播出的主要方式。尤其重要的是,报道要有大量典型的现场音响。

2004年4月18日零时,中国铁路第五次大提速,众多广播电视媒体都选择了对这一事件的直播。中央电台没有选择在提速的第一时间进行直播,而是选择了早晨7点,既是广播的黄金时段,也是各地开行的首批提速列车集中到达的高峰时刻。如果列车正点到达,则标

---

① 张舒:《音响报道教程》,中国广播电视出版社2001年版,第45页。

② 曹仁义:《新闻类广播作品如何创优(六):新闻现场直播创优》,《中国广播电视学刊》2005年第6期。

志着提速工作的基本完成,同时也有丰富的音响元素。直播按照事件的进展和利于听众收听的原则，将直播间内外的场面以及铁路相关知识，通俗地、语调紧张而富有激情地介绍给听众。主持人在直播间连线北京、上海等地现场记者和铁路工作人员，介绍铁路提速第一天的情形，以此作为节目制作的经线;同时,主持人将铁道部计划司司长和中国铁道科学院首席专家教授等请进直播间，以访谈和新闻背景的方式回顾了中国铁路发展的历程，特别是中国铁路前四次提速的过程，作为节目的纬线。这次现场直播把铁路发展的历程与典型的现场音响相互融合，记者在各地火车站现场播报夹有火车的隆隆声和车站调度长的现场解释,具有鲜明的现场感和强烈的感染力。

下面我们以获得第15届中国新闻奖一等奖的广播直播《2004 中国——铁路第五次大提速》①对广播现场直播的题材选择和特点等进行分析。

2004 中国——铁路第五次大提速

第一部分

中国之声开始曲

特别直播开始曲

男播:铁路。

[音效火车快速行进]

男播:中国铁路。

[音效“有买今天的沈阳硬卧车票,请到40号窗口——”]

男播:中国铁路提速。

铁道部副部长胡亚东“全国铁路将于今年4月18日零时起实施第五次大面积提速”

[音效火车鸣笛呼啸而过——]

男播:中国之声特别直播《2004 中国——铁路第五次大提速》。

[全景扫描全国铁路七大枢纽站现场记者播报亮相]

男主持人:听众朋友,欢迎收听中央人民广播电台新闻综合频率中国之声。我是中国之声早间报道主持人大卫。

女主持人:听众朋友早上好,我是王宁。与以往不同的是,今天全国铁路正在行驶中的列车也在同步转播中国之声的这档特别节目,在这里,我们特别要向广大旅客朋友问声好,所有在旅途中的朋友们,你们辛苦了!

男主持人:昨天零点,中国铁路开始了第五次大提速,这是中国铁路实施跨越式发展战略之后的第一次提速。昨天中国之声各档节目对此进行了直播报道和重点关注。今天我们安排了一个半小时的特别直播:中国2004——铁路第五次大提速。

女主持人:今天北京又是晴天,阳光明媚,此刻我们正在北京中央人民广播电台中国之声的直播间里。在随后的一个半小时,也就是7:00~8:30之间,各地新开行的首批提速列

① 中央人民广播电台2004年4月18日播出。

车将出现一个集中到达的高峰。今天我们将和广大听众一起迎接第一批乘坐提速新列车的旅客。刚才我们中央台驻各地记者和一些地方电台的记者已经作了一次集体亮相，稍后他们将在各地的车站站台、调度室、售票厅发回现场报道。同时我们还特别邀请了两位专家做客直播间，回答听众关心的和铁路提速有关的问题。

男主持人：今天听众互动的主题是"我和铁路"。您对铁路有什么感受和期望，或者您和铁路、和火车之间发生过什么动人的故事，欢迎您发送手机短信告诉我们。

现在是北京时间7:30。我们马上关注一下前方直播现场北京火车站和上海火车站的情况。

特别直播间奏1

[音效火车鸣笛呼啸而过——]

(男播)中国之声特别直播《中国2004——铁路第五次大提速》。

北京现场记者：我是实习记者陈俊。现在是北京时间早上7:05，由上海开往北京的直达特快列车Z22次正缓缓驶入北京站。在清晨的第一缕阳光中，首都北京迎来了从睡梦中醒来的大批旅客。我们看到的列车蓝白相间，颜色简洁明快，车厢间采用了密接式车钩，缩短了车厢间隙，保证了运行安全。由于现在并不是客运高峰，所以下车人数并不是太多。

此次全国铁路大提速开行的19对一站直达特快列车中，北京地区开行18对，中途不停车，最高运行时速为每小时160公里。此次提速后，"点到点"直达特快旅客列车实现了"公交化"运行。北京始发的客车增多，此次提速后将达到187对。如今，北京已有通往全国98个城市、5个国家的旅客列车。

女主持人好，非常感谢你的报道，谢谢。此刻Z22次上海到北京的直通特快列车快到达北京火车站了，我们再来关注一下上海火车站方面的情况。

特别直播间奏

[音效火车鸣笛呼啸而过——]

男播：中国之声特别直播《中国2004——铁路第五次大提速》。

上海现场记者：听众朋友，我是中央台记者杨静。我现在在上海火车站为您报道。现在停靠在我身边的是刚从北京开来的直13次列车，身穿航空式红色制服的服务员正在笑容可掬地引导着乘客下车。

铁路提速以后，由上海到北京一站直达的列车达到了8对，从每天晚上的19:00起上海站每隔7分钟就开行一趟前往北京的列车，列车的运行时间也从原来的14个小时缩短到现在的11个小时58分，夕发朝至的效果更加明显。直达北京的软卧车票也已经从原来的每天360张，增加到现在的每天3200多张，票价不变，软卧下铺价格仍然为499元。

男主持人：嗯，杨静，提速一天多来上海站的整体运行情况是怎么样的呢?

杨静：现在在我身边的就是上海火车站值班站长包站长，请他给我们介绍一下。

包站长：4月18号是我们全路第五次提速的第一天，从昨天一天的情况来看，我们的各项工作基本正常，我们武昌直达京沪特快列车平均上座率达到98%以上，应该取得了比较好的效果。

男主持人：嗯，那还有什么要提醒旅客注意的呢？

包站长：也是为了提请旅客注意，我们这几趟列车是每隔七分钟连发的，请旅客看好我们的导向和各方面的引导，能够准确到达站台及时赶上列车。

男主持人：好，谢谢包站长。接下来我们接进北京铁路局总调度长李兰波的电话，请他向听众朋友介绍一下公交化列车开行的特点。

李兰波：好。今年的第五次提速调图，铁路部门在运输产品的优化上又有了新突破，第一次在北京和天津，向上海、杭州、合肥、哈尔滨、长沙和西安等十个方向开行了时速为160公里的一站直达的特快列车，那么这些特快列车采取了新型的车底和机车，中途不停车站，一直到终点站，并且全部安排为夕发朝至，并按七分钟间隔追踪开行，具有明显的旅馆列车和公交化的组织特征。

男主持人：好的，谢谢李调度长。

女主持人：《中国——铁路第五次大提速》正在直播。那么了解了京沪之间公交化列车运行模式之后，我们再来看一下第五次铁路大提速到底给我们的生活带来了哪些崭新的变化。

特别直播间奏2

[音效："有买今天的沈阳硬卧车票的，请到40号窗口——"]

男播：中国之声特别直播《中国2004——铁路第五次大提速》。

男主持人：听众朋友，欢迎继续收听由王宁和大卫主持的中国之声特别直播《中国——铁路第五次大提速》。

女主持人：今天在直播间里我们请到了两位嘉宾，特别介绍一下，一位是铁道部计划司司长黄民，黄司长您好，欢迎您！

黄民：你好！

男主持人：还有一位是中国铁道科学院首席专家钱立新教授，钱教授您好！

钱立新：你好！

男主持人：钱教授这已经是第二次来到我们中央台的直播间了。

钱立新：谢谢！

女主持人：这两位嘉宾将为我们阐述有关中国铁路提速的方方面面的工作，并回答广大听众有关铁路提速的所有问题。现在是中国铁路的第五次提速了，尽管铁路还有不尽如人意的地方，但是谁都不能否认，现在火车是越来越快了，坐车也越来越方便了，车站和车厢的环境也越来越好了，您感觉到了吗？可能听众朋友们有过这样坐火车的经历吧，其中的滋味可能是酸甜苦辣五味俱全的，当然了，我想我们在行车过程中和旅行过程中，也一定会有很多动人的故事和记忆。

（歌曲《祝你一路顺风》）

女主持人：朋友们，这首歌您还熟悉吗？《祝你一路顺风》。这首歌在火车上已经播放了二十多年。这是我们特意从北京列车段乘务室找到的。磁带泛黄的封面如同它经历的岁月一样久远。歌声响起，我想每个人的联想都各有不同吧。

男主持人:今天我们和广大听众互动的主题是"我和铁路"。您对铁路有什么感受和期望,或者您和铁路、和火车之间发生过什么动人的故事,欢迎您发送手机短信告诉我们。

女主持人:下面我们来看一下本次提速调图的新变化。

新闻背景:中国铁路第五次大提速概貌

全国铁路从4月18号零点起,实施第五次大面积提速,把时速160公里及其以上的线路增加到7700多公里。同时,铁道部对列车运行图进行了大调整,增开北京到上海、杭州、扬州、南京、苏州、合肥、武汉、长沙、哈尔滨、长春、西安等19对一站到达的直达特快旅客列车。另外,将夕发朝至列车的始发时间全都调整在17点到23点,到站时间全都安排在次日5点到10点。

女主持人:那么有问题要问黄司长了,黄司长,请您介绍一下这次提速调图的崭新亮点到底在什么地方?

黄民:好。与前四次大面积提速相比,第五次大面积提速调图确实有许多重大变化,最大的新的亮点主要体现在以下几个方面:

第一,是全面提高了客货列车运行的速度。主要城市之间的客车速度应该说有了很大的提高,比如北京到上海、哈尔滨、武汉、西安等等,这些列车都能压缩两个小时以上。

第二,是精心打造了客货列车的新产品。比如在客运方面我们增加了19对一站直达的特别快车。同时为了满足旅客能够在黄金时段选择乘车的要求,在黄金时段我们采取了密集发车,也就是用追踪连发的方式来运行。

第三,是进一步优化品牌列车的开行结构。比如对于夕发朝至列车,我们增加了开行对数,对一些旅行专线列车我们增加了开行对数。

男主持人:确实给我们旅客带来了很大的方便,接下来我们给大家介绍一下新开通的您说的19对直通列车的情况。

新闻背景:全国铁路第五次大提速,新增Z字头直通车

铁路第五次大提速后,旅客在列车时刻表上会发现一个新的列车品种"Z"字头列车,这就是沿途不停、一路直达的"直通车"。全国共有19对这样的直达特快旅客列车。

北京到上海Z1次19:28始发,次日07:26到达

北京西到武昌Z11次20:49始发,次日07:14到达

北京到哈尔滨Z15次20:30始发,次日07:00到达

男主持人:那么这次提速以后,时速160公里的线路刚才黄司长已经介绍过了是增加到了7700多公里,提速线路的总里程达到了16500公里,占到全国铁路运营总里程的23%。那么,钱教授,我有一个问题想问您一下,今天中国铁路的这样的速度和运行水平,在世界上是什么样的位置?

钱立新:我们中国既有铁路提速的水平,现在已经居国际的领先水平。为什么这么说呢?我们的速度的最高值已经进入了国际前十名。但是为什么说是领先呢?因为我们的提速不光是客车提速,货车也提速,而且在同一条线路上,我们还运行着大量的5000吨的重载货物列车,重载货物列车跟快速提速列车在同一条线路上安全地运行,这在国际上哪个国家

都没有做到，所以我们处于国际领先。

男主持人：嗯，经过了五次的提速，我们国家现在铁路的运营水平在世界上已经处于前列了。听到这个消息，我想作为一位从事铁路研究工作一辈子的钱教授来说，也是非常欣慰的。

钱立新：是的。

男主持人：钱教授，我想问您一下，现在媒体都在说京沪铁路最早是44小时，那是什么时候的事儿了？

钱立新：那大概是在70年代。

男主持人：70年代还要44个小时啊！

钱立新：对。

男主持人：现在一下缩短到了半天，原来是两天，可见变化之大，我们来一同回顾一下中国铁路的提速历程。

新闻背景：中国铁路前四次大提速

我国铁路从1997年以来，已经进行了四次大面积提速调图。

第一次是1997年4月1日，主要在京广、京沪、京哈三大干线进行，时速160公里的线路延长为752公里。

第二次是1998年10月1日，时速160公里的线路延长到1104公里。

第三次是2000年10月21日，提速范围主要是陇海、兰新、京九和浙赣线，时速超过140公里的线路延长为6458公里。

第四次是2001年10月21日，提速范围主要是京九线、武昌到成都、京广线南段、浙赣线和哈大线，时速140公里的线路延长到9779公里。

女主持人：听众朋友，我们开通了手机短信的互动方式，今天我们的主题是“我和铁路”，现在我们收到了很多听众朋友的短信，现在我们来看一下。

男主持人：来自广州的听众手机尾号是8346的这位朋友说：“火车提速证明了时代的进步，我们打工者期待火车再一次提速。”在此我也告诉您，明年还要进行第六次的大提速。

女主持人：同时手机尾号是7878的朋友也特别有感触，他说中国经济在提速，铁路更应该顺应国情来提速，这是有序的服务竞争，更是服务于民的重大举措，我觉得特别震撼人心。

男主持人：对，刚才我们也说了我和铁路之间的故事，很多听众朋友特别有感慨，手机尾号是4777的朋友说：“几年前我坐火车是连续坐了三天三夜的火车，令人疲惫不堪，骨头像散了架似的，现在好了，到达目的地没有疲惫的感觉，睡一觉就到了，真好。”

女主持人：同时我们也看到很多听众朋友来询问有关的问题，钱教授，我们了解到明年中国铁路还要进行第六次大提速，手机尾号是8293的朋友就问您：“中国铁路到底能跑多快？”

钱立新：现在我们中国铁路的既有线路最高速度能跑到200公里/小时。

女主持人：有点像F1的速度了。

男主持人：赛车的感觉。我们再回复几位听众朋友的短信提问，手机尾号是8974的听众问："火车提速度后价格是不是有变动？"黄司长您告诉他。

黄民：火车提速后，如果同一级别的列车来看，价格是不变的。提速不提价，是作为铁路企业对社会在这次提速的一个承诺。

女主持人：听众朋友，您正在收听到的是中央人民广播电台中国之声特别直播节目《中国2004——铁路第五次大提速》，我们欢迎您通过手机短信的方式来和我们联络。手机尾号是2600的朋友询问西南铁路网的提速情况，稍后我们将询问有关的专家为您解答。继续来看我们的短信，手机尾号是0539的听众说："火车的提速是改革开放的提速，是国民经济的提速，是人民奔向小康的提速！"我看到了我对面的黄司长在不住地点头，带着非常多的笑意，看来他是非常赞同这样的观点的。

时代的发展催生了广播新闻报道的变革，在直播节目中，引入听众的即时互动已经成为广播节目的常态。以上现场直播，众主持人充分注意了与前方记者、直播间嘉宾和听众的互动。节目设置了"我和铁路"的互动话题，一方面邀请嘉宾进行访谈，另一方面播发听众短信，请嘉宾解答听众的问题。不但实现了主持人和嘉宾的互动，还实现了嘉宾和听众的互动。此外，直播中还插入特别直播间奏，包括火车鸣笛声、车站广播声，并间以歌曲《祝你一路顺风》，既增强了现场感，又进行今昔对比，充分发挥了广播声音的魅力和现场直播的吸引力和感染力。

通过上面的例子，我们可以对广播现场直播略有了解。那么，一般什么样的新闻题材才会成为现场直播的对象？与其他广播报道方式相比，现场直播的特点和魅力体现在哪些方面？

（一）现场直播的选材

1. 现场直播的事件类别

现场直播报道的对象是新闻事件。广播新闻的现场直播一般可以分为两大类：一类是重大活动类的现场直播，包括文艺、体育、重大会议、重大庆典及其他活动，如香港回归、澳门回归、青藏铁路通车、神舟六号、七号载人航天飞机发射、北京奥运会开闭幕式直播等由于是预发事件，电台直播组事先可以知道事件发生的大体流程和事件安排，进行提前的准备工作并事先准备导播文本。当然，事先准备的导播文本可能在后期直播时需要根据新闻现场的实际状况作一定的调整。

另一类广播现场直播则是突发事件的新闻直播。如对美英联军对伊拉克发动军事打击、印度洋海啸直播以及2008年初对南方多个省份迎战暴风雪和"5·12汶川大地震"发生后各家电台组织的现场直播。在这一类型的直播中，由于突发事件无法预知，其发展过程和结果无法控制，广播传播与事件的发生、发展同步，完全依靠主持人的现场发挥和前方记者的报道，在一定程度上增加了报道的难度，但也因新闻事件发展的不确定性而增强了报道的魅力。

尽管说现场直播是体现广播传播优势的报道方式，但并非所有的正在进行中的事件都适合进行现场直播。

2. 现场直播事件需具备的条件

(1)新闻事件的新闻价值大，现场对听众具有吸引力

我们这里所说的现场直播，不是从直播录播角度而言的直播节目，它前面的限定词是“新闻”，由此可见，事件本身的新闻价值大小是决定是否采用现场直播方式的重要决定元素之一。现场直播的选题，从它的意义、进程、节奏、现场音响、背景资料等各个方面，都应具有典型性、代表性、显著性，或具有较高的受众关注度。近年来在各类新闻评奖中获奖的《穿越青藏高原》(青藏铁路通车)、《中国第五次铁路大提速》、《再探苍穹(神舟六号返回阶段)》、《上海五国元首第六次会晤》、《首例机器人异地遥控手术操作技术》、《北京2008奥运会会徽发布仪式现场报道》、《昭君故里选村官》、《阿迪力跨越衡山》、《实现飞天梦想》都属于深受听众关心的事件。

近年来，有些电台出现了这样一种倾向，就是“设计”新闻现场直播。我们需要考虑的是，以建党日、建国日等纪念日或教师节、劳动节等节假日为由头组织的直播，是不是新闻现场直播？根据电台自身需要设计由头，制造一个现场来进行的直播，算不算新闻现场直播？没有新闻事件的直播有没有意义和价值？应该说，缺乏了事件为基础的现场直播，是站不住脚、立不起来的。再有，那些意义不大、缺乏情节、过程拖沓、进展迟缓的事件，也是不适合进行直播的。

(2)直播的对象是处于发展变化中的“现在时”的新闻事件

在大型直播进行策划的阶段，很多电台都会做一些前期的准备，制作一些节目预告、背景穿插专题、人物访谈、节目片花等，有些还制作得十分精美。这就使得在直播开始后，由于难以割舍事先录制的节目成品或者难以把握现场变化等原因，节目制作人员把播放录音当成了现场报道的主要内容，而忽略了记者的现场播报和主持人的解说，结果直播成了广播专题节目或特别节目，失去了现场直播的本来价值和意义。相反，好的现场直播能够根据新闻现场的需要决定材料的取舍，使报道主干清晰、节奏有度。

(3)新闻现场具有能够说明事件、突出主题的典型音响

现场直播用声音形成听众头脑中的画面感受，因此，需要选择有典型音响的事件进行报道。比如说近年来获奖的现场直播，都能将直播间和分现场录制的音响有机地结合起来，通过那些具有特点的现场音响和人物同期，在听众头脑中构筑出声音的图景，弥补广播缺乏视觉感受的不足。

(4)对该新闻事件的播出符合新闻纪律和相关要求

2003年10月15号9时，神舟五号载人飞船发射升空。这无疑是2003年度一件可以载入史册的大事。事件本身新闻价值巨大，又具有典型的现场音响，非常适合现场直播。但是，有关部门规定，广播电视媒体不能直播发射、回收等过程，不允许进行同步现场直播。有些电台通过各种关系进入了发射现场的一角进行了直播，但这样的行为并不宜得到鼓励。在任何国家，新闻报道都是有一些必须遵守的纪律，任何新闻报道都不能够超越国家利益。

另外，现场直播节目太多，占用的播出时间太长，也会减少广播报道的信息量。因此，广播新闻现场直播应与录播结合使用，以更好地发挥广播媒体的优势，增强媒介竞争实力。

（二）现场直播的特点

1. 重大事件的完整呈现

由于受报道人员、报道时间等多种因素的影响，一般新闻事件报道无法关注到新闻事件的各个角度和侧面，只能选取新闻事件中具有典型性的截面或瞬间不同。现场直播报道是对重大新闻事件全方位、立体化的展示，除了表现新闻事件发生发展的各个层面，甚至对事件的追溯或影响也展开多侧面、多角度的报道，更容易使听众对新闻事件的前因后果产生完整、具体的感受和把握。

2. 新闻事件的即时播出

随着媒体新闻竞争的加剧，新闻时效性对媒体的意味变得更加重大。新闻现场直播时，新闻记者或主持人第一时间出现在新闻现场，并且通过现代技术手段使信息报道“零时差”地传递给受众，更好地体现了广播电视传输的即时性特点。要想凸显广播现场直播的特点，现场新闻现场报是非常关键的。

3. 现场气氛的同步感知

广播记者在现场传回的报道也许没有电视画面直接、丰富，但由于采用了多点直播的方式，来自不同记者的现场报道中采用了大量的现场音响，这些音响和主持人在直播间的访问等有机结合起来，很容易让听众产生“我在现场”的感受。

二、现场直播的采制

现场直播的采制可以分为前期准备、中期实施和后期反馈三大阶段。直播是与新闻事实发生发展同步进行的，一旦失误没有任何弥补的可能。因此，电台在重大事件直播前期准备阶段投入的时间和精力最多。前期策划要全面考虑报道内容的丰富性和可操作性。对相关资料的准备、参播人员的安排、报道预案的调整等每一个环节都要有所考虑。此外，还可以在自身和其他媒体发布节目预告或相关节目短片等吸引受众对直播的关注。

在直播实施过程中，采编人员首先要在第一时间及时报道最新的动态，同时要注重发挥现场的感染力，用声音构筑画面，调动情绪，使听众能够产生身临其境的感受；其次，要在直播现场发挥主持人和前方记者的主观能动性，不拘泥于前期策划和预案的安排，将对现场的描述与评价放在直播的核心，尤其是前方记者在第一时间发回的报道，应当成为报道的核心内容。主持人宛如串起珍珠项链的丝线，将位于多个直播点的动态报道和后方直播间的专家访谈有机地串联在一起；再次，节目采制人员要有现场应变能力，根据新闻现场的需要及时调整节目架构。尽管预发事件的现场直播可以进行提前的准备工作，精心设计报道流程，但还是可能出现一些意外或冷场。面对这种情况，一方面需要主持人在报道现场灵活应变，能够尽快控制现场，避免报道的间断或混乱；另一方面需要编辑、导播提前准备一些可在出现“状况”时播出的小专题，或者大量的背景材料或相关事实以便主持人灵活使用。最后，广播直播要考虑听众的参与和互动，采用短信平台、网络留言、热线电话等方式，将广播报道的范围扩大化、立体化。

在现场直播结束后，节目相关人员还应当及时搜集和分析受众的评价、反馈，及时发现直播报道中出现的问题以及今后可供借鉴的经验，由此不断提升现场直播的报道水平。

2003年10月15日，神舟五号一飞冲天，中华民族千年的飞天梦想成为现实。2005年10月12日，神舟六号再探苍穹，实现了两人多天在轨运行计划，完成了我国第一次真正意义上的有人参与的空间实验活动。对这一举国关注、世界瞩目大事的报道，是对广播工作者如何体现广播的传播优势，凸显广播声音魅力的一大考验。

中央人民广播电台事前就对神舟六号飞船载人航天飞行的报道周密策划了全方位的报道方案，以真实、生动、独家、权威为目标，派出各路记者，全程追踪；精兵强将，现场直击；快速传递，真实准确。力求让最新消息是来自第一现场、第一时间的第一播报。第一时间播报神舟六号的动态消息，六场共17小时现场直播《再探苍穹》，在"神六"飞行成功后播出80分钟大型专题节目《神舟交响曲》以及制作系列访谈节目《飞天新跨越》，四方面报道紧密相连、互为补充。其中，大型直播节目《再探苍穹》尤其获得了各级领导和广大听众的认可。

下面，我们就结合第16届中国新闻奖一等奖作品大型广播直播节目《再探苍穹》①，谈谈现场直播采制的注意事项。

神舟六号飞船载人航天飞行大型直播节目

（返回段，有删节）

[总片花]

神舟飞天，铸就登攀世界科技高峰的惊世伟业；

问鼎苍穹，谱写中华民族自强不息的壮丽诗篇。

——中央人民广播电台神舟六号飞船载人航天飞行大型直播节目《再探苍穹》。

朱江：中央人民广播电台

佳慧：中央人民广播电台

朱江：各位听众，香港特别行政区同胞、澳门特别行政区同胞、台湾同胞、海外侨胞们，大家好，欢迎您收听中央人民广播电台神舟六号飞船载人航天飞行大型直播节目《再探苍穹》。我是朱江。这次节目是由我和佳慧共同为您主持。

佳慧：现在导播示意我前方记者王亮有最新的消息，我们马上连通王亮。

王亮，你好！最新的消息是怎样的？

王亮：佳慧你好，我现在还在搜救直升机上，我们还没有降落。但是在4点17分的时候，我们在飞机上已经目视到返回舱，拖着长长的尾焰正在降落。现在草原上也是晴天，在返回舱的旁边是一轮皎洁的月亮，可以说是神舟与星月同辉，这个景色也让搜救队员们非常兴奋。我们的直升机在4点31分的时候，已经接到返回舱着陆的消息，现在我们也刚刚接到航天员身体状况良好的消息。

---

① 中央人民广播电台2005年10月17日播出。

佳慧:好的,谢谢王亮,希望你把最新的消息随时给我们传送过来。那么,两位专家,刚才我们的前方记者王亮说返回舱已经着陆了,那么稍后事件的发生是什么样的顺序。

董主任:着陆以后,航天员要看一下他落的地方是不是安全。如果是落在一个安全的地方,没挂在树上,没挂在山上,是个平地的话,航天员就要启动他的脱伞程序,按一下把主伞脱掉,随后他就要开舱门。

朱江:好了,听众朋友,继续我们今天的《再探苍穹》特别直播节目。我们再接进郭静的信号。

[现场音响,掌声]

郭静:我想刚才大家已经听到了我们的报告声,飞船返回舱的落点与预报的落点是非常接近。预报落点的经度是111.43度,纬度是42.37度,那么实际的落点呢,经度是111.27度,纬度是42.22度,相差非常小。我们现在看到示意图上,这也是实时传回的数据显示出来的示意图,两架直升机从图上看,已经和降落点的圆点重合。[现场声:我是北京,回收三号请讲。我回收呈前进状态,现场正在架设搜索台,开舱还需要几分钟,报告完毕。北京明白。]

佳慧:现在我们收到前方记者唐振宇的最新消息,唐振宇你好。你现在在什么位置?

唐振宇:我现在在返回舱前面15米处。返回舱一直矗立在草原上,目前估计航天员应该很安全,挺成功的!这里噪音太大,我听不到你的声音!现在我在距返回舱10米左右的地方,目前搜救人员正在给返回舱搭建平台,已经跟里面的航天员进行了对话。由于这次返回舱降落是垂直降落,非常好,舱门已经打开,刚才搜救人员给航天员送了一下饮料,目前航天员中心的一位资料摄制人员正在舱顶对舱内情况进行拍摄。目前情况就是这样,先到这里吧,好吧?

佳慧:好,谢谢唐振宇。听众朋友,现在我们收到的最新消息,是在今天早晨5点07分,神舟六号飞船的返回舱的舱门已经打开,医监医保的工作人员对航天员进行初步的健康检查。好的,我们马上切进前方记者王亮。王亮,你好!

王亮:喂,佳慧。在5点05分的时候,我们乘坐搜救直升机已经降落了。现在我就在返回舱的旁边,现在我看见返回舱的外表有一些烧灼的痕迹。这个返回舱降落的姿势和“神五”的时候是不同的。它不是侧卧在草原的,它是直立的。现在工作人员正在架设一个铁架,他们从铁架上面爬上去,把航天员从上面(扶出来),航天员将会从顶部出舱。佳慧能听到吗?(佳慧:能听到。)现在医监医保医生已经来到了返回舱的旁边,正在舱口对航天员进行舱口询问,来确定他的身体情况,如果身体状况允许的话,两位航天员将会实现自主出舱。佳慧,能听到吗?

佳慧:能听到。

王亮:好,我现在继续关注返回舱着陆现场的最新情况。现在在返回舱的周围已拉出了20×20米见方的警戒区。现在,着陆场的总指挥隋启胜他乘坐的搜救直升机是最早到达返回舱着陆现场的。现在医监医保医生已经从返回舱舱口的铁梯上下来了,现在我来问一下他的情况。你稍等一下,现在隋总在这一边。

隋总,你好,我是中央电台记者,现在航天员的状况怎么样?

隋总:很好,航天员状况很好。

王亮:你听到了吗?隋总说现在航天员的状况很好。你刚才听到了吗?

佳慧:我听到了,听到了这个消息,我非常兴奋。

王亮,王亮,可以听到吗?……

[忙音,掉线了]

佳慧:听众朋友,我们前方的信号中断了,稍后我们会继续连线王亮。现在我们继续连线北京指控大厅的郭静。喂,郭静,现在指控大厅里的情况怎么样。

郭静:刚才我们这个现场显示,说741号长机已安全降落在返回舱着陆场附近。地面车队根据通报的返回舱位置以及车载定向仪的定位信息,正在赶往返回舱的着陆现场,四架直升机现在都已经着陆。

现在我看到地面的搜救车队正在按照通报的返回舱的位置以及车载定向仪的定位信息赶往返回舱的着陆现场。

佳慧:听众朋友,那么在今天早晨4点32分神舟六号飞船成功着陆,4点52分搜救飞机到达了着陆点,现在医监医保医生正在对航天员进行舱口询问来确定他们的健康状况。好的,我们马上连线王亮。王亮你好。

王亮:我是中央电台记者王亮,我现在内蒙古神舟飞船返回舱的着陆点为你作现场报道。现在隋启胜指挥长在工作人员的陪同下,正在向返回舱走去。从现场的气氛来看,我感觉两位航天员马上就要出舱了。

现在工作人员已经站在返回舱的舷梯旁边,现在站在舱顶的两名工作人员……现在第一名航天员出舱了!

现在我还没看清是谁。第一个航天员出舱了!看起来,他的身体状况还不错。第一个出舱的航天员是……第一个出舱的是费俊龙,他现在已经出舱了,他现在正向现场的工作人员挥手致意。我们看见费俊龙面带微笑,他的身体状况良好。他现在是自主出舱,他现在自行走下舷梯,在工作人员的协助下自行走下舷梯。我们可以看到费俊龙的身体状况良好,他不停地向现场的工作人员挥手致意。(费俊龙,好样的!)费俊龙现在已经坐在了坐椅上。第二名航天员聂海胜出舱了,聂海胜也是自主出舱。现在聂海胜的笑容非常的灿烂,他正向大家挥手致意,他的笑容特别的灿烂。我们真的为两位航天员由衷的自豪和高兴啊。现在聂海胜走下舷梯,他是自己走下舷梯的。

现在坐在坐椅上的费俊龙还不时地回头看一看正在走下舷梯的聂海胜,聂海胜向在场的工作人员挥手致意。现场的气氛非常热烈,人们都在欢呼,人们都在喊着两位航天员的名字。费俊龙、聂海胜,都在喊着两位航天员的名字。现在费俊龙、聂海胜,他们坐在航天员坐椅上,向现场的新闻记者和工作人员挥手致意。他们将接受工作人员举行的简短的欢迎仪式。两位航天员现在已经从坐椅上站立起来,工作人员向两位航天员献上五彩的花束。

两位航天员把花束高高举起,向现场的工作人员和新闻记者挥手致意,他们面带微笑,看起来身体状况非常的好。我发现,聂海胜从出舱以后就一直地笑,他的笑容非常的灿烂。

现在这个费俊龙和聂海胜正在发表简短的讲话。费俊龙开始讲话。现在聂海胜开始说了，在航天飞行当中感觉到有许多的人们在关注着他们，他们感谢祖国和人民对他们的厚爱。佳慧，你们听到了吗？主持人，你们听到了吗？

佳慧：听到了。但是刚才由于信号的关系，我们没有听清楚费俊龙说什么。

王亮：两位航天员站了起来，他们手举花束，向现场的工作人员和新闻记者挥手致意。他们手挽手……真的是太令人振奋了，两位航天员身体状况看起来是相当的不错。现在我们看到了60米警戒线的外面，已经是挤满了迎接航天员凯旋的当地群众。大家都纷纷地向航天员鼓掌，他们向航天员挥手致意。

我是中央人民广播电台的记者，你现在感觉怎么样？聂海胜，你好，我是中央人民广播电台的记者，你现在感觉身体状况怎么样？

聂海胜：很好！

王亮：你们听到了，聂海胜说身体状况很好！

佳慧：听到了，听到了！

王亮：听到了吗？

佳慧：听到了！

王亮：医监医保人员正在护送两位航天员朝着30米开外的医监医保的直升机走去。两位航天员坐在航天员坐椅上，不断地向在场的工作人员和新闻记者致意，向在场的当地群众挥手致意。现在医监医保直升机和返回舱着陆现场之间开辟了一条约十米宽的临时通道。现在他们正在向医监医保直升机走去。两位航天员已经坐上了医监医保直升机……（噪音）

佳慧：好的，谢谢王亮，稍后我们会继续连线你。

[飞控大厅现场掌声……]

郭静：好，听众朋友，现在我们在飞控大厅看到陈炳德指挥长已经走到前台……

陈炳德总指挥长：各位领导、同志们，根据着陆场区的指挥部报告，神舟六号载人飞船返回舱于4时33分安全准确着陆，航天员正常出舱，身体状况良好，现在我宣布，中国神舟六号飞船载人航天飞行获得圆满成功！

（一）直播准备阶段

1. 明确报道主题，围绕主题组织报道

依托神舟六号载人航天飞行的全过程，在详尽记录这一重大新闻事件的同时，要充分展示中国航天事业走过的艰辛道路，充分展示中国航天人在攀登世界科技高峰的征途中写就的航天精神。在整个直播过程中，围绕着神舟六号载人飞船冲天奋飞、在轨运行、探密太空、天外归来各个阶段的历程，设计了六场直播，每一场直播都分别有一个事件核心和思想集合点。譬如，发射段重点报道我国自行设计制造的长征F-2号火箭托举飞船奋飞冲天的过程，并不失时机地介绍报道了与之相关的酒泉卫星发射场的辉煌历史。飞船在轨运行阶段，我们重点播报的是飞船调姿变轨、进行轨道维护、通过飞船天地话音通讯系统进行天地对话、航天员在太空船舱实施科学实验，并恰到好处地播报了中国航天人和平利用太空，造福人类社会的理想和追求，展示了中国航天人把光荣和梦想大写在无垠天际的壮志豪情。飞船返回阶段，既全程追踪了飞船返回、英雄凯旋的过程，又突出表现了每一次探索太空取得的重大进展，都是另外一次新挑战的一个起点，都将面临一次实现载人航天技术新的突破，实现新的跨越。

2. 前期策划考虑受众需要

在对神舟六号载人航天飞行的直播报道中，如何把神秘枯燥的数字、符号和高精尖技术深入浅出、融会贯通地讲出来，让普通听众能够听明白、感兴趣，这对广播报道是一种很高的要求。不仅需要介绍新一代运载火箭突破了哪些核心技术，神舟飞船具有控制、防热和返回着陆技术精湛的鲜明特点，而且需要根据听众的兴趣，对失重条件下航天员在太空的衣食住行作通俗易懂、系统全面的介绍。在策划直播报道时，作出明确定位，一定要邀请载人航天方面的专家，来解读神舟六号载人航天飞行上的技术创新和独特风格，来揭秘载人航天工程中台前幕后鲜为人知的动人故事。飞船发射前夕，我们就派出记者对中国载人航天工程的相关负责人和七大系统的领军人物，以及执行“神六”任务的航天员乘组逐一进行了深入细致的采访。此前记者对执行“神六”飞行任务的航天员乘组进行的专访，也成为《再探苍穹》大型直播节目的一个亮点。

3. 事先做好应变准备

在开始直播前，直播策划人、主持人、导播、撰稿人应当对直播的各个环节进行尽可能详细的推演和筹划，并根据活动的可能程序，将直播内容分为核心内容和应变内容（可随时灵活插入的花絮以及备用文字音响素材）两大部分，增加直播“弹性”。

准备《再探苍穹》时，中央电台直播组把中宣部、神舟六号飞行指挥部的要求与神舟六号载人航天飞行的传播特点融会贯通，制定了详细的工作细则，撰写了直播大纲，在直播期间对现场报道、访谈进程等环节进行节奏控制。

在直播大纲中最难确定的是时间节点，因为发射的时间节点在发射前是严格保密的，按照有关规定，从发射前 20 分钟开始，广播电视可以进行现场直播。航天员进舱——点火——起飞——程序转弯——船箭分离——抛掉逃逸塔—— 一、二级火箭分离——整流罩分离——准确入轨等等新闻事件的时间点如果掌握不准，直播时就有可能出现直播内容和事件对应不上的问题。按照神舟五号载人航天飞行的时间节点来结构神舟六号的发射直播大纲①。

前期控制即直播大纲的节奏设计控制。围绕事件发生的时间点，设计访谈内容、记者连线、小片、音乐、片花和广告。“神六”直播结束后，节目组对播出稿进行粗略统计，17 小时中，大约有 150 个关键时间点。其中，90% 在发射前已经精确预知，这些点在大纲中得到重点体现②。

---

① 陈崇峰、王宁：《刺破青天锷未残——神舟六号发射段直播随感》，《中国广播》2006 年第 1 期。

② 肖平、孙利：《用声音描绘“神六”飞行的壮美画卷——大型广播直播节目〈再探苍穹〉（返回段）采制体会》，《新闻战线》2006 年第 10 期。

(二)实施报道阶段

1. 充分发挥现场音响的感染力

根据以往的经验,神舟六号发射有几个经典的瞬间,其音响极具代表性和感染力。如:航天员出征仪式上向总指挥长的报告词;火箭升空零号指挥员倒计时的读秒和点火命令;指挥大厅里各系统之间现场联络的呼叫;整流罩脱落、逃逸塔飞离、箭船分离、太阳能帆板打开的一道道口令;飞船调姿入轨、指挥长宣布发射成功等。记者在现场捕捉到这些音响,一下子就把听众带入了现场。另外,胡锦涛总书记到北京航天飞行控制中心与航天员费俊龙、聂海胜进行实时通话,吴邦国委员长在航天飞行取得圆满成功时,激情洋溢地宣读中共中央、国务院、中央军委的贺电,温家宝总理在酒泉卫星发射中心观看发射后,盛赞我国载人航天的丰功伟绩,都被电波原汁原味地传送给听众,给人以亲切感。

充分调动多种直播元素,运用前方记者现场播报、北京飞控中心典型音响传送、演播室专家解读、背景资料短片介绍、主持人现场穿插、短信网络互动、音乐片花等形式,节奏此起彼伏,扣人心弦,做到3~5分钟一变化,5~10分钟一转场。返回段直播中采用了首次空中直播模式,丰富了中国广播直播形式。在17个小时的直播过程中,转换现场120多次,现场直播时间总长度占17个小时的61%,使直播效能趋于最大化①。现场音响、记者报道、专家评点、背景资料和主持人穿插的有机组合,使数以亿计听众的心和航天员同频共振。

直播展开之前,中央电台直播组就有计划地向酒泉卫星发射基地、北京航天飞行控制中心、远望2号航天远洋测量船、内蒙古四子王旗阿木古朗草原飞船主着陆场、北京西郊机场和航天城等与神舟六号载人航天飞行密切相关的重要现场派出多路记者,并配予了强有力的技术人员。

直播从一开始就要明确什么是直播的核心内容,主持人、记者和嘉宾都要服务和服从于核心内容,要完整准确地展现核心内容,而不是喧宾夺主。由于记者经验不足,导播现场把控能力不强,或者主持人情绪的高度兴奋,常常出现忘记突出现场的情况。

现场直播的音响元素是多元的,有总主持人的领衔播报,有航天专家在直播间里的访谈,有记者来自现场的口播,还有发射现场零号指挥员清晰洪亮的口令声,有火箭轰鸣升空的效果声,加之我们前期准备的采访同期声,表现神舟飞天的歌曲、音乐,等等。总之,音响十分丰富。但是,在火箭发射现场进入倒计时读秒时,听众需要的不是总主持人的播音、记者对现场情况的描述,也不是专家的访谈介绍,而是需要保留指挥大厅里的一道道口令,一声声回答,以产生身临其境的感受。因此,在关键音响出现时,主持人要让位给现场,不要喧宾夺主。

中央电台在直播神舟六号载人航天飞船发射时,主持人即兴解说,把现场的一些关键音响压住了,比如指挥大厅报告流罩分离、船箭分离成功入轨等声音与主持人的解说混播在一起,使得关键音响不能原汁原味地同步传递出来,成为一种遗憾。在直播返回

① 中国新闻奖获奖作品《再探苍穹》(返回段)内容简介。

时，直播组吸取教训，导播和主持人把所有的时间全部留给在飞船返回舱旁边的记者，记者看到什么解说什么，后方不去打断。主持人只是起到引领、烘托核心内容，直播的效果就好得多。

2. 做好直播的临场策划和调度

一般来说，前期策划都会对直播中可能出现的问题作出应对预案。但往往会突然出现一些没有预料到的问题，这就需要导播组的成员对直播进行临场策划和进程控制。

2005年10月17日凌晨4点30分，电台派往北京飞行指挥控制中心和主着陆场内蒙古四子王旗的两名记者都得知直升机已经捕获飞船冲破大气层，安全返回的信息。根据"神六"航天飞行总指挥部事先规定，"神六"载人航天飞行成功的消息，要在成功着陆、航天员出舱后，由北京飞控中心的总指挥正式宣布。现在情况发生了变化，怎么办？导播组决定，神舟六号载人航天飞行圆满成功的消息，按规定留待总指挥去宣布，但可以把"神舟与星月同辉"的奇特景观和神舟六号顺利返回的过程，及时、同步、随机地向听众报道。导播组决定把直播间的信号切入飞船返回现场，请前方记者报道"神六"顺利返回的过程和实况（不报告结果）。

4点38分，记者王亮从内蒙古四子王旗主着陆场上空的直升机上，发回"神舟与星月同辉"的现场报道。

4点42分，中央台记者唐振宇在警戒区未建立前，最早到达距"神六"飞船十米处，发回了返回舱顺利着陆的现场报道。

随后，记者王亮从直升机上独家报道了搜救部队搜索、着陆，航天员费俊龙、聂海胜自主出舱，进行医监医保等。

事后证明，根据现场情况及时准确地判断，而不是机械地理解有关精神，第一时间、第一现场报道出"神六"回家现场，使中央电台"神六"着陆场现场直播信号比其他中央媒体整整早了一个多小时。既满足了全国广大听众急切盼望了解航天员是否安全的心情，也符合直播规律。

3. 注重直播的广泛参与和互动

《再探苍穹》在直播过程中，邀请了中国载人航天各大系统的八位航天专家作客直播间，请他们直接与听众进行互动交流，现场为听众解疑释惑。他们把载人航天高科技知识讲得既通俗易懂，又有很大的信息量，增强了现场直播报道的深度和权威性。此外，直播还及时把目光投向国际社会，先是连线中央台驻华盛顿记者许钦夺，他介绍了美国社会各界高度关注神舟六号凯旋的情况。还把海外华侨华人的反应迅速接进直播间，又接通了中央台驻港、澳、台记者的电话，接着连线国内主要城市，记者现场播报人们欢庆盛况，以及两位航天员曾经工作过的老部队和家乡人民欢迎航天英雄凯旋的热烈场面。事实证明，该现场直播获得了听众的认可，听众反馈短信和网上点评高达117000多条，创下中央台互动历史新高。[①]

---

① 肖平、韩瑞斌：《彰显广播的魅力和影响——神舟六号载人航天飞行宣传报道回顾》，《军事记者》2006年第1期。

我们知道，并非所有的现场直播都是预发事件报道，对于突发事件的现场直播更能体现广播工作者的能力。突发事件的现场报道，没有了长时间的事先策划，并不等于不需要策划和组织，而是要在现场报道的过程中不断调整、提炼、突出、强化报道的主题。有的时候，现场直播的基调可以在直播一开始的时候确定，有的时候却需要随着事态的发展变化和明确。比如说，“5·12”汶川大地震发生后，中央电台在当晚就将报道主题确定为“汶川紧急救援”，并在每日直播时确定一个当天的主题。由于报道之初的策划比较好，所以在记者的布点、分工协作方面都比较好。

第七章

广播连续报道和系列报道

连续报道和系列报道作为深度报道的重要表现形式，为报纸、广播、电视等媒体所广泛采用。它的产生是广播适应报道题材、听知规律和听众对于深层信息需求多重要求的结果。广播新闻的主要报道体裁首先是消息，特别是短消息，是构成广播新闻的"当家菜"。而连续（系列）报道则能使广播称为"一份随时可以发行的报纸"，尤其是连续报道，以最快的时效追踪新闻事件的发展，使听众以同步或几乎同步的时效把握事件发展的最新态势，在连续呈现的报道中，累计形成对新闻事件过程的完整把握。因此，连续（系列）报道是最能体现广播特点和优势的手段之一，历来受到各家广播电台的重视。

近年来，各家电台在提高报道质量方面进行了多方探索，使这类节目的形态更为完整，内涵更加丰富，广播特色更加鲜明，报道的可听性和冲击力大大增强。

第一节　连续报道

连续报道是对正在发生、发展中的新闻事件及所追踪事态进行及时而持续的报道。在消息类报道中，连续报道的对象通常是重大的突发性新闻事件或社会热点。连续报道通过追踪事件的最新动向，进行连续深入的详尽报道，可以在一段时间内形成强大的舆论声势，产生较大的社会影响，促进问题的转化和解决，是发挥广播的优势和特长，扩大广播影响的重要手段。

一、连续报道的特点

（一）时效性强

在新闻事件发生、发展的过程中进行报道，连续报道要求事件的时间跨度小，记者能够对正在进行中的事件进行接近同步的报道，每次报道都具有新的内容。连续报道要尽量争取时间上的最新报道。

如中央人民广播电台的连续报道《朱建华创造世界男子跳高纪录》全文如下：

（16 点简明新闻）

今天下午(9 月 22 日)3 点 35 分，我国优秀跳高选手朱建华，在虹口体育馆第一次起跳，他轻松地越过 2 米 10 的高度，比赛正在进行中。

（17 点新闻）

先播送一条最新消息，在第 5 届全运会跳高决赛中，男子跳高第二次试跳有三人跳过 2 米 22 的高度，他们是：上海的朱建华、刘云鹏，广东的蔡舒。朱建华在第三次试跳中，已经跳过了 2 米 26。

（17 点 35 分简明新闻）

在第 5 届全运会跳高决赛中，男子跳高选手朱建华已经跳过了 2 米 34 的高度。现在朱建华还在向更高的目标前进。

（17 点 43 分临时中断《百灵鸟》节目插播）

上海人民广播电台，各位听众，第 5 届全运会田径比赛(赛场)上传来特大喜讯：今天 17 点 19 分，跳高选手朱建华以 2 米 38 的成绩，再一次打破世界纪录，比他上次创造的纪录又提高了 0.01 米，为祖国争得了光荣！我们向朱建华同志致以最热烈的祝贺！（插两遍）

这组报道在不到两个小时的时间内，连续播出四条新闻，而且最后一条以中断正常节目插播的方式连续播出了两遍。这样的处理方式既满足了报道对象的特殊性，也满足了听众急于了解比赛最新成绩的需要，较好地发挥了新闻广播和连续报道相结合形成的综合优势。从以上报道我们可以看出，连续报道最主要的成功之处，就在于它能以最快的速度向听众们提供他们欲知的事态的最新发展。像这样在如此短的时间内进行连续的集中报道的情况，在我国并不多见。

第 18 届中国新闻奖二等奖作品《肯德基门店挟持人质事件》[①]是近年来获奖作品中比较少见的短时间内集中报道的一个例子。上海文广集团新闻中心的记者接到听众报料后，三位记者在第一时间赶往事件发生地及医院，第一时间采访目击者和人质家属等，从事件发生的下午 3 点到晚上 10 点多，共计七个多小时，在东广新闻台、上海交通台共播发了二十多个现场及路况，长时间、多角度、全方位的连续报道，实现了“争夺第一时间报道权”的目标，及时公开的报道起到了很好的以正视听的作用。期间，三位记者还为北京、天津、江苏、浙江等省市的新闻广播媒体播发了十多次现场报道。

（二）具有连续性

指新闻播出的连续和报道内容的连续。连续报道的根本特点在于报道对象事态本身的连续性，要求各篇报道之间具有有机的联系，能够在内容上起到承上启下的连续和衔接。大多数时候，连续报道各篇报道之间是围绕事情发生、发展过程追踪的纵向联系，因此，连续报道的每一篇报道在时间上都应当具有连续性。但在个别时候，也有横向联系为主的情况。但无论是以横向还是以纵向为主，都具有内容上的同一性和由此产生的时间上的连续性。

---

① SMG 广播新闻中心 2007 年 6 月 6 日。

在下一篇报道的开篇和上一篇报道的结尾部分，记者要有意识地强调这种动态连续性。

2001 年度中国广播电视新闻奖一等奖作品《赤壁市官唐驿镇兴隆煤矿透水事故的前前后后》①，是一篇广播记者深入调查追踪，揭露兴隆煤矿违法生产，造成重大透水事件，导致多人死亡而隐瞒不报的独家报道。记者冒着生命危险，历尽艰险，把这一重大事故查得"水落石出"，使得草菅人命的黑心矿主被绳之以法，非法生产的小煤窑全部被炸封。作品以大量的第一手材料和有说服力的原始音响，揭露了事故背后的官僚主义、地方保护主义等更为深层的问题。该报道引起湖北省委、省政府的高度重视和社会的广泛关注。

(三)具有完整性

连续报道追踪的是事件发生、发展的全过程，从结构上讲具有完整性。连续报道的大多数选题是突发性的新闻事件，因此在报道刚刚开始的时候，事件还处于发生、发展过程当中，随着事态的进展和报道的展开，一些在最初人们还不很清楚或者存有疑问的地方变得逐渐明晰起来。这种事件脉络的清晰和完整不是在报道之初就能一下子展开的，而是在报道过程中动态呈现的。

需要指出的有两点：一是连续报道的完整性与事件持续的时间有一定关系，一般来讲，事件持续时间较短的，其完整性容易得到体现；而那些旷日持久的事件，则很难体现其完整性。二是连续报道完整性不仅仅是对事件的始终有所交代，还应当对其背景、影响以及事件给人的思索和对事件的处理等方面进行关照，尤其是批评性的连续报道，应当告知听众事情的处理结果等。

2002 年度中国广播电视新闻奖一等奖作品《寻找小良》②由六篇报道组成：《一个卖血父亲的希望》、《你认识"小良"吗》、《关注"小良现象"》、《说给所有的"小良"》、《"小良"找到了》、《反思"小良现象"》，整个节目围绕帮助贫困的顺老汉寻找儿子"小良"展开，不断告知听众寻找的进程和结果，但又不仅仅局限于帮助父亲寻找儿子，而是将"小良"看作一种现象，是贫困大学生生活与心理状态的典型代表，从而在社会上引起广泛的讨论并引发共鸣和思考。

寻找小良

(一)一个卖血父亲的希望

各位听众，这是记者在青海采访期间遇到的一个在当地几乎家喻户晓的真实故事。父亲顺老汉靠卖血供儿子小良上大学，小良上大学期间偶尔给家里写封书信，但除了要钱之外几乎没有任何其他的信息。四年之后，小良离开学校却不知去向。采访中，这位父亲含泪提出请求，希望我们能帮助他寻找儿子小良的下落。因此，我们把报道的总题目就定为：寻找

---

① 湖北人民广播电台 2001 年 8 月 8—18 日播出。

② 中央人民广播电台 2002 年 4 月 22 日首播。

“小良”。今天播出第一期:一个卖血父亲的希望。由于可以理解的原因,本次节目中隐去事件发生的地名和有关人物的真实姓名。

[出录音]

这路也太难走了,这土就跟踩在“面”上一样,一走,扑扑地,还有多远?[压混]

这是甘肃、青海两省交界处的一个村庄,海拔2621米,光秃秃的黄土山连绵不断,一条坑坑洼洼的土路弯来弯去挂在山坡上,那是村庄与外界联系的唯一通道。

村子里的青年妇女喜欢穿艳色的衣服,红色或者粉红色的上衣和头巾,由四面黄土的映衬下显得更加鲜艳。然而,50岁的顺老汉似乎有点儿惧怕红色,长期卖血的经历,已经使他习惯于面对针头刺进血管、鲜血顺着塑料管流出的场面。当想到自己卖血赚来的钱会变成儿子上大学的学费,变成儿子碗里的饭菜、身上的新衣,顺老汉的脸上常常会露出笑容。

[出录音]

记:你儿子上大学,你们靠卖血供他上学,一共花了多少钱?

顺:6万多。

记:都是卖血的钱?

顺:80%都是卖血的钱。

记:4万以上都是卖血,其他钱是哪来的。

顺:都是亲戚借的。

靠卖血供儿子上学,顺老汉的故事在当时几乎家喻户晓。从儿子小良读高中到上大学,学费不断增加,顺老汉卖血的次数也越来越频繁,有时候,他的老伴也和他一起去卖血。

[出录音]

记:你们一年卖血能挣多少钱?

顺:一年五六千,那时候我身体好,一天三次也抽过。

记:两个人还是一个人?

顺:两个人。

1997年,儿子小良去西安上大学以后,顺老汉感觉到儿子慢慢变了,变得很少给家里写信,仅有的十几封信,除了要钱几乎没别的内容。在采访的时候,记者问他,儿子知道你卖血供他读书吗?顺老汉说,当然知道。儿子小良上高中那几年花了8600块钱,也是卖血换来的。对顺老汉来说,儿子小良的一封信,就像一页卖血的通知单。

顺老汉最后一次和儿子小良相聚是在2001年的春节。春节后,小良离开了家,然后就失去了音信。2001年7月,按时间推算,小良应该大学毕业了,可顺老汉却失去了同儿子的联系。

[出录音]

记:你现在还不知道你儿子的具体单位和地址?

顺:不知道,要是知道,你不来信,我给你写信呗。

记:你有他的电话号码吗?

顺:有,每个月都打,一直打不通。

记:你打电话上哪儿去打? 要走多远?

顺:……三个多小时。

想念儿子的顺老汉一直想到北京来一趟,在报纸上登个寻人启事,寻找自己的儿子。可是遥远的行程和路费,使他们从体力上和经济上都难以承担。顺老汉希望儿子小良能听到记者作的这期节目,希望在节目中对儿子说句话。

[出录音]

顺:你把你的详细工作单位告诉家里,对象找了没有,结婚了没有,生活怎么样。

记者在采访中了解到这样一件事:1996年高考以后,小良考虑到家里经济上的困难,放弃了自费上大学的机会。重新苦读一年,终于考取了西安某高校。通过这件事情,我们觉得小良似乎是一个很懂事理的孩子。那么,小良和家里失去联系至今,应该是有某种原因的。《新闻纵横》记者孟昕已经赶赴西安某高校查访小良的下落。明天的《新闻纵横》节目请听来自西安的消息。

(二)你认识"小良"吗?

各位听众,昨天的《新闻纵横》节目中我们讲述了顺老汉卖血供儿子小良上大学的故事。小良是顺老汉的大儿子,小良的家在青海、甘肃交界的小山村。1997年,小良考上了西安的一所大学,走出了深山沟。家里穷,小良的学费、生活费几乎全是顺老汉靠卖血挣来的。小良去西安上大学以后,顺老汉天天盼着他来信,可是盼来的信上除了要钱还是要钱。顺老汉慢慢感觉到儿子小良变了。以前和小良通一次电话,顺老汉要走上三四个小时的山路。可是2001年7月,按理小良大学毕业了,却就在这个时候,小良不见了,顺老汉打电话不知道往哪儿打,信不知道往哪儿寄。小良还在不在西安? 书读得好吗? 小良为什么不给家里写信? 他是个怎样的年轻人? 带着顺老汉提供的照片,《新闻纵横》记者赶赴西安调查采访。

在小良曾经就读的大学里,记者的不速来访打断了学生处正在进行的会议。问明来意,学生处处长打电话到小良曾经就读的系里。然后对记者说:

[出录音]

这个娃的情况,我是一点也谈不上。你们先到系里去了解一下。

在小良原来所在系的党总支办公室,记者见到了曾经是小良所在班辅导员的郭老师。

[出录音]

记:您是什么时候开始接触这个学生的?

郭:1998年,他上到二年级的时候。这个同学比较沉默少言,跟其他同学关系一般。但这位同学玩电脑比较沉迷。

记:他对电脑如何沉迷呢?

郭:主要是上网。

记:上网做什么呢? 聊天,打游戏?

郭:无非就这两样。

记:学校周围,我们看了一下,有很多的网吧,是不是他平时也去这些地方玩呢?

郭:不太清楚。周边的像纺院,或明或暗的网吧很多。

记:您了解他的家庭情况吗?

郭:一部分。这开始还有点误会。我不想把这位同学说得很坏,毕竟他还是孩子,我们允许他犯错。据我了解,这位同学和他班级里边的同学说,父亲是包工头,家境非常好。因此,他花费很大,光上网这一项,他一个月下来不下400块钱。

据这位郭老师讲,在小良上大学期间,顺老汉曾经到西安来过,于是,小良的谎言自然被揭穿了。

[出录音]

记:你什么时候知道他家境并不太好的?

郭:从他父亲到学校来。

记:他父亲是什么时候过来的?

郭:1998年吧。他父亲在了解了情况后,痛哭失声,很是伤心。

让小良的父亲顺老汉失声痛哭的是小良的成绩单。成绩单上,不少专业课都是红红的不及格的分数。让记者难以理解的是,当顺老汉走了以后那个学期开始,尽管小良还不时在学校里露面,却从来没有报到注册,也没有交学费。

[出录音]

郭:他第一年入学时交过学费,后来再没有交过学费。

记:他也就相应没有报到注册?

郭:对,没有报到注册。我们学校按正常来讲,这样的学生是不允许进校上课的。因为一开始他说家里应该比较富裕,我们要他把学费及时交纳,但是他没有。他还向其他同学也借过不少的钱。

记:就是说他早已经不属于学生了?

郭:按正常来讲,他应该算自动退学。

记者最后在学生处核实了郭老师的说法,2000年12月27日,学校校长办公室最后确认小良属于自动退学。

小良现在到底在哪里?在顺老汉眼里,儿子小良一直是个爱读书的孩子。可在老师眼里,小良逃课,泡网吧,独来独往,不爱说话。拿着小良的照片,记者找遍了小良学校方圆五公里内的所有网吧,尽管小良曾经是那些网吧里的常客,但那里已经很少有人记得他了,只有一位女老板说,这个娃娃,好久不来了……

明天请继续收听《新闻纵横》追踪报道:寻找"小良"。

(三)关注"小良现象"

各位听众,前两天的《新闻纵横》节目我们讲述了顺老汉和儿子小良的故事。顺老汉卖血供儿子上大学,如今儿子小良却不知去向。记者前往小良曾经就读的西安某高校寻找线索,仍然难以确定小良的去向。在离开西安之前,记者从小良的老师那里打听到小良的几个同学毕业后的所在单位。昨天下午,记者通过电话找到了小良上大学期间住在同一宿舍的同学小李和小黄。其中，小李在北京一家单位工作。

[出录音]

和他最后一次见面是去年7月6号，就是我毕业离开西安的那一天，然后就没有任何消息了。听他说可能要到北京找工作吧。

小良的另一个同学小黄在四川成都工作。

[出录音]

毕业之后再没有见过他，但是去年9月份上网聊天时碰到了，我见到了他的网名。我们在网上各自聊了自己的情况。他说他在北京连续跳了几个单位，具体什么单位没有说。

寻找小良，让记者觉得如同大海捞针。然而，两天来听众们对我们报道的顺老汉和小良的故事反应之热烈，是我们没有预料到的。《新闻纵横》的热线电话里，我们收到的是各地听众的关注之情。

一位湖北听众打来电话说，顺老汉和小良的故事是一个个例，但从小良的某些行为来讲，反映出的是部分青年人的普遍心态和价值观。

[出录音]

听众：我是1997年从武汉毕业，家的情况比小良要好一些。但是，在上学期间，同南方同学比，经济状况要差一点。感觉的压力也是很大的。而且，周围的很多贫困同学也都是这样，他们的生活很压抑，基本把自己封闭起来了，即使同外界沟通时也比较做作，不自然。

记：您觉得这种压力是同学自身原因造成的，还是社会歧视造成的？

听众：两方面都有，主要还是自身的心理作用。有一种自卑的想法。尤其现在，社会上落差比较大，对比更加强烈。因为现在人们更看重经济实力和社会地位。

记者昨天询问小良的同学时得知，小良在学校从来没有透露过自己的父亲卖血供他读书，而把父亲说成是有钱的"包工头"。小良的同学说，小良在学校花费要比其他同学多，有时候给上网认识的女朋友打电话，一天的电话费就用掉一百多块钱。作为一个青年人来讲，小良的这种做法可以理解，然而正像一些听众说的，因为小良有着那样的家庭状况，作为大儿子的他应该多考虑一些对家庭和父母的责任。

[出录音]

听众1：在中国来说，孝道是公民最基本的道德规范。对小良发生的事情感到很震惊。我在想，可能每个人有不同的情况，但希望社会更多关注仁爱，包括同事之间、父母之间。要有爱心。

听众2：我为小良父母的巨大力量所震撼！我也为小良深感悲哀！心里有一种难以名状的感觉。我是一个即将毕业而且也来自贫困家庭的大学生，即将毕业的时候，我回想这几年艰辛的生活、学习，我能深刻体会到由于家庭的影响而带来的潜在的压力。但我想说，无论什么时候，人都不能逃避，必须顶住压力！

听众们在批评小良某些行为的同时，也在呼吁对小良应该有更多的理解和宽容。

[出录音]

听众3：我觉得小良应该是个懂事的孩子，作为一个人，他不可能对于给他生命又对他的成长付出了血的代价的父亲没有感情，没有一点责任感，不思回报。可能孩子现在遇到了困难，他又不太成熟，不会选择更恰当的办法处理，又不想让父母再为他更多地担心；也可能他想待自己的情况好了，有能力回报父母，让父母为自己而骄傲的时候荣归。

听众4：对小良我们也要给予多一些的理解，尽管无论怎样，他现在让父母更不放心的做法都是不对的。

各位听众，顺老汉和小良的故事引起了人们的广泛关注。我们发现有许多电话和网上的邮件是在读的或者已经毕业的贫困大学生打来和发来的。他们说，他们理解小良行为的心理压力，在这种心理压力中间，小良是一个群体，并且已成为一种现象。目前，我们的记者还在通过各种方式寻找小良，明天的《新闻纵横》节目请继续收听。

（四）说给所有的"小良"

近几天来，《新闻纵横》编辑室接到了全国各地听众的上千个电话和电子邮件。听众们在对顺老汉的父爱表示深深敬意的同时，也对小良的行为进行着评价。听众们在谴责小良对自己对家庭不负责任的同时，也呼吁人们能够宽容小良、理解小良、帮助小良。毕竟小良还年轻，今后的路还很长。

昨天早上，记者从小良同学那里得到一个重要线索：小良上大学时的女友目前在北京某学校，她很可能知道小良的下落。昨天下午，记者前往小良女友的住处，但没有找到人。周围熟悉她的人说，小良的女友出去办事了，可能很晚才回来，于是记者留下了电话号码。下午5点20分，小良的女友给《新闻纵横》办公室打来了电话。

[出录音]

记：他是你的男朋友是吗？

良女友：对。

记：他现在在你身边吗？

良女友：他不在。

记：他在哪里？

良女友：他去面试了吧。

记：去哪里面试？

良女友：那就不清楚了，他只告诉我今天去面试。他最近两三个月都在找工作。

记：他晚上回来能让他跟我们联系一下吗？

良女友：今天晚上我叫他给你打电话吧。

然而，记者等到深夜，小良也没有打来电话。就在记者等待小良电话的时候，却意外地接到了小良的父亲顺老汉从青海西宁打来的电话。

[出录音]

顺：他是不是在北京呢？现在？

记：是在北京，好像听他女友说还没有工作。人还好，你不要担心。回去转告你老伴，也转告他的两个弟弟，我们得到的就是现在这些信息。

[出片花]顺老汉——天下千百万含辛茹苦的父亲母亲的缩影；小良——一个小良、两个小良，小良不是年轻人中的大多数，却已经构成了一种社会现象。听众打来电话，新闻同仁打来电话，专家学者打来电话，新闻纵横编辑室电话铃声不断。电波中装载的不仅仅是冷静的分析，理智的劝说，它更寄托着人们的关心与爱心。请继续收听《新闻纵横》：说给所有的“小良”。

一位多年从事新闻报道的同仁说：

[出录音]

说起小良呢，我觉得他有两个问题可能听众会得出一致的意见，就是他比较不孝顺。第二点就说他上学的时候不思进取。混日子，泡网吧。这两点归到一起，实际是说小良这孩子对家庭没有责任感，对自己也没有责任感，甚至一定程度上对社会也没有责任感，在这一点上又是很普遍很典型，就是说，我们现在一部分青年学生缺乏责任感。

为什么现在一部分青年学生缺乏责任感？学校在其间扮演着什么样的角色？会不会一方面指责小良的道德缺陷，而另一方面又以现有的方式不知不觉地培育出许许多多的小良呢？北方师范大学教育学家魏曼华教授说：

[出录音]

实际在这种模式下，其他和考试无关的东西都被忽视了。像品德还有其他人文精神、仁爱精神、善良、关怀、同情，还有我们中华民族的传统美德孝顺，等等，等等。就是说这样一些东西或者说被忽视，放在一个可有可无的位置上，一切都给学习让路了。

为什么会有小良以及小良们的种种行为与思维，学校、家庭、社会似乎结成了一个铁三角，判定责任与义务的时候无法拆分。

其实，在最初策划这组报道时，我们真的没有想到顺老汉和小良的故事会引起社会方方面面这么热切的关注。这几天，四面八方的电话，天南地北的评论，一齐涌向了我们的编辑部。我们不想把这样一个沉甸甸的话题演绎成一场庸俗的炒作，所以我们清楚，不管是听众，还是网友；不管是记者编辑，还是专家学者，大家寻找小良的过程，其实就是一场寻找善良温情、寻找传统美德的过程，就是一场寻找关怀理解，呼唤人文精神回归的过程。找到小良当然是顺老汉一家人的希望，也是我们所有人的希望。明天请继续收听《新闻纵横》追踪报道：寻找“小良”。

(五)“小良”找到了

各位听众，《新闻纵横》近四天播出追踪报道《寻找“小良”》，越来越多的听众都开始关注小良。有些听众甚至每天打个电话询问寻找小良的进展。前天晚上，卖血父亲顺老汉也打来电话问记者，有没有找到小良。今天，我们可以告诉顺老汉，告诉关心着这对父子的人们：小良找到了，他在北京，并且已经听到了我们节目中父亲顺老汉的声音。昨天上午10点17分，小良给《新闻纵横》编辑室打来了电话，他说他有话想说，但不想录音，他要求记者能在网上跟他交流。下午3点，通过小良留下的网络寻呼号码，记者如约在互联网上找到了小良。

［网络回声（换声播）］

良：我觉得压力很大，脑袋里一片空白。

记：为什么你会有这么大的压力呢？

良：我没有想到事情会发展到这样。幸好女朋友陪伴着，给我支持，给我力量。

记：现在，你是不是觉得女朋友是你最大的依靠。

良：我最大的依靠是爱和被爱。

记：你觉得现在都有谁爱着你？你都爱着谁呢？

良：我的家人，还有我的女朋友，我都很爱他们。

记：你爱你的父亲、母亲吗？

良：爱，还有我奶奶。昨天晚上我女朋友跟我说这个事情的时候，我没有一点思想准备，所以没有回电话，不好意思，希望你能理解。

记：昨天，你父亲给我们打来电话，他非常惦记你。

良：我也听见了。难道在你心目中认为我一点都不惦记他们吗？

记：你的父亲没有你有效的联系方式。你给爸爸写信为什么不告诉他详细地址呢？

良：因为我还没有稳定下来，我不想家人知道我在这边过得不是那么好，免得他们担心。不管出于什么原因，我现在都不想见我父亲，我想你们能理解我的处境。请你们转告我父亲，我在北京很好，不要担心，虽然我很想回家看看，但我有自己的苦衷。

在找到小良的同时，我们还接到了更多的与小良家庭状况类似的青年学生打来的电话。

［出录音］

听众：我的家庭情况跟小良差不多，我的同感就是压力。我觉得这是一个很普遍的社会现象。

记：你在大学四年的过程中，你是感到经济的压力还是心理的压力呢？

听众：经济和心理的压力都有。经济上没钱，没钱什么都干不了。然后心理上压力就特别大。父母挣钱都特不容易。

记：你觉得学校里的各种补助、勤工俭学的活动，包括申请助学贷款，这些方面能不能满足这些贫困家庭的学生经济上的需求呢？

听众：差得太远了。

许多听众讲述的和小良相似的心理和经历，让小良的故事从一个个例变成一个群体，变成了一种现象。"小良现象"折射出贫困大学生群体所面临的共同问题：那就是贫困，以及因贫困而造成的生活、学习、心理各方面压力。

北京师范大学心理测量与评估研究所所长许燕教授，曾经就大学生心理状况作过专门调查研究。

［出录音］

许：以前我们作过调查研究，包括我和其他同行都作过研究，大部分整体上给人留下的印象是：来自农村的，特别是来自家庭贫困的大学生表现出来的心理问题比城镇大学生表现出来的要多得多。

记:有没有大概的比例?

许:我只能凭当时的一些印象,差不多农村的孩子要占到70%左右,就是问题群体当中。有些是源于自卑的心理表现出来一些心理的异常,最明显的就是自我否定,本来能够展现自我的时候,他采取的是退缩、回避的态度。

《中国作家》杂志副主编何建明,长期关注贫困大学生群体,并发表以此为主题的报告文学《落泪是金》,在当时引起轰动。谈到贫困大学生所面临的问题时,何建明说:

[出录音]

我觉得他有两点,第一我觉得他经济条件不具备,第二是心理条件不具备,还有其他的包括他的家庭、大人的教育方式也不具备。所以这种孩子送入大学容易走向极端,容易走向反叛社会的心理。他们如果不正确处理的话可能会走向极端,包括危害家庭、伤害父母的感情付出。

北京师范大学心理咨询中心主任聂振伟,曾经专门研究过贫困大学生的极端行为。

[出录音]

其实这种例子已经不是个案了。有的对自己的父母,他开始疏远,甚至憎恶。我为什么生在这么倒霉的家庭,不能像别人的父母那样有钱有势给我找一个好工作,能够资助我上一个更好的大学,甚至给我未来提供更好的物质条件,负面的东西积累到一定程度就会走向一个极端,失去了理性。

各位听众,一个个案例,使我们对贫困大学生这一群体倾注了更多的注意。尽管因为贫困而产生心理压力,甚至出现异常行为的大学生只是个别现象,大多数贫困大学生能够勇敢地面对现实、奋发图强,他们以自己的成功证明着:贫困不等于失败;但是我们也不得不承认,"小良现象"已经成为当代青年群体中一个值得关注的问题。当然,对于这一"现象"产生的社会背景以及解决的方式方法,有关专家将继续分析,明天的《新闻纵横》节目请继续收听。

(六)反思"小良现象"

各位听众,昨天的《新闻纵横》节目中,有关专家分析认为,"小良现象"反映出在部分贫困大学生中间,心理、观念和价值观趋向发生的某种扭曲变化。比如,心理自卑、精神压力过大,还有因受到校园里和社会上的某些不良思想的影响,个别青年学生的一些异常行为的发生。今天的节目中,有关专家将继续就小良现象产生的心理和社会根源进行分析。

北京师范大学教授魏曼华说,"小良现象"的出现反映出许多青年人、大学生对困难的心理承受力很差,他们难以用正确的方式面对困难,解决困难。

[出录音]

贫困这个问题并不可怕,可怕的是很多同学对待贫困的态度。贫困大学生应该怎么样面对生活的压力和挑战?

北京师范大学心理咨询中心主任聂振伟说,从自身原因来讲,贫困大学生普遍存在着心理上的自卑,在这方面他们非常敏感。

[出录音]

人在紧张时一定会有很多失控的时候,甚至对偶然的考试不理想、一次爬山活动没能显出才能、露一点"怯",这对他们都非常在意。他们甚至采取一些极端的我们不可理解的方式,如轻生等等。他们是用放大镜来看这些问题。

北京师范大学心理咨询中心聂振伟分析说,部分贫困大学生产生心理扭曲,发生这样那样的极端行为,并不完全是贫困大学生自身的原因,还有他生活的社会环境给其造成的不良影响。

[出录音]

聂:这是人们的观念,同宿舍的人饭卡丢了,丢了东西,首先想到的就是贫困的孩子了。

记:这本身就是一种歧视。

聂:对。

北京师范大学心理学院教授许燕说,目前社会上某些功利主义、实用主义的价值观,在大学生中间普遍存在。

[出录音]

许:大学生的总体价值观是倾向于实用的。这种实用强调经济价值,强调功利性。这是整个我们调查过程中,大学生的主导价值观。列举了六种价值观,学生选择排在第一位的是实用性的价值观。

记:金钱至上。

许:对。

中国社会科学院教授沈杰说,在当前的社会转型时期,青年人容易形成行为上、道德上的空白状态。

[出录音]

我觉得处于我们转型时期,传统的道德观念好像正在被人们所淡忘,特别是在新一代人身上。但是良好的、和社会发展相适应的、所需要的新的道德观念一时还没有建立起来。在这个时段,就很容易形成一些行为上、道德上的真空或者空白状态。这样,人们心理上的迷茫、行为上的迷失都时常发生。在这种情况下,我觉得不管是什么样的群体,不管是贫困山区来的还是城市来的,迫切的任务就是从建立基本的良知,建立底线伦理,从公民的基本道德规范进行心理和行为上的重建。

各位听众,最近几天的《新闻纵横》节目,我们始终热切关注着卖血父亲顺老汉和他的儿子小良。小良终于找到了,这让顺老汉的心愿得以实现。在现实的社会背景下,我们对小良的行为应当给予充分的同情、理解和宽容。如今,小良已经走向了社会,他还需要勇敢地面对自己曾经走过的路,面对未来。小良的典型意义在于,他反映出当代青年群体中的一种心态,这种心态集结成了"小良现象"。我们梳理造成这种现象的社会心理影响、价值取向影响,目的是为善良人性的传承,为传统美德的张扬,为现代社会道德体系的构建寻找支点。我们希望,小良的故事能在人们心中留下印迹;也希望在社会的不断进步中,"小良"可能还会出现,但仅仅是个案,而不再是一种现象。在节目的最后,让我们一起祝愿"小良"走好今后的人生之路。

二、连续报道的选材

连续报道的特点决定了并非所有的题材都适宜成为连续报道,而是要选择那些能够充分体现连续报道特点的题材。如果一般性的新闻题材也成为连续报道的对象,人为地将报道“抻长”,往往会给人小题大做的感觉,反而削弱了连续报道作为广播新闻“重武器”的作用。

那么,什么样的题材适宜作连续报道呢?简单来讲,是那些本身具有能够吸引听众连续收听,同时便于电台进行持续报道的题材。

(一)能够引起听众高度关心的新闻事件

听众只有对自己关心的话题,才有兴趣持续收听。什么样的题材听众关心呢?

1. 重大的、具有全局意义的事件

地震、火灾等重大突发性事件的发生,或配合党和政府的中心工作,或带有倾向性的问题等,都属于重大的、有全局意义的事件。记者在采访这类事件时,要凭借新闻敏感抓住新闻事实,并不断进行持续报道、深入追踪,不断挖掘其新闻价值。一般来讲,重大新闻事件适合作连续报道。

第13届中国新闻奖二等奖作品《繁峙金矿爆炸真相调查》①记者的采访历时十多天,采访了近百人,掌握了大量的第一手材料,采访素材长达40多个小时,形成的三篇报道分别为《到底死了多少人》、《发现了焚尸现场》和《探寻金矿爆炸案背后的利益链条》,记者没有把报道停留在对矿难处理的过程上,而是通过调查不断分析、探索,找到事故的根源——“地下经济”。报道播出后,引起国务院事故调查组的高度重视。调查组约见记者,了解记者掌握的事件线索以及记者采访的相关人员。第三篇报道播出后,国务院事故调查组严格监督山西繁峙县有关部门关停违法小金矿的进展,发生矿难的0号矿脉内所有的非法矿井被彻底炸毁,避免了非法小金矿死灰复燃。

2. 与人民生活有着紧密联系的事件

与人民生活关系密切的事件或者关乎社会风尚,或者关于切身利益,尽管事情不大,却能够引发听众的持续收听。如《寻找“小良”》是中央台记者在关注西部贫困地区“卖血群体”的采访中发现的,小良的父亲顺老汉卖血供儿子上大学,四年后儿子却不知去向,父亲顺老汉苦苦寻找儿子,儿子却不肯与父亲相见。记者追踪采访发回了六篇报道。记者没有将报道的重点放在儿子小良和父亲的情感纠葛中,而是侧重揭示了事件背后的普遍意义和社会伦理道德方面的冲突,进而深入剖析这一悲剧性社会现象产生的背景和社会伦理冲突的内涵。报道发出后引发各界的强烈关注,《新闻纵横》编辑室收到全国各地听众的上千个电

---

① 中央人民广播电台2002年7月2日、3日、12日。

话和电子邮件，对顺老汉的父爱表示敬意，同时对小良的行为进行评价，有的听众甚至每天打个电话询问寻找小良的进展。《北京晚报》、《南方日报》、《今晚报》等多家媒体转载了这一组报道。

连续报道《寻找"小良"》没有就事论事，而是层层深入，以一个家庭的生活和情感上的矛盾为重点，揭示了事件的普遍性和伦理道德方面的冲突，并剖析了这一带有普遍性的现象产生的深层时代背景和社会背景，折射出整个社会和教育体系中，人的价值和人的精神坐标，并将其放大，因而产生了巨大的社会效果。

以上新闻事件由于本身具有的吸引力，使得连续报道容易实现预期的传播效果。

（二）正在发展变化中的新闻事件

连续报道是一种"现在进行时"式的报道，它的新闻价值和对听众的吸引力，与以多快的速度进行报道，提供了多少新闻事件的最新信息，能在多大程度上满足听众对现在怎样的了解需求成正比。如果事件是正在发生、发展当中的，记者就能够在每篇报道中反映出听众急于了解的最新事态发展，也就是说，能够尽可能多地消除听众的不确定性，就具有较高的连续报道价值。成功的连续报道都注重选择那些还在发展变化中的新闻事件，并在每篇报道中突出事件发展变化的最新状态，以凸现其动态连续性特点。如果时间发展已经进入稳定状态，没有了对新闻事件动态的优势，此时再作连续报道，就没有太大意义了。

（三）具有一定时间跨度的事件

除了事件的引人关注程度和动态发展外，连续报道在选材上还应当注意新闻事件的时间跨度。既要排除持续时间过长、节奏缓慢的事件，也要排除持续时间过于短促、节奏太快的事件。持续时间过长的事件，听众的收听兴趣会逐渐淡化，难于获得累积性的整体印象和传播效果；持续时间过短的事件报道，还没有深入展开就已经结束，除非在短时间内不断及时更新信息，连续报道的特点和优势便无从得以体现。

第13届中国新闻奖一等奖作品《小东母子状告黄色信息台》①在采编过程中，天津电台记者在案件发生后第一时间进行采访，并连续六个月进行跟踪采访，通过现场报道、人物专访、请司法界人士及听众对新闻事件进行评述等方式，在报道案件的同时，对当时泛滥一时的黄色淫秽信息台的产生、失控、监管不力等社会问题进行了深刻的反思，揭示了黄色淫秽信息台的黑幕，以及黄色淫秽信息台毒害社会特别是未成年人触目惊心的案例，很快在全国形成了全社会声讨黄色淫秽信息台的强大舆论声势。该组报道充分发挥了新闻媒体舆论监督的社会作用，起到了很好的社会效果。需要注意的是，对这样持续时间相对较长的报道，记者在随后报道的开篇要进行一定的情况交代，以方便原先对这一事件不太了解的听众能够正确及时地理解记者所报道的新闻事件。

① 天津人民广播电台2002年5月31日、7月31日、12月13日。

三、连续报道的采编要求

进入21世纪,媒介的竞争更加激烈。面对信息“爆炸”的传播环境,新闻媒介的使命“与其说是提供信息,不如说是筛选、整理和解释信息,使信息有序化,并赋予信息以意义”。连续报道要在报道理念和具体的实务方面进行不断的改进,以使其更加能够体现广播的传播特色,也更能满足听众的实际需求。

(一)寻找新闻事件的新闻价值与听众关注的契合

连续报道的新闻价值在新闻事件的动态呈现中不断拓展,在报道的连续播出中体现事件非同一般的新闻价值,重要的是,每次报道应该呈现事件发展的最新状态,同时不断延伸新闻价值的内涵。记者通过对新闻事件的主线拓展、背景拓展,使每一次报道成为新闻价值新的增长点,从而使听众能够跟踪事件的进展。

目前,电台对可以预知的重大事件的报道主要采用大时段直播的形式。然而,连续报道对重大事件的动态追踪,在时空的要求方面更加机动灵活,特别是对于那些社会关注的批评性报道,连续报道在及时报道最新态势,发挥舆论监督方面有着不可替代的优势。

第10届中国新闻奖二等奖作品《天目山国家自然保护区内千年古柳杉被盗伐一案追踪报道》集中体现了舆论监督的主动性和权威性。千年古柳杉被伐事件是一个被捂了一年盖子的特大毁林案,浙江电台记者得到线索后,千方百计找到知情人,并深入现场亲手测量被毁的大柳杉树桩,找到有力证据和确凿事实,克服重重阻力,3月18日以消息形式独家发布这一重大事件。消息播出后,引起省委和有关部门的支持和重视,市政府在第二天召开紧急会议,对天目山管理局局长等有关负责人作出停职检查和立案审查的决定,并加大对犯罪嫌疑人追捕的力度。此后,记者又连续播发五篇追踪报道。在强大的舆论压力下,犯罪嫌疑人主动投案自首,并由此带出幕后受贿案。最后,犯罪嫌疑人受到了应有的惩罚。这组报道是浙江台的独家报道,体现了浙江台在重大新闻事件报道的媒介应变能力和记者成熟驾驭连续报道这一新闻报道样式的能力和强烈的社会责任感。

同年获得中国广播电视新闻奖一等奖作品《一场不同寻常的交通肇事风波》的记者在事故发生两小时后就从石家庄赶到了邢台,通过对交警、目击者和群众的采访,再现了事故的原委,具有较强的实证性,同时引出了“特殊公民”——郭丽。新闻第二天播出后,邢台市委、市政府召开会议,研究查处肇事者。第二篇报道中,记者克服重重困难与郭丽直接交锋,郭丽当中撒谎的丑态通过录音采访展现得淋漓尽致。在第三篇报道中,记者请有关专家和管理部门对“郭丽事件”进行了较为透彻的分析,不但促进了有关部门对这一事件处理的进程,并且由此引发了人们对公仆本色、党群、干群关系的思考,使这组报道具有强烈的现实针对性和非同一般的新闻价值。

(二)注重事件连续展示的有序性和报道的整体性

连续报道中的事实是处于不断发展变化中的动态事实,多数情况下,记者事前很难预知事件的发展变化，故而难以对其进行控制。随着事态的发展，新闻事件会产生新的线索和态势，因此，记者在报道的过程中要随时将这些不断产生的信息快速、准确、生动地反映出来，通过时间、事件、情节的有序衔接，将报道的内涵进行有序梳理。

需要强调指出的是，连续报道中一篇报道与另一篇报道间的关联并非将同一事件分为几次播出，重要的是要体现事件内部的有机衔接，能够使听众在听觉有序性展示的感悟过程中，获取对事件的整体印象，包括为随时加入收听的人及时提示，使听众尽快进入连续收听状态。因此，连续报道中前后篇的报道内容的关照和铺垫，不但可以拓展新闻信息，而且利于听众形成对新闻事件的整体印象，实现连续报道的连续累积效应。

（三）坚持"用事实说话"，用声音累积呈现事实信息

连续报道尽可能地要避免作者对事件的主观判断和议论分析，坚持用事实发展的最新进展说话。一般情况下，大多数事件都是非单纯性事件，造成事件的原因背景，推动事物发生发展的因素比较复杂，记者用对事物原汁原味的记述和表达最容易反映事件的真实现状和内涵。

获得第14届中国新闻奖二等奖和2003年度中国广播电视新闻奖一等奖的作品《"8·4"日本遗弃化学武器伤人事件》[①]中，黑龙江电台在获知芥子气伤人事件后，第一时间派记者前往医院和事发现场，与齐齐哈尔电台记者在第一时间将稿件传回电台，并在第二天早晨10:45的节目中播出，随后记者连续从一线发回报道，用音响再现新闻现场，整个报道历时100天，共发报道42篇。报道以关注芥子气中毒者的生命为线索，采用了大量的同期声和现场音响，有受伤最重的患者不治身亡后妻子和父亲的哭诉，也有患者中伤情最重者出院时的声讨，有力地控诉了日本政府在战争中犯下的罪行。该组报道播发过程中，电台接到不少听众的电话和来信，仅黑龙江电台网站就此事件收到的短信和帖子就达5200多条。人们纷纷谴责日本政府的罪行，并对受害者给予了深深地关切和同情。

第二节 系列报道

系列报道是广播新闻兴起较晚而发展最为迅速的报道形式。系列报道究竟是什么呢？系列报道是旨在系统、深入地反映某一领域的发展变化或体现某一主题，有计划、有步骤地采写制作，并在新闻节目中持续播出的报道形式，是围绕同一新闻主题从不同角度、不同侧面对新闻事件所作的连续的报道。与连续报道一样，系列报道也是由多篇报道组成，播出上具有连贯性，因而同样具有较强的传播效果。

但是，与连续报道诞生于西方新闻界不同的是，系列报道完全是本土化的产物。早在20世纪20年代初，一些报纸就在采用这种报道形式来反映客观实际的重大发展变化。如，瞿秋白的《饿乡纪程》、《赤都心史》，范长江的《中国的西北角》、《塞上行》，邹韬奋的《萍踪寄

① 黑龙江人民广播电台2003年8月5日至11月15日。

语》等都是有计划地进行采写,先在报刊上陆续发表再结集出版的。这些报道的题材大都属于各类通讯。此后,广播电视媒体将这一报道形式移植到自己的报道中。

广播系列报道在广播新闻改革的过程中逐渐发展、成熟,以其强大的声势宣传党的路线、方针、政策和成就,引起社会舆论的关注,从而产生了较好的宣传效果。在不断采用系列报道的过程中,一些电台也结合广播的特点,对系列报道的表现形式进行了一些创新和发展。如将录音报道与现场报道相结合,将分析性的深度报道引入系列报道,有的甚至将系列报道与连续报道的某些特点进行了糅合,创造出更加有利于发挥广播优势的新形式。

一、系列报道的特点

(一)主题的同一性

系列报道的规模大小不同,小的由三五篇报道组成,大的则有八九篇,有的甚至多达150篇。但无论规模大小,它都比单个报道所反映的内容更加集中丰富。对这些内容的组织要围绕同一主题进行。比如说,中央人民广播电台1994年在《新闻和报纸摘要》中推出的历时一年的《中华英模》的系列报道,报道了152名全国劳动模范、全国"五一"劳动奖章获得者,这些报道各具特色,但都是围绕同一类型的人物,即"国字号"先进人物进行报道。

2002年度中国广播电视新闻奖二等奖的作品《上海人说上海巨变》由26篇报道组成,展示了13年间上海正在发生、消失和新生的一些事物,如从电报到电子邮件、从马路菜场到生鲜超市、从走街串户到治安网络化、有线网带来的视听巨变、志愿新风遍申城、上海人穿着越来越美等①。选题涵盖了衣食住行、文教卫生等城市面貌的硬件变化,还涉及了市民素质提高、政府职能转化等软环境的日新月异。这组报道通过全方位、多侧面的横纵对比,较为透彻地展现了上海在十三届四中全会以来发生的巨大变化,成为上海13年变化的缩影和写照。

(二)传播的系统性

系列报道是按照一定的秩序和内部联系而结合成有机的整体的,它与连续报道不同,连续报道的各篇报道看起来是有序的,而系列报道则是看似无序实则有序。表面上,连续报道的每一篇都可以独立成章,是围绕同一主题的一个角度或一个侧面的报道,谁在前、谁在后似乎无碍大局,不像连续报道的前后顺序是不可逆转的。但实际上,系列报道的组合是有机

① 全部26篇报道为:给水站的故事;从地图品种看上海变化;从电报到电子邮件;住宅电话、手机取代传呼电话;从马路菜场到生鲜超市;老百姓身边的红头文件;从走街串户到治安网络化;从蓝印户口到人才居住证;无纸化证券见证上海股市大发展;健康食品进入百姓生活;上海院线制的十年探索之路;灯光照明到泛光美化夜上海;打印机进行式;外汇兑换券消失、人民币成为强势货币;上海绿化新史话;从石库门到花园公寓;新医保制度出现在我们的生活之中;有线网带来的视听巨变;上海告别煤气炉、全市普及燃气;从购粮证到网上购物;上海桥隧渡的变迁;志愿新风遍申城;上海人穿着越来越美;程控电话取代人工接线;公交"一卡通"取代传统月票;上海保险业快速发展。

的联系，系列报道围绕哪些内容展开，哪篇在前、哪篇在后，都经过了报道者的精心选择。同样，在每一篇报道之中，如何进行报道也经过了多方策划，能够真正从不同角度或侧面烘托主题。

第12届中国新闻奖一等奖作品《关注食品安全》①一共三篇，第一篇《餐桌上的危机》从对食品商贩和消费者的采访切入，探讨了食品安全问题的严重程度；第二篇《“疯牛病”的思考》将中国的食品安全问题与英国的“疯牛病”进行横向比较纵向归纳，提出政府在保障食品安全的工作中应当负有的责任问题；第三篇《食品安全：从土地到餐桌》的话题进入危机的发源，探讨相关食品政策、农业生产现状、农产品价格等，倡导绿色农业、绿色食品。记者先后采访了商贩、市民、政府有关食品安全监测部门和专家学者，开掘了食品安全背后的一些深层次问题，并引发了对食品安全中“瘦肉精”、农药超标、滥用激素、安全标准制定等问题的思考，澄清了一些关于食品安全的误解，提出了建立国际大都市现代食品安全保障的一些思路。三篇报道既各自具有独立性又具有关联性，完整地说明了一个问题，综合起来成为一幅关于食品安全的全景图。在前两篇的结尾处，作者还提出了问题和思考。

比如记者在第一篇报道的结尾提出：

社会在进步，我们的菜篮子、米袋子也一天比一天富足，如今，食品安全又成为了新的焦点。

“民以食为天”，可如果人为污染得不到遏止，这片天还能成多久呢？

在第二篇报道的结尾提出：

20世纪的科技发展，为人类提供了前所未有的生存条件和发展速度。但是在与人类健康紧密相连的食品安全问题上，我们还有很大的研究、发展空间。

相应的，记者在第二篇报道的开头给予回应：

爆发于欧洲的疯牛病和口蹄疫，这场所谓的“餐桌危机”把人们长久以来深切关注的食品安全问题再次尖锐地提了出来。

今天，我国的食品安全也面临着严峻挑战。由于人口多，环境保护意识差，生存环境质量不高，农畜业种植、养殖的源头污染，对食品安全的威胁越来越严重，农药、兽药的滥用，造成食物中农兽药残留问题突出。更为严重的是，还有少数不法生产经营者为牟取暴利，不顾消费者的安危，在食品生产经营中掺杂使假现象屡有发生。

记者在第三篇报道的开头对第二篇结尾的内容进行回应和深化：

联想起欧洲出现的疯牛病、口蹄疫、二垩英和国内的毒大米、毒酱油、假酒、用陈年旧馅做的月饼，人们不禁会问：我们还敢吃什么？解决这场“餐桌危机”，出路何在？

三篇报道着重挖掘了食品安全背后的深层问题，引发了对农药超标、滥用激素等安全标准的制定等问题的思考，层层深入，在此基础上提出了建立国际化大都市现代食品安全保障的思路，突出了报道的理性和建设性。

---

① 北京人民广播电台2001年12月13—15日播出。

二、系列报道的采制要求

（一）用声音诠释重大主题

当前我国正处于社会转型期，改革开放和现代化进程中出现了诸多具有典型意义的矛盾和问题，对于这些具有新鲜性且蕴藏深层内涵的问题，新闻工作者应当予以足够的关注和报道。关注重大题材是广播系列报道选材的重要取向。从前些年的国企改革、西部大开发、科研机构改革等话题到近些年的科学发展观、树立正确的政绩观、环境污染、食品安全、金融风暴等重大选题，都应当成为系列报道选题时关注的重点。

近年来，我国的沙漠化问题日益严重，针对这一现状，中央人民广播电台围绕防沙治沙的主题，组织了"穿越'三北'风沙源"系列报道，20 天时间里，东西两路近 50 名记者共行程 26000 公里，穿越五大沙漠四大沙地，途径 10 省区，边行进边发稿，较为全面地见证了 2007 年我国西部风沙、沙尘暴情况以及来自实践中的治沙伟业。该组报道在《新闻和报纸摘要》、《全国新闻联播》、《中国农村报道》、《新闻纵横》、《新闻直播间》等多个栏目每天播发 4 ~ 6 篇报道，持续播发了 150 余篇多种广播体裁的报道（同时在中国广播网、《中国广播报》发稿 700 余篇），点面结合，立体化、多层次，全面综合反映了"三北"风沙源的状况和 50 年来我国的治沙成就、存在的问题，形成强大的规模效应，为推动我国防沙治沙事业又好又快发展营造了十分有利的舆论氛围。该组报道获得第 18 届中国新闻奖一等奖。

改革开放以来，三农问题一直是媒体报道的热点和难点。随着城市化和工业化进程的加快，农村用地矛盾日益突出。获得第 14 届中国新闻奖和 2003 年度中国广播电视新闻奖两个一等奖的作品《站在耕地边缘》①针对遍及全国的以各种名目的开发区占用大量农民赖以生存的土地的问题，深入宁夏、陕西、浙江等地选择典型的实地农民进行采访，以独特的生活视角，报道特定时代、不同环境背景下的失地农民的生存状态和心态，着力刻画这些普通人物的命运曲线。时代的政治经济和文化背景、农民与土地、生活的变迁，交叉叙述，诠释出这一重要新闻选题的深层内涵。该报道作为中央电台的独家报道，是少数能够站在全局视角审视这一问题的报道，既客观展现了不同地区不同失地农民的不同生活状态与精神状态，也深入探讨了导致这一现象蔓延的共性原因。节目播出后，温家宝总理在一次农业会议上专门指出：要实行最严格的耕地保护制度，保证国家粮食安全，坚决制止一些地方乱批滥占耕地行为。

（二）注重题材的重要性与接近性

广播记者值得为这些题材花大力气精工细作。但在另一方面，我们必须时刻记住：听众在主动选择广播节目，满足听众的信息需求是广播获得长久生命力的源泉。因此，在系列报道的采制过程中，一定要处理好重要性与接近性的关系，不能把系列报道做成经验介绍或者

---

① 中央人民广播电台 2003 年 9 月 9 日 ~11 日播出。

工作总结，而是要从受众的普遍兴趣出发，从受众利益相关的个案背后寻找规律性的理念，探求更为深刻、更为开阔的视角，从传播效果上真正做到有用、见效。

2007年，在得知陕西将成为全国实践节能减排的五个省区之一后，陕西电台专门成立了报道小组，驱车上千公里，深入各级政府机关、田间地头、厂矿车间采访鲜活的典型事例，记者采录了30多小时音响素材，收集了大量文字资料，又在第一时间精选出20多段典型音响，从典型事例入手，真实记录陕西在"舍"与"得"的抉择中转变观念，科学发展，创作的《资源大省节能减排的艰难跋涉》获得了第18届中国新闻奖二等奖。这组报道放眼西部，率先提出了"资源大省理应做节能减排的典范"的观点，既响应了党中央的号召，又及时总结出资源大省节能减排的"陕西经验"，具有一定的示范意义。这组报道共四篇，其中三篇的开篇都是由普通人入手：从煤老板到带领全村人发展农家乐的村支书、矿业集团因循环经济受益的矿工以及被拆除兰炭炉的作坊老板等，报道的事例典型鲜活，听众听后反响强烈。

前面提到的《关注食品安全》系列报道播出后，引来大量听众的来信、来电，对媒体关注食品安全问题给予高度评价。在随后召开的北京市"两会"上，食品安全问题再度成为代表和委员们关注的热点，就此提出多项议案和提案，随后，北京市陆续出台了多项有关食品安全的地方性政策法规。中国加入WTO后，食品安全标准日益成为国际贸易中各国的绿色壁垒，这从侧面证明该系列报道具有的普遍的社会意义和前瞻性。

（三）力求视角与切入点的多元化

在广播报道中常常会出现相同题材的报道，对于这些题材相似的报道，要能够从不同的角度切入，多侧面多角度地反映主题。比方说，在1999年中国广播奖的连续（系列）报道评选中，获奖的作品中有好几篇反映的都是国企改革的主题，但这几篇报道各有侧重，从不同角度为国企改革提供了思路。其中青岛台的《红星西进以后》是在国家西部大开发的战略决策出台之际，将青岛红星化工集团实施西进战略八年的调整解困经验进行了回顾和总结，线索脉络清晰，内容繁而不乱，具有相当的现实针对性；无锡台的《扬创新之帆，搏击世界潮流——三毛创立国际知名品牌启示录》则通过对江苏三毛集团积极参与国际合作与竞争的理念及所取得经验的报道。将企业创立国际知名品牌的经验放在中国即将加入世界贸易组织，迎接世界著名品牌挑战的大背景下，具有较强的现实意义和前瞻性；天津台的《天铁的活力从哪里来》则针对转型期国企搞活的深层矛盾，揭示了搞活企业的内在规律。视角与切入点的多元化，为听众提供了较为广阔的思考空间，体现了系列报道传播效果的深度和力度。

此外，由于系列报道往往是多人合作报道，且可以调动各种体裁和表现手法，容易出现不同的表现风格。因此，要注重篇与篇之间的内在联系，形成内部的和谐一致。既不要使报道千人一面、单调雷同，也不要由于表现形式过于多样化，而无法让听众形成一组报道的感觉，从而影响听众持续收听的兴趣，进而影响报道的宣传效果。

（四）发挥媒体特色，以声动人，以情感人

广播富有感染力的声音和有细节的现场音响能够打动听众，与听众产生共鸣。因此，广播记者要充分调动音响素材，用声音说话，用音响表现和再现新闻现场，能用现场音响的时候尽量避免记者的赘述和评论。此外，对音响素材的提炼要注意优中选优，使其在报道中起以一当十的作用。

第16届中国新闻奖一等奖作品《微尘在行动，爱心筑品牌》记录了公益群体“微尘”从个体行为转化为全体市民共同行动的过程，展示了青岛人“诚信、博大、和谐、卓越”的城市精神。记者从2004年底“微尘”不留姓名捐款开始对其进行持续关注，到2005年“微尘”获得“全国十大社会公益之星”后播出这组报道，在一年的追踪中，记者的采访素材达10张MD，约1000分钟，最后形成报道时，记者在三集不到15分钟的报道仅选取了四件事情，在以时间为轴线，从一个微尘的出现入手，铺陈无数微尘的出现，再到全体市民的自觉行动，最终形成城市品牌的报道思路指导下，重点选择音响生动、细节丰富、代表性强的事例，如同病房的病友捐出治病钱，为了避免被捐赠人的道谢和尴尬，连夜搬出病房的事情等，深刻反映了从无私奉献的一个人到一个爱心群体，再到反映社会主义文明进程的品牌形象，“微尘”成为社会主义和谐社会背景下的一个典型形象。该报道语言精练、音响感人，广播特色鲜明。

（五）不断创新报道形式

广播媒体线性传播的方式决定了广播作品结构简单时会显得平淡，结构复杂了又不易理解。近年来，一些媒体进行了多种尝试来通过形式创新来凸现内容。

前面提到的系列报道《站在耕地边缘》在报道形式方面进行了创新。该组报道共三集六篇，每集分上下篇，将连续报道与系列报道的特征进行糅合，报道时采用宏观微观两条线跟进的方式，微观上着重描述失地农民的生活和心态，宏观上评述失地农民群体的现状及对我国社会发展的影响。报道采用“夹心”结构，以“细节描述＋宏观背景＋简要评论”为一个小单元，一篇报道由几个这样的小单元组成，不求叙述连贯，只要意向完整。这样不仅增加了报道在有限篇幅内的信息量，形式上节奏的变化也延续了受众的听觉疲劳时限，增加了报道的有效时间①。

无独有偶，第15届中国新闻奖二等奖作品《推进军事变革系列报道——跨越》②从军事训练、政治工作、后勤保障等不同层面，对陆、海、空三军积极推动中国特色军事变革，实现跨越发展进行了全景式的报道。对于这样重大历史性、阶段性、综合性新闻的报道，最忌讳空洞化、概念化，《跨越》采取宏观与微观相结合，理论与实践相关联的方法，高屋建瓴地提出问题，宏观概括综述情况，同时又精心地选取具体的、有代表性的单位，由记者采取见闻式、体验式的报道，通过具体的事实，由点及面、由表及里，集中地反映军队在完成机械化、信息化建设双重历史任务，实现跨越式发展中的创新精神和开拓成就，并有意识地安排有关方面的权威人士作出理性的、带有倾向性的评点。该组报道每一篇从叙事到说理，都力求运用广播

① 张军：《在宏观背景下把握典型事件——广播系列报道〈站在耕地边缘〉创作体会》，《声屏世界》2005年第5期。

② 中央人民广播电台2004年6月19日至8月12日播出。

音响生动传神地记录和再现新闻现场，巧妙地运用记者的现场报道、采访对象的录音、播音员的解说、新闻主体的现场音响、同期效果，多种音响元素浑然一体，搭配自然，整个报道有论点，有事实，有概述，有细节，报道形式新颖、视角独特，具有较强的感染力和较好的收听效果。

站在耕地边缘

第一集：王耀海的最后收成（上）

2003 年 8 月 24 号，甘肃省白银市四龙镇四龙村。中午强烈的阳光照在黄土地上，记者乘坐的红色夏利车艰难地在村间小路穿行。车轮卷起干燥的黄土，扑落在村民王耀海破旧的蓝色中山装上。

[出录音]

记：你的地原来都是黄河边上的地？

王：就是。

记：你现在四亩多地，都被征掉了？

王：都征掉了。

70 岁的农民王耀海，曾经拥有让全村人羡慕的四亩多黄河边上的水浇地，身体硬朗的他，包揽了家里的所有农活。而现在，他的农具在家里的墙角静静地放着已经生锈。今年年初，白银市农业科学研究所征用了他的全部耕地，说是要发展所谓的“观光旅游农业”。王耀海成为“失地农民”群体的一员。

[出录音]

记：全家的生活来源就靠这四亩地。吃的粮食、菜都是自己种的。

王：就是。

记：还有别的收入吗？

王：没有别的了。

四亩地，王耀海得到了 5 万多元的补偿，平均一亩 1.2 万左右。此外再没有其他的补偿和安置措施。王耀海和老伴，还有残疾的二儿子、儿媳，四口人就守着这 5 万多块钱犯愁。他们怎么计算、怎么节省，也无法把这些钱和未来生活的温饱画上等号。

[出录音]

王：以后吃啥去，这两个钱花掉咋办呢。我老了死掉了，还有后人呢，咋办？

记：那你准备怎么办呢？

王：没有办法。

（换声）2002 年，全国净减少耕地 2529 万亩，失地农民达到 3500 万人。目前，全国共有各级各类开发区 3800 家，其中有 2/3 属于非法开发、非法占地。来自国土资源部的消息说，在全国省级以上的开发区中，国家批准规划的近 3000 万亩开发区，已开发面积仅占规划总面积的 13.5%，土地闲置现象十分严重。

离开了耕地,王耀海最直接的恐惧是粮食。吃自己种的粮食吃了一辈子,他还不知道买来的粮食什么味道。年纪大了,看病、吃饭都要钱,那些土地补偿金用完了,怎么办?这个严重的问题压得这个纯朴的西北老农面对记者时不住地叹息。

甘肃"失地农民"王耀海为粮食发愁的时候,北京的专家们也再次提出了中国的粮食问题。

(换声)背景资料:以2002年为例,全国粮食种植面积为1.56亿亩,比2001年减少3100多万亩,下降2%,使粮食充足供给的基础不牢。2002年,粮食消费量约为4.9亿吨,当年的供需缺口约为2900万吨。为达到小康生活的目标,今后20年中国粮食消费需求将呈刚性增长。全国每增加1000万人口需要增加口粮消费40多亿斤。

对于乱占耕地,国家各种关于土地的法规都有着明确的限制和处罚规定。就在不久前,国土资源部发出了《关于严禁非农业建设违法占用基本农田的通知》,再次要求坚决遏止各类非农业建设违法占用基本农田:严禁以建设现代农业园区的名义占用基本农田,变相搞房地产开发,不得以进行农业结构调整,搞现代农业或设施农业为名,在基本农田内建设永久性建筑或进行严重破坏耕作层的生产活动。

然而,全国各地非法"圈地"建开发区的例子还是层出不穷。对这些地方的官员们来说,低价征地,建成开发区高价租让,这基本上是无本万利的政绩工程。可惜,付出的是"失地农民"的"根本",得到的是官员和一少部分人的"利益"。国家《土地管理法》规定,占用基本农田等土地至少需要省级以上的政府批准,而实际上大部分地区的开发区都没有履行合法的审批手续。

明天的《新闻纵横》节目请继续收听特别报道《站在耕地边缘》第一集:《王耀海的最后收成》下篇。

第一集:王耀海的最后收成(下)

昨天的《新闻纵横》节目报道了甘肃省失地农民王耀海的经历。2003年,王耀海失去了自己耕种了一辈子的土地。他的4亩多地,以及50多个农户70多亩地被当地农科所征用。

据记者调查,甘肃省白银市农业科学研究所在所谓的征地协议上写的只是"经市区政府研究同意,由农科所在该段发展旅游观光农业"。

[出录音]记:这是征地协议。甲方是白银市农科所,乙方是四龙镇四龙村社员。这上面写的内容是:经市区政府研究同意,由市农科所在该段试验示范发展观光旅游农业,带动全镇农业发展走上新台阶。为此需征用四龙村沿黄部分耕地。

村民:现在签的这个字不是村民签的,村民没有签过这个字。这不知道是村上还是乡上签的。

记:甲方有公章,是白银市农科所,见证方有盖章,是四龙村村民委员会,村民没有签字。

村民:村民谁都没有签字。

据四龙村失去耕地的农民讲,这次征地他们先是听到了镇里的口头通知,然后几个镇干部就带着大量现金挨家挨户地走,让农民在征地款的收条上签字、发钱。

按照协议上说的，征地是要发展“观光旅游农业”，而我国西北地区实际上相对恶劣的自然环境，粮食生产将将可以自给的现实，是否有发展观光旅游农业的必要呢？当记者被村民们带到那片被征用的全村最好的黄河边上的耕地时才明白，白银市农业科学研究所所谓的发展观光旅游农业，只不过是一个征地的借口。

[出录音]

记：就这一片地，现在施工这个地方。以前是这样的吗？

村民：不是，(土层)都推掉了。

记：这上面都是水泥，在建什么东西？你知道他们在干什么吗？

村民：说不上。

记：最好的地都被推掉了。这个地再给你种，你还种吗？已经不行了吧？

村民：土都推起来了，地已经毁了。

70亩黄河边上的耕地，土层已经被推土机推掉，铺上了厚厚的砂石。上面纵横着正在建设的五、六米宽的水泥路面，空地上摆满了钢筋水泥等建筑材料。

一位农民指着紧挨着这片耕地的两栋崭新的大楼说，那是卧龙山庄，那一片原来是一百多亩水浇地。前几年被占用，建起了几乎是全白银市最高级的河岸宾馆，当时的建设场面就和现在差不多。四龙村的农民把这个宾馆的房间称为总统房。记者在这里看到了崭新的塑胶网球场地，还有在西北地区难得一见的沙滩排球场地。宾馆里一位保安模样的人说，市里的某些部门经常选择在这里开会，这是白银市里的富裕阶层休闲娱乐的地方。

[出录音]

村民：这是下水道。

记：农业园区里不应该有，还有这么宽的水泥路。

村民：那个地方是花园，你看到没？都是一块一块占的，都是我们自己的地。新建的这个是卧龙山庄，是市财政局修的。

记：那是以前占的地。

村民：也是黄河边上的水浇地。还有这两栋总统套房宾馆，还是我们的地。

按照白银市农业科学研究所所长李志民的说法，征用这块地是由白银市财政局与农科所几家部门共同开发的，买地的钱由财政局拨出。另有白银市四龙镇人大工委主席王学志说，地是由市里征用的，和镇里无关，所以安置失地农民也是市里的事情，镇里不管。

对于乱占耕地的恶果，“失去农民”的体会最深。这种恶果不断上升扩散到全局的范围时，就变成了影响整个经济与社会发展的不稳定因素。国土资源部土地市场治理整顿督察办公室新闻发言人郭宝平：

[出录音]

一个方面就是涉及到耕地越来越少，老百姓的“保命田”越来越少，这引发的社会矛盾是长期的。再一个，要以地生财，要卖地，他就要尽量压缩付给老百姓的补偿款。当地被征用，老百姓的补偿问题、安置问题落实不了，现实的矛盾也很尖锐。

国土资源部提供了一组令人心惊的数字：2002年上半年，群众反映征地纠纷、违法占地问题占信访接待部门受理总量的73%。国家信访局去年受理土地征用的初信初访4100多件,大部分聚焦在失地、失业问题上。

我们回头再看黄河边那片被占用的土地。对甘肃白银的市民来说,或许那只是一个周末休闲娱乐的场所,或者是某些单位开会的地点,而对于世代在这里耕种的农民来说,至今还是他们赖以维持生活的保障。在农民王耀海家厨房的三个木箱里,还有去年收割的700多斤麦子,那也许是这位古稀之年的老汉一生中最后的收成。

各位听众,明天的《新闻纵横》节目将继续播出特别报道《站在耕地边缘》第二集:《花园小区里的菜地》上篇。

第二集:花园小区里的菜地(上)

陕西省西安市长安区郭杜镇邓南村村民居住的花园小区,南北长400多米,东西宽300多米。小区内分布着200多座大小不等的粉红色两层小洋楼,数千名失去土地的邓南村村民就生活在这里。张和平是邓南村现任村支书,他向记者介绍了郭杜镇失地农民生活陷入困境的原因。

[出录音]

房子和地折了这么多钱,到这儿买房子还不够,自己还得贴钱。

张和平说:2001年2月,郭杜镇政府以每亩地平均26000元的价格征走了周围六个村子的7000多亩耕地,平均每户得到安置补偿款10万元左右。这10万元当中,还包括房屋折迁补偿费。而郭杜镇将花园小区内的小洋楼卖给农民的价格,是农民得到的房屋拆迁补偿费的一到五倍。这样一来,很多农民拿到折迁安置补偿款后,不仅要如数还给镇政府,甚至还要东挪西借地借钱买房。否则,连住的地方都没有了。村支书张和平就是靠借钱才买到了现在的住房。

[出录音]

记:邓南村是小康村吧?

张:我们郭杜镇是小康镇。可现在邓南村有些人家甚至连买一袋米面的钱都没有。我说的对不对?

村民:对。

记:有没有出现断炊的现象?

村民:有。

据记者了解:郭杜镇地处土地肥沃的关中平原,是陕西省重要的粮棉产地。1998年国务院授予郭杜镇全国小康镇称号,2002年又被联合国列为中国可持续发展小城镇试点。然而,生活在小康镇上的农民,如今却穷得连吃饭都成了问题。2001年2月,郭杜镇政府以经营城市、建设工业园区为名,分别让辖区内的六个自然村整体搬迁,并将搬迁后农民遗留下来的7000多亩土地,以每亩39000元的价格,卖给西安市高新技术开发区下属的长安科技产业园。就这样,农民们离开了世代赖以生存的根本——土地。

住进花园洋房的邓南村村民们说:以前有耕地的时候,不仅家里的粮食、蔬菜多得吃不完,而且每年卖农产品至少还能赚几千块钱。现在耕地没有了,各家储存的余粮也要吃光了。为减少日常开支,大家只好将小区内的花草树木全部铲去,种上了蔬菜、粮食。

[出录音]

记:没有地了,也都没事干了吧?

村民:没事干。

记:那你们靠什么生活呢? 比如孩子上学。

村民:靠原来那一点点钱,慢慢维持生活呢。

记:原来那一点点钱? 花完了怎么办呢?

村民:只能顾眼前,谁能想到今后会是啥样子呢。

记:只能先顾眼前,以后的事再说了。

村民们说:全村几千人,大都闲着没事干。他们世代靠土地为生,除了种地外缺少一技之长,所以很难找到工作。2001 年初,镇政府把小洋楼卖给他们之后就不管了,就业、培训、社会保障一律都没有。

住进小洋楼后,一切都发生了变化。就成分而言,这些失地农民既非农又非工、更非商,基本属于无业流民;就生活而言,如今不能靠种田为生了,过着不是城市居民胜似城市居民的生活,变成了纯粹的消费者。他们靠以前的积蓄、余粮,也许还能维持一两年,但以后在既无生产条件又无生活来源的情况下,孩子怎么办? 老人怎么办? 没有土地没有钱,今后的生活出路在哪里?

失去了耕地,农民的生活陷入了困境。这种现象,在全国其他地区普遍存在。土地对农民、对社会意味着什么? 在城市化建设中,如何建立有效的社会保障体系,维护失去土地的农民的利益呢?

明天的《新闻纵横》节目请继续收听特别报道《站在耕地边缘》第二集:《花园小区里的菜地》下篇。

第二集:花园小区里的菜地(下)

昨天的《新闻纵横》节目播出了,国家小康镇——陕西省西安市长安区郭杜镇的农民失去土地,生活陷入困境的报道。在采访中记者发现,郭杜镇还存在更多的滥占耕地、非法开发等问题。

[出录音]

村民:你们可以到开发区看一看,到处是荒地,那么大一片,全部荒着,已经三年了。

记:以前都是农田吗?

村民:全都是农田。

郭杜镇邓南村的村民们说:2001 年 2 月,郭杜镇政府以经营城市、建设郭杜镇工业园区为名,征用了辖区内六个自然村的 7000 多亩土地,至今将近三年了,很多被征用的土地依旧荒着。为应付检查,镇政府每年都让农民将荒地犁一遍,并在部分荒地边盖上围墙,遮挡人们的视线。

记者在郭杜镇邓南村、岔道口村看到，茫茫的荒地上长满了一尺多高的蒿草。微风扫过原野，发出呜呜的声音。村民说，这就是他们曾经世代赖以生存的土地，上面曾经长满了金黄的小麦、碧绿的蔬菜，如今什么都没有了。

（换声）背景资料：国家《基本农田保护条例》规定：禁止任何单位和个人闲置、荒芜基本农田。连续两年未使用的，经国务院批准，由县级以上人民政府无偿收回用地单位的土地使用权，该土地原为农民集体所有的，应当交由原农村集体经济组织恢复耕种。来自国土资源部的消息说，国家批准的省级以上的开发区，规划总面积近3000万亩，近90%闲置。

征地建开发区，使郭杜镇的几万农民生活困窘，使大量良田长期荒芜。村民们透露说，在征地过程中，郭杜镇除了强制农民搬迁之外，始终没有出示过任何相关主管部门同意征地的文件。那么，郭杜镇政府的征地行为合不合法，到底有没有经过审批呢？

郭杜镇工业园区管理委员会副主任薛亚州：

[出录音]

记：长安高新区是什么时候办完的土地审批手续？

薛：手续进展到什么程度，我这里管理不了。现在没有完全批下来，正在陆续办。

记者调查发现，郭杜镇政府在土地审批手续还没有完全办下来的时候，就强行与开发商联手征用农民的土地。郭杜镇工业园区管理委员会副主任薛亚州说，工业园区管委会只负责向农民征地，然后将土地转让给西安市高新技术开发区。目前，西安市高新技术开发区正在向国务院、陕西省国土资源厅，申请办理土地征用审批手续。

郭杜镇工业园区管委会主任叶俊明：

[出录音]

记：郭杜镇建开发区要征用土地有多少？

叶：第一期开发3.6平方公里，第二期9平方公里，第三期是13平方公里。以后还要继续扩大。

按国家《土地管理法》第45条规定：征用基本农田或基本农田以外的耕地超过35公顷的，需上报国务院批准。但郭杜镇政府在征地过程中，不仅没有合法审批手续，同时还造成大量农田荒芜，而这种非法占地行为在这个镇里仍在继续。

从全国来看，目前我国有各类开发区3800多个，其中由国土资源部和各省级国土资源局批准建立的开发区只有1300多个，还不到1/3。其余的开发区都存在非法占地、非法开发等问题。

圈地风潮为何如此高涨？“开发区热”会给社会经济发展带来哪些隐患呢？国务院发展中心农村部高级研究员徐小青：

[出录音]

最近一段时间以来，全国形成了开发区热，现有的开发区中有相当一部分没有经过中央和省级的批准。低价征地，高价出让，已成为不少地方创造政绩、增加财政收入、改善部门福利的捷径。从短期来看，大规模卖地好像促进了经济发展。长远看，这种临时补血性的财政收入增长，对地方经济很难有积极的拉动作用。从经济学的角度来看，地价是若干年土地使用期的地租之和,也就是预支未来的利润。靠这个钱来搞城市建设,在相当大程度上是"寅吃卯粮",是本届政府花用后届政府的钱,很容易对实体经济伤筋动骨,最终影响发展后劲,农民的利益也将不断被剥夺。

据有关部门透露,我国目前沿海14个省市的实际占用耕地都突破了规划指标,有的城市2010年的建设用地指标在2001年就已基本用完。

各位听众,就当前的中国国情来说,工业化、城市化是社会向前发展的必然趋势。一部分农民失去土地也是必然要付出的代价,然而付出的代价应该有与之相对应的基本补偿,否则,社会公平的过度倾斜将导致种种严重社会问题,势必影响到经济的快速发展,及全面建设小康社会目标的实现。国家正在努力建设的全面小康社会,最终是城市和农村所有人的全面小康,而不是某一部分人或某一群体的小康。

在安置失地农民方面,一些地区想出新办法,制定新措施,让"失地农民"有了新的生活。明天的《新闻纵横》节目请继续收听特别报道《站在耕地边缘》第三集:《西河村的变迁》上篇。

第三集:西河村的变迁(上)

[出录音]

记:这猫,是你养的吗?

何:三四年了。人都走掉了,三四天回来喂给它吃。带过去又跑回来,将来房子拆了就带到厂子里。

(浙江省义乌市)加完了一车煤,在一家服装厂做锅炉工的51岁农民何政武换上了衣服,将早已准备好的一条小鱼放进一个小碟子里,端着碟子向家里走去。何政武的家在市区边缘一块耕地旁边。这里因为要拆迁,许多邻居已经搬走了。何政武打开院子的大门就看见"小白"趴在门边。"小白"是老何养的白猫,它一看见老何手里装着小鱼的碟子,一下子冲了过来。

老何告诉记者,今年年初,当全家近三亩耕地连同宅基地被征用以后,他凭着一点烧锅炉的技艺到城里一家服装厂做了锅炉工。老何的孩子都已长大独立生活,剩下他一个人吃住在厂里。只是那只养了多年的猫,特别留恋旧家。老何几次把它带到城里,它又几次跑了回来。

对于农民何政武来说,2003年是一个转折点。他的生活在这一年中经历着转变:他的身份依旧是农民,却已经没有了可供耕作的土地。在城市向周边迅速扩展的时候,老何逐渐远离了他熟悉的、几辈人耕作了一生的田地;接近着陌生的、让他觉得新奇又有些不安的钢筋水泥丛林。何政武个子不高,面容清瘦。

[出录音]

记:愿意被征地吗?

何:巴不得。

记:为什么?

何:种田不划算。征完地,四口人每个人2万多块钱,一共8万多。

记:觉得合算吗?

何:合算。政府还给我们办了保险,最低生活保障,没有什么后顾之忧。

像何政武这样完全失去耕地的农民在当今中国形成了一个特殊的群体,被称为“失地农民”。有数据显示,目前这一群体的数量已经达到3500万人,而且这一数目还在不断扩大。

(换声)背景资料:目前,“失地农民”失去耕地的方式主要有两种:一种是在正常的农村城镇化过程中,耕地被征用为建设用地;另外的大部失地农民因个别地区相关部门非法开发,非法征用了耕地。“失地农民”中,一部分像何政武那样,生活在经济相对发达的地区,得到的补偿相对较多,也得到相应安置。而另外的大部分人因征地补偿过低,安置不落实等原因,失地又失业,基本生活难以保证。

浙江省义乌市有近七万失去耕地的农民。作为全国闻名的小商品城,义乌市和所有东部沿海地区的城市一样,在中国的经济发展进程中表现卓越,工业化、城镇化步伐迅猛。记者眼中一个个新的楼群在老城区周围向外扩散,正在施工建设的多条城市公路在郊区延展,路上跑的大都是进口的高级轿车。当地媒体不久前报道说,义乌这个县级市私人登记的奔驰、宝马轿车近700辆。在当地政府的文件中,记者还得到这样一组关于城市面积的数字:1998年,义乌城区只有16平方公里,2001年扩大一倍,达到32平方公里。按当地政府规划,两年后义乌这个县级市的城区面积将达到50平方公里,比我国现在许多中等城市的规模还要大。

农民何政武原来居住的后宅镇整个划入市区,名称也变成后宅街道。后宅街道办事处副主任程斌华:

[出录音]

程:将在今年建成工业园,建好厂房以后出租给一些中小企业,租金是按平方米计算,大约一平方一个月3~4块钱。

耕地被征用以后,何政武经常回去看看自己那片田地,就像看望自己的亲人,他常常蹲在地头默默地抽烟。

[出录音]

记:生活上有哪些改变吗?

何:改变得多。经济上得益很多,但还是觉得有点空虚,农民的性格改不了了。

明天的《新闻纵横》节目继续播出特别报道《站在耕地边缘》第三集:《西河村的变迁》下篇。

第三集:西河村的变迁(下)

各位听众,昨天的《新闻纵横》节目讲述了浙江义乌“失地农民”何政武的故事。2003年,何政武失去了他熟悉的、几辈人耕作了一生的田地。在政府的各种补偿措施和扶助之下,何政武开始了新的生活。

何政武承认，自己和乡亲们是幸运的。失去了耕地，政府每亩地给了4万多元补偿费，房屋也按估价补偿。同时，何政武和许多乡亲在城里找到了工作，他在一家服装厂烧锅炉，每月工资800元左右。另外，政府还以自愿的形式给"失地农民"上了养老保险。这一切经济上的收益让老何在离开耕地的失落中，渐渐找到了实实在在的平衡。

[出录音]

何：有时候感觉孤独一点，尤其晚上的时候。人家都是外地人住在厂里。

记：心里有什么变化？

何：前几年想都不敢想，变化太快。我们现在这里打工，上上班，攒攒钱。经济上比以前好得多。

在采访义乌市市长吴蔚荣时，记者的观点得以证实。那就是义乌市给"失地农民"以高额补偿，以及对"失地农民"就业安置和相关生活保障制度能够顺利付诸实施，其根本基础正是现有的财政实力和科学的发展规划。

[出录音]

吴：对70%以上土地被征用的行政村，我们根据人口的比例，安排商、服用地。在制定被征地农村村庄改造规划的时候，也预留必要的发展用地。我们要求进入工业园区的企业，每使用一亩地安排两名以上被征地的农民。

中国的土地价值无量，仅国有土地一项，静态估算货币价值达25万亿人民币。浙江义乌的城市化发展前景，开始让当地农民和子孙们看到了耕地除了种植以外的价值。一时间，义乌市民间出现了这样一种有趣的现象：一些上了大学的农家子弟，毕业时要把户口落到农村老家去，为的是能够分到耕地。农民何政武笑着说，那是为了被征用时，分到几万甚至十几万的补偿金。

其实，我国东部经济发展较快的地区，近年来以耕田种地为生的农民已经迅速减少。在采访中，何政武对记者说手里有了钱，价格相对便宜的粮食、蔬菜当然都可以买着吃。他说，他们村里的年轻人大部分都去城里打工，许多耕地被征用之前就已经撂荒了。

[出录音]

何：荒的地也很多了。我们这边开发的多，地不种了，都去打工。

记者在浙江义乌农村采访时，发现乡间流传着这样一句话，说是"地征到哪里，农民就富到哪里"。而从目前全国城镇化进程中的问题来看，这句话并不实际。在农民何政武和乡亲们为自己得到的经济补偿感到满意的时候，"失地农民"群体中的另外一大部分人却在经受生活的严峻考验。他们手里仅有几千元或是几万元征地补偿金，可是他们怎么计算、怎么节省，也无法把这些钱和未来生活的温饱画上等号。他们除了种地几乎没有别的技能，因此也得不到什么其他的工作。失去耕地对他们意味着失去了生活的保障，他们退到了耕地的边缘，艰难地生活着。像浙江义乌农民何政武那样因失地而简单走向更富裕的生活，对他们来说更是遥不可及的事情。毕竟，具有义乌市那样强劲经济实力的地方只是一小部分，地域经济发展的不平衡成为一道生活的分水岭。

记者采访何政武的时候，他的眼睛依然留恋着那几亩即将变成工业园区的耕地。而在他的身后，杂乱的汽车声音正带着工业化的富裕气息，从林立的高楼缝隙中传来。农民老何的精神世界似乎也游移在乡村和城市之间。

三、连续报道与系列报道的异同

尽管连续报道和系列报道都是由多篇连续播出的报道集合而成，都依赖于听众的持续收听来实现预期的传播效果，但两者并不等同。从本质上来讲，连续报道和系列报道是两种完全不同的报道形式。

连续报道和系列报道的差异主要体现在以下几个方面：

与连续报道对新闻事件或现象进行追踪报道不同，系列报道围绕一个主题或题材来组织内容，因而可以在事前对报道的题材或主题进行构想。

与连续报道只能在报道过程中逐渐形成特定的报道意图不同，系列报道在策划之初就有着强烈的报道意图，系列报道的采制过程就是实施和体现这一意图的过程。在这一过程中，记者能动地选择和驾驭事物。

与连续报道着重反映事物的最新动态不同，系列报道侧重的是提供深度报道，它讲究“新”，强调的不是事物而是题材和主题的新鲜；它讲究“时效”，偏重的是时机而不是时间。它的新闻由头不一定是某个新鲜具体的事实。

与连续报道着眼报道连续动态的事件不同，系列报道选择的大多是那些题材重大的人们普遍关心的社会现象和社会问题来进行报道。当然，这并不意味着系列报道排斥事件性报道。

与连续报道需要根据事件的进展选择相应的体裁和表现手段不同，尽管系列报道也可以追求体裁和表现手段的多元化，但更需要注重各组成篇章体裁和风格的内在联系，保持其一致性。

简单而言，系列报道比连续报道更加注重深度、力度和倾向性，也具有更强的可控性。

连续（系列）报道能否取得成功，关键在于以下几点：一是题材的选择是否恰当，也就是说，是否需要或应该采用这一重型武器；二是对题材内涵的挖掘是否具有深刻性、逻辑性、系统性和哲理性，是否既能够做到每一篇都有“亮点”而又能够独立成篇；三是形式是否新颖活泼，能够给人整体、全面、完整的印象，具有鲜明的广播特色。

第八章

广 播 新 闻 评 论

新闻评论是广播电台发言的主要手段之一，也是外界判断广播电台政治面貌和思想水准的主要标尺之一。广播新闻评论，简称广播评论，是广播媒体用以阐述本台对于新闻事件、社会现象、社会问题的看法和态度，将新闻性与政论性结合于一体的新闻体裁，是新闻评论和广播媒介特色相结合的产物。我们平常在广播节目中听到的评论，有一部分是报纸或通讯社播发的评论，不能完全称之为广播评论。

第一节　广播新闻评论概说

一、广播新闻评论的写作要求

（一）短小精悍，言之有物

广播评论对短的要求更是由其自身的特殊性所决定，即强烈的政论性内容，抽象的长篇大论容易使听众失去听下去的耐心。广播评论的短应是短小的篇幅和精辟准确、言之有物和政论性内容的完美统一。

（二）深入浅出，浅显易懂

一般的政论性文章大都讲究结构严谨、论点鲜明、论据充分、层次分明、说理清楚，用更加浅显易懂、大众化的语言来处理较为深刻的政论性内容，把比较概括、抽象的道理讲得明明白白，让听众听得清清楚楚，才是广播评论至关重要的问题。

（三）形式活泼，灵活多样

广播评论在写作中讲究文风的活泼、风趣，让大家喜闻乐听；编排形式上灵活多样，可以是本台评论，或者是记者述评，也可以是广播“大家谈”、本台短评和编后话等，这样才能使广播能够贴近群众、贴近生活。

二、广播新闻评论的形式

广播评论是新闻评论和广播的结合体，同时具有新闻评论的体裁特征和广播的媒介特征。在广播评论诞生和发展初期，很多评论样式都来源于报刊评论，即便是借鉴和移植的形式，其媒介特征也不明显。20世纪90年代后期，随着传播实践的不断发展，逐渐形成了具有广播媒体特点的广播评论形式。

由此，我们可以按照两种方式对广播新闻评论进行分类：

(一)按照新闻评论的共有形式划分

根据论题的重要程度将广播新闻评论分为本台评论、本台评论员文章、本台短评和编后话。这几种评论在播出时不播发作者的名字，而是以电台的名义发表对新闻事件、问题和社会现象等的见解和看法，也被称为不署名评论。与此相对应，还有署名的短评和记者述评。这两种署名评论虽然署上了编辑或记者个人的名字，似乎代表的是个人的意见和观点，但由于这些言论实际上获得了编辑部的许可，在一定程度上也被认为代表着媒体的立场。

1. 本台评论

本台评论是代表电台直接针对当前重大事件、重大典型、重要问题发言的权威性言论，是广播最重要、最权威的评论形式，具有很强的政策性和指导性。其地位相当于报纸的社论。由于其地位特殊，本台评论主要在最重要的新闻节目中播出，如中央人民广播电台的本台评论一般在《新闻和报纸摘要》节目中播出，地方台的本台评论在该台最重要的新闻节目中播出。相对于其他评论类型来讲，本台评论的地位重要，但播出频率较低。

第13届中国新闻一等奖的中央电台的评论《政治宣言　举国称颂》[①]的作者在认真学习"十六大"报告并阅读大量相关文件资料后，准确地把握了报告精髓，深入思考，周密布局，适时播出，是中央主要新闻单位较早对十六大报告作出反应的独家政论文章之一。

政治宣言　举国称颂

党的十六大开幕大会直播天下，举国一片欢腾，连日的讨论中，十六大代表盛赞大会报告是党在新世纪新阶段的政治宣言，是全面建设小康社会的行动指南，是马克思主义的纲领性文献。广大城乡的反映也积极热烈，从通商都会到边远乡村，说大会、议报告的场面随处可见。

万众称颂的原因之一，在于报告本身的真理性、科学性、指导性。报告高瞻远瞩，求真务实，深刻总结了改革开放、特别是十三届四中全会以来治党治国的成功经验，分析了"三个代表"重要思想的现实指导地位，提出了全面建设小康社会的伟大目标，部署了政治、经济、文化建设和体制改革以及党建、国防、外交等多项重大历史任务，给我们党绘就了一幅当今条

① 中央人民广播电台2002年11月12日播出。

件下执政兴国的宏伟蓝图。

这是胆识俱佳、充满智慧的全方位的执政兴国方略。纵览天下大局，运筹中国的现实和未来，思考问题脚踏实地、视野开阔；决策部署，重心突出，进退适度，对执政规律的近距离认识，几乎在所有重要领域都打上了深深的烙印。报告的字里行间渗透深入的调查研究和思考的最新成果；渗透实事求是、开拓创新、与时俱进的时代精神；渗透对党内外、国内外先进思想成果的吸纳与扬弃。可以相信，这篇闪耀着真理光芒的马克思主义纲领性文献，其科学价值必将在今后的实践中呈现出来。

十六大报告深得民心的又一个原因是，紧紧围绕中国最广大人民根本利益谋党谋政，充分体现了中国共产党植根于人民、服务人民的根本宗旨。全面建设小康社会的伟大目标，集中体现了全中国各族人民的共同利益，围绕这一目标展开的各项改革建设和一系列重大工作部署皆以人民利益为向背，其中，对党在执政形势下的再定位，更是强化了立党为民的根本指导思想。

十六大报告中"发展"是一个强势词汇，用发展增强国家实力和人民福祉，用发展提升伟大祖国的国际地位，用发展实现中华民族的伟大复兴。所有这些追求的背后，为民为国为民族既是动力起点又是目标终点。数万言的铅字的背后，是中国共产党对中国人民始终不渝的赤胆忠心。

为了这个"忠"字，中国共产党曾在枪林弹雨中前赴后继，曾在多重重压下砥柱中流。今天，面对新世纪新阶段的时代风云，立足于丰厚的改革成就，中国共产党用十六大报告宣示天下：在崭新的历史平台上，中国共产党已经找到了为人民负重冲锋的新的起跑线。

十六大报告的振奋人心之处，更在于面向世人展示了中国共产党在执政条件下全面成熟的新风采。确立"三个代表"为长期指导思想，表明党的思想理论建设和对治党治国规律的认识跃上了一个大台阶，对世界潮流的把握和国内诸因素的驾驭折射出空前的力量与智慧。襟怀博大，志向高远，大智大勇，可以统万众整理江山，可以为人民赴汤蹈火。中国共产党的这些品质在十六大报告中清晰可见。

大会开幕以来，热爱中国共产党的政治气息日渐浓厚，"报告热"在社会各界特别是各级党组织和高校青年学生中陡然升温，思想敏锐的人们从报告中看到了中国共产党与时俱进的新境界，看到了中国共产党执政水平的新高度，看到了中国共产党率领全中国人民实现民族伟大复兴的灿烂前景。伴随着强烈信赖油然而生的，必然是强国主人的光荣与豪迈，必然是对中国共产党的真诚崇敬与爱戴。

需要注意的是，由于本台评论规格和影响力的原因，不宜将各种评论都冠以"本台评论"的名称频繁使用。

2. 本台短评

本台短评是一种篇幅短小、内容单一、分析扼要、使用灵活的编辑部评论。一般配合新闻报道出现，常常针对某一问题发表简短评论，论题集中、分析扼要、使用灵活。它的作用类似编者按语，但规格更高。

如山西电台2001年1月1日播出的《新闻半小时》节目，在一组关于环境治理的报道

《我省工业污染源达标“零点关停”行动在全省11个地市同时展开》、《太原钢铁公司八项环保工程达标剪彩》、《太原市首次ISO14000环境管理系列标准培训班参会者稀少》和对该节目前两天播出的两条环境污染批评报道的回访之后，配发评论《保护环境，造福子孙》①，以引发听众对环境问题的关注，提高其认识。

保护环境，造福子孙

站在新世纪的门槛，回眸刚刚过去的百年，我们欣慰地看到，人们已经创造了极其辉煌和灿烂的物质成就，拥有了前所未有的征服、改造自然环境的能力。但我们也不能不担忧，人类在享受物质生产成果的同时，却又不得不饱尝物质生产造成环境恶化的苦果。

我省是能源重化工基地，工业化进程加快和产业结构失衡，使得自然环境的恶化呈急转直下之势，特别是近十多年来，省城太原被列入世界污染最严重的城市之一，大同、阳泉、临汾等大多数中等城市在全国污染大户中也榜上有名，就连吕梁这样的经济贫困地区，前些年的污染指数也直线上升，这笔学费我们山西人交得实在太多了。令人欣慰的是，现在，全省上下已经形成了共识，发展经济更需要保护环境，这是可持续发展必不可少的条件，也是造福后代子孙义不容辞的责任。当然，我们还应该看到，“零点行动”、达标排放只是环境治理工作万里长征的第一步，我们身边污染依然严重，环境保护又是一项需要全民参与的艰巨工程，让我们携起手来，共同创造山川秀美的新山西。

3. 编后语

在报刊评论中，根据编者按语所处位置和所起作用的不同，可以有编前话和编后话两种，在广播新闻中更常使用的是编后语。

编后语是编辑在新闻报道之后推出的评价、议论或说明性的文字，是依附新闻报道的画龙点睛式的简短评注。其内容源于新闻报道，又能够对新闻报道的内容有所补充和深化，编后语篇幅短小、言简意赅，起到对新闻报道提示说明、评价表态、提醒建议、强调补充等多方面的作用。

编后语的写作类似短评，通常是一事一议，编辑反应迅速，写作方式轻便灵活，能够以具体、贴近生活的话题，生动活泼的语言，启迪思想、引导舆论、寓理于事，具有很强的针对性和灵活性。

如山西电台《新闻半小时》节目在播出《市场又见代金券》的批评报道之后，加播编后语：

国家明令禁止的代金券为什么会大行其道？商家甚至包括银行挖空心思揩公家的油，想方设法为公款消费开绿灯，当然难辞其咎，但板子如果只打在商家或银行身上，似乎又便宜了谁？俗话说，打蛇打七寸。追根溯源，代金券之所以有市场，关键的原因还是有些单位有令不行，有禁不止，以权谋私，化公为私，看来，真正制止公款消费需要齐抓共管，更需要从源头上监督、清理。

---

① 山西人民广播电台2001年1月1日播出。

中央电台2001年11月23日的《新闻和报纸摘要》节目中，编辑在消息《北京市决定：今后不再大种草坪》后配发编后话《要有这样的求实精神和长远眼光》：

种草和种树都是绿化的手段，各有所长，不过这里面有个国情问题，至少眼下对我国大部分地区来说，草坪比树木有两大短处：一是综合生态效益不高。同样的面积，树木的供养和吸收废气的能力比草坪高5到20倍，净化效果高2到4倍。至于防风滞尘、降低噪声、提供树荫，草坪则差得更远甚至无从谈起。二是草坪娇气，建设和维护花钱太多，何况它要消耗大量宝贵的清水，这对越来越为缺水头疼的城市来说是一个不小的负担。那么为什么许多城市重草轻树至今乐此不疲呢？除经验不足、认识不到等原因外，不能排除草坪壮观抢眼，且一夜之间能呼啦啦绿上一大片，效果立竿见影，政绩立等可取，而种树非三年五载不能成荫。从这点看，北京市在处理这些关系上表现出的求真务实的精神和十年树木的长远眼光就非常可贵。

由上面的例子我们可以知道，编后话一般跟在新闻价值重大的新闻背后，虽然短小，但强烈地表达了编辑部的思想，通过评论强调以引发听众的注意。需要注意的是，编辑在写作编后语时，一方面要注意紧扣事实，得出带有普遍性和规律性的结论，不要无病呻吟，另一方面要把握分寸，讲究议论方式与注重传播效果的统一。

(二)按照广播评论是否使用音响划分

另一类则是按照是否使用音响分为口播评论、录音评论和广播访谈。其中口播评论与报纸评论的差别不大，是文字稿的口播。录音评论、广播访谈、主持人评论等属于广播评论独有的形式。虽然广播评论兴起于20世纪80年代，但真正繁荣发展还是90年代以后的事情。

1. 口播评论

口播评论是评论员、记者写作了评论稿件后，由播音员播出的一种评论形式，目前常见于本台评论和评论员文章。如《拜金主义要不得》、《政治宣言　举国称颂》、《信用是本　道德为先》、《三问中部》等。

第4届中国新闻奖一等奖作品《拜金主义要不得》[1]播出之时，正是许多人对“过把瘾就死”的人生态度感到困惑、迷惘的时候，作者在列举了拜金主义的种种表现之后指出：“改革开放给我们这个12亿人的大国带来了前所未有的变化，但现在还远非黄金铺地。我们人均还不到400美元……光是在我国的中西部地区，就有2700万农民仍在为温饱发愁，河北一个失学的孩子，天天在家扎扫帚，想凑够不过四五十元的学费；对比这些，那种千金散尽、挥霍无度的‘潇洒’该有多么不协调……‘艰苦奋斗’，是一面鲜红的旗帜，在我们奔小康、奔四化的路上，让这面旗帜高高飘扬！”该作品有理有据地对拜金主义进行了批驳，评论立意高、问题准、时机好、语言精，可以说是广播新闻评论的典范之作。

---

① 中央人民广播电台1993年4月8日首播。

拜金主义要不得

在我们步步推进社会主义市场经济建设的时候，这样一个声音越来越清晰地回响在我们耳边：还是要讲艰苦奋斗，讲高尚的人生观、价值观，拜金主义、奢侈挥霍之风要不得。

改革开放使人们手里的钱多了，这是好事，可钱怎么花却大有学问。对占人口绝大多数的工农大众来说，从国民经济大局来看，“勤俭是咱们的传家宝”依然是最动听的旋律。可偏偏有人对此不以为然，于是人们看到一些奇怪的现象：

在杭州，有两个“大款”为了斗富，竟在众目睽睽之下，比赛烧人民币，每人烧掉两千多元而面不改色；

在长春，一家卡拉OK厅，一个富翁宣布：包下当晚所有的“点歌费”，另一位大亨立即声明：买下全市当天所有的鲜花：你不让我点歌，你也别想献花。

春节时，一个青年富豪仰望着纷纷落下的爆竹纸屑兴奋地流下热泪，因为他刚刚点燃的四个爆竹是2000元人民币卷成的。

一位北京“大款”用2万元一桌的宴席招待广东“大款”竟遭到奚落，随后广东“大款”用6万元一桌回请，而北京这位“大款”竟“啪”地打开密码箱，甩出35万元说：今天这桌就照这个数！

至于某人身上的穿戴价值十几万，某人甩出2万元点一支卡拉OK，30万元一只的哈巴狗被“大款”们眼都不眨地牵上就走这类事，也时有所闻。

或许这般挥金如土的人并不多，但这类事所投下的阴影却在平民百姓中日益蔓延；豪华饭店吃不尽的高档宴席；婚丧嫁娶走不完的人流车队；160元一张的“粉色情人节”入场券一抢而光；10万元一件的进口大衣买者如云；100元一个的钥匙链卖得很火；18元一碗的日本面条餐馆竟高朋满座。可以说，拜金主义正越来越大胆地牵动人们的衣襟。在许多人那里，斗富、显阔、纵欲被作为“潇洒人生”、“过把瘾就死”；大款、大亨、大腕被当作崇拜的偶像；金钱、别墅、宠物被看成辉煌人生的象征。

这种种现象已经不仅仅是个怎么花钱的问题，它鲜明地反映出一些人的价值观、道德观，这种奢靡之风正在污染着社会环境，污染着社会主义的人际关系，艰苦奋斗、克勤克俭是我们中华民族永远值得骄傲的美德。从“粒粒皆辛苦”的古训到周总理衬衫上的补丁，我们民族的文明史上一直闪烁着这种崇高节操的光彩。如今发展市场经济，我们依然必须清醒，人际关系绝不只是金钱交换，等价交换的原则决不能移植到思想道德领域，物质与精神，永远是人类文明进步这架天平的两端，失去哪一端，社会都会出现倾斜。金钱我们需要，高尚的道德情操我们更要追求，艰苦的年代如此，发展市场经济的今天同样如此，如果让金钱的光环遮住了比它更美好的精神世界，人类文明将是残缺的，人格将是病态的。

还应该看到，奢靡之风给涉世未深的青少年带来的劣性刺激和心理影响是严重的。不少人比吃比穿比享受，就是不比工作、不比创造、不比贡献。东北的一位大学生说：过去觉得上大学光荣，现在，落榜的同学成了大款，作为大学生我很自卑。北京一位教师则急切地呼唤人们听一听中学生在唱什么：“世上只有钞票好，有钱的孩子像块宝。”这位教师实际上是在呼唤人们:青少年是我们的未来,警惕奢靡之风吹落了我们未来的精神风帆!

如果我们把目光从灯红酒绿的宴席移到农舍窑洞,警惕拜金主义的话题会变得更加沉重。改革开放给我们这个12亿人的大国带来了前所未有的变化,但现在还远非黄金铺地,我们人均还不到400美元,在全世界人均国民生产总值的排名榜上,我们的座次远远排在96位,光是在我国的中西部地区,就有2700万农民仍在为温饱发愁,河北一个失学的孩子,天天在家扎扫帚,想凑够不过四五十元的学费;对比这些,那种千金散尽、挥霍无度的"潇洒"该有多么不协调。再进一步说,在党和政府千方百计解决这些困难的时候,大款、大亨、大腕们如果能从酒店歌厅转过身来,看看失学孩子求助的目光,看看农民们的满面尘土,把财富的支配与为国分忧、为民造福联系起来,向他们伸出手去,这才叫真正的潇洒和幸福。令人高兴的是,许多先富起来的人已经或正在这样做。

"艰苦奋斗"是一面鲜红的旗帜,在我们奔小康、奔四化的路上,让这面旗帜高高的飘扬!

2. 录音评论

录音评论是一种具有广播特点的评论形式,是将新闻事件的现场音响实况或者人物谈话录音作为论据或者作者的补充论点的一种评论形式。录音评论中的音响并非可有可无的"点缀",而是评论的重要组成部分,音响与语言结合运用才能完成整个评论的论证过程。录音评论因其信息量大,针对性更强,更富于说服力和感染力,更能发挥广播特色在广播言论中的作用,其使用比例日益上升。在录音评论中,除本台评论、评论员文章、编后语、短评、述评等各种媒体共用的评论形式外,广播谈话、主持人评论等属于广播特有的评论形式。在广播评论的特有形式中,带音响的新闻述评运用得最为广泛。

新闻述评是将新闻报道和新闻评论融合在一起的一种新闻边缘体裁。从表面上看,新闻述评有些类似于新闻综述,但新闻综述在于对某些重要事件、重点工作或形势给予综合性叙述,重点在述;而新闻述评则在于表明立场、观点,重点在评。新闻述评的基本特点可以概括成两句话:评述结合,以评为主;述中有评,评中有述。新闻述评要以新闻事实为依据,对某一事件或问题进行剖析,夹叙夹议,从感性上升到理性,从中梳理出规律性的经验或教训,其中述是手段,评是目的,新闻述评夹叙夹议的最终目的还是对对象的分析和评价。

2007年9月17号,在杭州举办的2007中国女足世界杯德国队和日本队争夺四强的比赛中,赛场上观众观战期间向日本队员爆发出阵阵嘘声,日本队员却在比赛结束后向中国观众鞠躬致谢,两者形成强烈对比,引发了网友热议。不到一周的时间,相关事件的帖子、博客、评论转载等网页达到15000多个。结合即将在北京举办的2008年奥运会,福建电台记者采写的《和平的赛场需要更宽广的民族胸怀》①获得了第18届中国新闻奖一等奖,作者旗帜鲜明地指出:嘘声是狭隘民族情绪的宣泄,而不是爱国主义情怀的表达。和平的赛场需要更宽广的民族胸怀。只有这样才能避免类似事件在2008年北京奥运赛场上发生,使中国在世界上的形象受到影响。

① 福建广播影视集团广播都市生活频率2007年9月23日首播。

和平的赛场需要更宽广的民族胸怀

（同期声：现场嘘声）

听众朋友，您刚刚听到的是 9 月 17 号晚上在杭州黄龙体育中心观众看台上传来的嘘声。这是一场 2007 年中国女足世界杯德国队和日本队争夺四强的比赛。赛场几乎成了德国队的主场。每当德国队拿球和进攻的时候，场下的中国球迷就会给他们震耳欲聋的掌声和欢呼声。然而一旦日本队拿球，场下就会响起您刚刚听到的嘘声。

戏剧性的一幕出现在比赛结束的那一刻。日本队以 0∶2 输了球。日本女足的姑娘们挥洒着泪水准备告别赛场时，她们扯开了一条事先准备好的横幅，上面用中文、英文、日文三种文字写着："谢谢！中国！"并深深地向中国观众鞠躬致意。面对这样的举动，场下出现了短暂的沉默，随后爆发了当晚送给日本女足唯一的一次掌声。

针对这一事件，不少专家学者提出：面对即将到来的 2008 年北京奥运，我们需要更宽广的民族胸怀。

中国观众为什么要给德国队掌声，而给日本队嘘声？不言而喻，比赛的时间恰巧是"九一八"前夕，日本军国主义 70 年前给国人的伤害是无法让中国人忘记的。况且在二战后，德国和日本对战争的态度也截然不同。对于赛场上的中国观众给日本队的嘘声，福建社科院历史所研究员麻建敏教授认为：

同期：中国人对日本的侵华历史的记忆是刻骨铭心的。我们中国不会忘记这段历史。但是不忘记不等于说我们在不适当的场合发表我们的看法、表露我们的感情，尤其是在体育这个和平的赛场上。我们研究历史、了解历史的目的是什么？就是要总结我们不被发展的经验和教训，就是为了更好的发展，让人类有更美好的明天。

牢记历史、总结历史是为了人类更美好的明天。然而我们把牢记历史的民族感情转化成了球场上的嘘声，这显然是与历史发展相违背的。其实，在国际赛场上停止我们的嘘声并不代表我们忘记历史，反而是为民族自身的发展和民族与民族之间的发展尽了自己的一份力量。

著名体育评论员文国刚老师从体育的实质以及奥运的历史阐述了同样的观点。

同期：为什么奥运会会出来？就是欧洲人考虑到国家与国家之间老打仗，他们要找一种方式让大家不打仗，形成一种和平的环境。奥运休战，就是在奥运会的时候所有交战国都不打仗，都来共同参加奥运会。体育本身就是代表一种和平，运动员本身所代表的一种和平大使的形象，赛事本身尽可能地不要政治化，而且这一点非常重要。

神圣休战延续了一千多年，使古代奥运会摆脱了战争的困扰，成为和平与友谊的盛会，这对现代奥运会产生了深远的影响。1956 年，澳大利亚墨尔本第 16 届奥运会当时处于分裂状态的东西德国被组织到一支队伍里，共用一面有着奥林匹克五环的黑红黄三色旗。1964 年第 18 届东京奥运会，组委会选中了广岛原子弹爆炸时出生的一个年轻人做圣火的运送者，以向受害人表示敬意和呼唤世界和平。2000 年，在澳大利亚悉尼奥运会上，朝鲜和韩国的运动员也在统一的旗帜下联合入场。人类对和平的祈愿贯穿了整个奥运历史。

2008年奥运会即将在北京举办,全世界的目光都聚焦在崛起的中国。中国也将向世界展示同一个世界、同一个梦想的和平期盼。福建师范大学传播学院院长颜纯钧教授表示:

同期:一次成功的奥运会对于一个国家来说是很好的形象传播的过程,举办一次成功的奥运会,对我们中国在世界范围内塑造我们的形象,改变自己的形象是一个非常重要的机遇。把奥运会办成全球的全世界的节日,这个期许实际上是中国政府中国人民在争取2008年举办权的时候就是我们基本的观念,到最后也是我们实现的一个目标。

对于中国人来说,作为一个正视历史、不忘却历史,但更有宽广民族胸怀的大国国民,更应该树立正确的爱国主义观,更应该在2008年奥运会举办的过程中去配合奥组委,配合中国政府倡导的和平理念。福建2008年火炬手李珊珊将在明年参加奥运火炬的传递,同时也在传播着人类和平的种子。

同期:我想体育竞技它有两个目的:一个就是追求更高更快更强,另外一个就是要促进世界的和平,让所有的人才聚到体育运动中来,如果真的是在球场上给人家喝倒彩,可能会达不到相应的目的,反而影响我们国人的形象。所以我觉得只要是在一个开放的中国,就应该用这种开放的心态去面对不同的民族、不同的国家,去接纳和帮助。

听众朋友,爱国主义的旗帜要高举,民族精神要发扬,但是面对赛场上的国外和平使者,用喝倒彩的方式去表达自己的情感,我们认为这是狭隘的民族情绪的宣泄,决不是爱国主义情怀的表达。我们真诚地希望,在今后在国外赛场上,在明年的奥运会上,我们的观众会用掌声为国内外的所有运动员鼓励、喝彩。和平的赛场需要更宽广的民族胸怀,每位到中国比赛参加奥运会的选手都是我们的朋友,我们要让全世界记住北京奥运会的掌声,记住中国的掌声。

该作品能从一件普通的体育赛事中捕捉到具有深层社会意义的新闻热点,具有很强的新闻敏感性和社会责任感。在论述过程中,该评论作者没有采用居高临下的说教或板着面孔训人的口吻,而是从公众关心的新闻事件、社会现象出发,做有理有据、心平气和的评述,逻辑严谨、环环相扣、步步推进、评述饱满。作品语言流畅,使用了五段音响,具有很强的说服力和可听性。评论播出后,产生了强烈的社会反响。

3. 广播访谈

记者或主持人与评论员或嘉宾一问一答,前者穿针引线,后者发表观点。如2002年度中国广播电视新闻奖一等奖作品《从“南雁北飞”看人才流动新模式》从全新角度反映当今人才流动的新特点,以厦门大学知名教授王小如北上青岛开展研发工作为切入点,结合大量新闻事实,全方位、多角度地探讨了人才流动的现象、原因和发展前景,提出人才流动的目的在于人尽其才的核心观点,具有较高的社会意义和前瞻性。该作品大胆突破了广播评论固有模式,以评论员点评当日新闻的形式直接凸显主题,指出王小如和她的团队既不是终身合同式的“刚性流动”,又不同于兼职兼薪式的“个体交流”,而是在打破部门所有制前提下,实现人尽其才、合理配置的“柔性流动”,是对“不求所有,但求所用”新的人才观的有益探索,是高效发挥人才优势前提下的人力资源的合理配置。

三、广播新闻评论的选题和立论

选题和立论是广播评论酝酿阶段的两个基本环节。

(一)选题

选题又叫论题,具体规定一篇评论的议论对象和论述范围。可以说,选题是决定一篇评论具体议论什么以及如何议论的环节。选题的好坏,从根本上决定了一篇评论的成败。

广播新闻评论具体论述什么?选题的来源有很多,既可以来源于党和政府的重要会议、重要文件和重要领导人讲话中;也可以来自近期出现的具有全局意义的典型事件中;还可以来自当前人们关注的社会热点和焦点事件或现象。无论来自哪个渠道,都要注意是否具有评论价值。新闻的评论价值不等同于新闻价值。对具有评论价值的事件或现象发表议论、阐述观点、表明态度,能够给听众带来一定的启示或者提示,能够起到举一反三、引发思考的作用。具有新闻价值的事件或现象要远多于具有评论价值的事件或现象。

获得第15届中国新闻奖一等奖和2004年度广播影视大奖一等奖的广播评论《治理好污水也是政绩》①在选题上立足全国大局,选择地方大事落笔,把选题的宏观、高度和地方的"关注度"融于一体,很好地彰显了新闻评论"旗帜"的作用。该评论以十六届四中全会通过的《中共中央关于加强党的执政能力建设的决定》为背景,着眼于正确的政绩观和科学发展,瞄准如何处理已被国家环保总局列为全国十大环境违法案件的平阳县水头镇皮革制造业,对平阳县新一届领导班子宁可"年财政总收入"减少2亿多元,也要治理污水的执政理念给予表扬。由平阳县环境污染付出的代价到全省GDP增长过程中付出的代价,最后落脚在经济发展必须突出"以人为本",在科学发展观指导下,树立正确的政绩观,经济社会才能协调和谐发展。

治理好污水也是政绩

在日前的一次会议上,平阳县委书记戴祝水向浙江省省长吕祖善汇报工作时,介绍了该县一年来治理水头镇制革污染的情况。当说到全县经济发展时,列出的一系列数据让人听了大跌眼镜:今年1~9月,平阳县实现GDP 70.4亿元,比去年同期仅增长2.8%;财政总收入5.36亿元,比去年同期下降2.2%,经济增长居全省末位。面对这样的政绩,戴祝水显示了他的勇气:

[出录音]"我们宁可当一届没有政绩的领导,也要把这个污水治理好!"[录音止]

省长吕祖善当即接上话题说:治理好污水就是最大的政绩!

2003年底之前,平阳县水头镇有1200多家皮革制造企业,每年生产1亿多张成品猪皮,成为"中国皮革之都",皮革业的年产值达到40多亿元,税收超过2亿元,在全县的工业产值

① 浙江人民广播电台2004年12月28日播出。

和税收中都占1/3以上。皮革业的迅速发展在繁荣当地经济的同时,也把平阳县的母亲河——鳌江变成污黑一片,沿江老百姓怨声载道。2003年,水头镇制革污染被国家环保总局列为重点查处的全国十大环境违法案件,也被浙江省定为九大严重污染环境的整治对象。说到这个问题时,省长吕祖善严肃指出:

[出录音]"浙江变成什么呢?守着一湖污水,相当多的地方是垃圾堆满的地方,酸雨全省覆盖。我们这样的增长,浙江绝对不会是山川秀美的地方。发展是硬道理必须要发展,我们现在到了必须下大决心研究如何发展的问题,也就是说怎么转变增长方式。"[录音止]

前不久,一份由经济专家撰写的报告《浙江GDP增长过程中的代价分析》第一次全方位展示了浙江GDP高速增长所带来的负面效应。报告指出,环境污染、耕地锐减、能源紧缺已经成为浙江面临的"成长的烦恼"。据专家测算,浙江省每生产1亿元GDP需排放28.8万吨废水,今年浙江省GDP将达到1万亿,也就是说要产生28.8亿吨废水,水资源环境的承载力已接近饱和状态。如不改变现状,若干年后,"江南水乡"的浙江,老百姓无水可喝将不再是危言耸听。浙江省委书记习近平在近日召开的一次重要会议上指出:"发展是硬道理,乱发展没道理。进一步的发展不能再以GDP论英雄,而应该以科学发展观为指导,不断转变增长方式,促进经济社会协调和谐发展。"

确实,一段时间以来,一些地方领导在"发展"问题上产生了很大的误区,把"发展是硬道理"片面地理解为"GDP增长率是硬道理"。于是,盲目上项目、办企业、引投资,大搞形象工程,甚至通过各种手段挤占群众利益,给地方发展造成了长期的包袱和隐患。浙江省政府咨询委员会副主任、经济专家朱家良谈到这个问题时认为:

[出录音]"我们过去的发展观,有些地方把它变成了增长观,就是GDP增长得快,就是发展得快。实际上,发展和增长它是两个概念,发展包括数量、质量、素质、结构,一个完整的概念。就是你增长得快,如果对环境的破坏、资源的消耗都作出了牺牲,这样换来的经济增长,是没有多少好处的。"[录音止]

由此可见,在发展观上出现盲区,就会在政绩观上陷入误区;在政绩观上出现偏差,发展观就会与科学产生偏离。树立科学的发展观,必然要求树立正确的政绩观。平阳县新一届县委、县政府领导在严峻的事实面前,终于改变了GDP决定一切的片面政绩观,痛下决心彻底治理水头镇的制革污染,一千多家制革企业被关停并转。于是,全县GDP迅速下降,财政收入出现负增长,规划好的县政府大院迁建工程只得放弃,城市基础设施建设也由于没有资金处于停滞状态。也就是说,看得见的政绩没有了。但是,县委书记戴祝水态度明确:

[出录音]"这是一个艰难的过程,需要相当长一段时间,五年可能还出不了成果,产值还增不上去。我们这一任就是打基础的,出不了政绩的。对污水治理我现在是非常痛苦的,但痛苦是现在治理的过程,但是我为下一任能够打好基础。"[录音止]

其实,治理好污水也是政绩。如果经济增长了,而老百姓生活在一片污水和废气之中,身心健康受到损害,生态环境的承载力超过了极限,甚至引发诸多社会矛盾,这样树立的政绩必然引起群众的反感,反而损害了党和政府的形象。作为地方领导,应该有政绩,也必须有政绩。但要把实现人民群众的利益作为追求政绩的根本目的,把实现经济社会的可持续发展作为创造政绩的重要内容,处理好人与自然、当代与后代、本届政府任期目标与增强可持续发展能力的关系,就像经济专家朱家良所说的:

[出录音]"我们要从一个单纯追求数量粗放的扩张观念,转到全面协调可持续的新的发展观上面去。这样一个发展就是经济的发展、社会的发展、生态环境的保护、人和自然的和谐协调,这样一种发展应该是真正符合以人为本的要求。"[录音止]

优秀的新闻评论,选题要能够紧扣时代脉搏的新闻性,针对关系国家发展、国计民生的方面发现新问题、阐述新观点,不做大而无当的空洞的无病呻吟。广播评论要能够有效地将对大局的关照和地方特点结合起来,评论才能有的放矢。树立正确的政绩观和科学发展观是各地电台2004年报道的重点,在参加2004年度广播影视大奖评比的广播作品中,有七篇评论都从不同角度反映了这一重大主题。政绩是每个地方主要领导追求的目标,而政绩的直接体现往往是GDP的高速增长。于是,一些地方领导为了突出政绩,不顾经济社会的协调和谐发展,以破坏环境为代价而求得经济的快速增长。过去的平阳县就是一个典型例子。正因如此,平阳县新领导班子能够关掉一千多家制革企业,直接导致"经济增长居全省末位"的事件才更典型,意义也更加重大。正像浙江省委书记习近平所说的那样:"发展是硬道理,乱发展是没道理","不能再以GDP论英雄"。

选题具有评论对象和论述范围两个维度。评论对象是客观存在的特定事物或典型事件,是第一位的因素;而论述范围可以根据评论对象与周围事物的关系发生相对变动,以给评论者留出足够的议论空间。这两个维度可以构成三种关系,即评论对象本身涵盖的范围等于、大于或小于论述范围。① 对于宏观问题的论述,我们要考虑采取"大处着眼、小处入手"的方法。如《治理好污水也是政绩》论述的是"科学发展"、"以人为本"、"和谐社会"、"党的执政能力建设"等这样的大论题,选择东阳县的个案切入,角度很小,但反映了浙江如何将治理污水问题提高到切实保护环境,提高党的执政能力,谋求社会经济和谐发展的高度认识,既有贴近性,又有深刻性,从而避免了对重大问题的泛泛而谈。

(二)立论

广播新闻评论立论的过程,就是确定评论的中心思想和基调的过程。在长期实践的过程中,新闻评论形成了"求真求新、不妄不庸"的立论准则,具体来说,就是立论要正确、新颖、集中,且具有一定的引导意义。

1. 正确

立论正确无误是对评论立论的第一要求。评论的正确性,体现在能够正确理解和传达党的路线、方针、政策和精神;正确领会和解释法律、法规、措施和办法。还要坚持实事求是,以马克思主义的世界观和方法论分析事物、研究问题,从而提出科学、正确的结论。

有一篇论述解决"三农"问题的切入点的评论,作者认为对农民进行培训,让他们学一门手艺进城打工,就是找准了解决"三农"问题的切入点。我们知道,"三农"问题是对农业、农

① 张君昌:《广播评论的选题原则》,《中国广播》2007年第3期。

村、农民问题的统称,涉及的范围非常广泛。在当前我国种粮农民占大多数的情况下,只培训打工农民,不培训种粮农民,就是连农民问题都解决不好,更何况农村问题和农业问题?!从另一个角度讲,当前我国的粮食安全问题日趋明显,在国际粮价不断上涨的情况下,如何采取措施稳定粮食生产、增加粮食产量、确保粮食安全,不仅对我国农业发展具有重要意义,对国家安全也有着不可忽视的重大作用。

2. 新颖

新闻评论的记者要能够站得高、看得远,提出一些有前瞻性的观点,引导人们对事物的正确看法。要想对事物的发展提出真知灼见,发现分析事物的新角度,拿出解决问题的新办法,除了一定的远见和胆识外,还需要充实的理论、政策和知识准备。

2001年,青岛市的驰名商标占全国驰名商标总量的2%,而在十年前的全国首批十个驰名商标中,青岛有两个商标榜上有名,所占的比例是20%。通过简单的数字对比,人们很容易得出这样的令人担忧结论:“青岛的名牌落伍了!”事实果真如此吗?青岛台的记者采写的录音述评《名牌,要的是强》[①]没有人云亦云,而是提出:“应该把眼光放到世界上去看待名牌,除了数量、规模和市场占有率之外,更应该关注的则是名牌企业的质量和效益。”在对比了中外知名企业的利润率后,评论提出:在国际竞争的大背景下,我们不要能以数量取胜的“羊群”,而是要成为“称雄于山林”的“老虎”,“在名牌上,我们要培养能够在国际市场上纵横驰骋的老虎。”

第5届中国新闻奖一等奖作品《反暴利,在南昌为什么难以展开》主题为建设社会主义市场经济的过程中必须培育和规范市场行为,这一主题的确立摸准了当时经济生活的脉搏,抓住了党和人民关心的热门话题,作者以新的角度切入,关注物价这个人们关注的“热点”、“难点”问题,从人们看得见、摸得着、体会得到的现象入手,以“呼唤反暴利”和“好的法规却形同摆设”为问题切口,深层次表现经济现象,挖掘经济内涵,既反映了“吃”、“穿”方面的价格行为,也剖析了消费者对反暴利的多种心态,还分析了管理者和法规自身的不足。该评论采用“批评报道正面做”的方法,没有片面指责埋怨,也没有简单批评,而是通过层层分析“好的法规形同摆设”的原因,找出“宣传形式单一”,消费者“不需要,也不愿意举报投诉”,检查部门“象征性的罚款代替严格的执法”和“制裁力度过弱”、“打击手段不力”等症结,然后提出了解决问题的方法,这种小切入、深挖掘,用扩大积极因素化解消极因素的方法,成为舆论监督和引导的有益尝试。

3. 集中

一篇评论只有一个论点,但在总论点之下可以有若干个分论点。这样,才能够中心明确、层次清楚。但凡好的评论,立论都很集中。那么如何实现立论集中呢?前人的经验是“宽题走窄路,窄题走宽路”。也就是通过改变论述范围的大小,使评论对象的意义得以彰显,使之有助于观点的表达。所谓“宽题走窄路”,就是在立论过程中,精心提炼,寻求恰当的突破口,切入点既小又准,直接触及事物的本质。我们前面列举的《治理好污水也是种政绩》

① 青岛人民广播电台2001年2月25日播出。

就是这样的代表。

而对于那些相对单纯具体的评论对象，则要能透过现象看本质，从个例中探寻事物的共性。2002年度中国广播电视新闻奖一等奖作品《“以德营商”是一种基本的要求》①从几个发生在广东的个案入手：广东佛山一位市民因为商家一句“9·18是一个开心的日子”的广告用语，把广告发布商告上法庭；深圳一个“等着你来包”的巨幅广告牌引起人们的强烈抗议，不到一个月时间，广告发布商不得不把广告牌撤下……有些商家故意采用“合法不合理”的手段，通过“打擦边球”来吸引消费者的“眼球”，希望获得“轰动”效应，不料却适得其反。由此提出评论的总论点：“以德营商”在社会主义市场经济条件下“是一种基本要求”。商家获得成功的良方是把企业所承担的社会责任和企业自身的发展需求统一起来，做到“以德营商”，在服务社会、服务人民的过程中，获得企业效益和发展。

以德营商是一种基本的要求

听众朋友，如果有人在报纸上公开宣称“9·18是一个开心的日子”，您会有何感受？如果一巨幅美女的图像，上面打着“等着你来包”这几个大字，您第一时间又会想到什么呢？这是广东某些商家打出的两则广告！在2002年岁末，当我们检索广东经济生活状况的时候，在经济蓬勃发展的乐章中发现了几个极不和谐的音符：一些企业、商家为了追求效益，不惜违背社会的公德。审视这些事件，社会的强烈反响在明确地提醒着人们：市场经济行为不单要合法，也要符合人们公认的道德规范。请听录音述评：《“以德营商”是一种基本的要求》。

今年9月18日，佛山市恒港汽车贸易有限公司的专卖店开业，公司在佛山、南海两地的媒体上刊登了一则广告，广告用红美术字标明：“9·18是一个开心的日子。”广告登出后，一时舆论哗然，百姓震怒，一位姓辜的佛山市民甚至一纸诉状将该公司告上了法庭。谈起为什么要打这宗表面上看起来与自己“没有关系”的官司，原告的代理律师颜知明说：

[录音]这个广告我认为首先不符合人们公认的道德规范，“九·一八”是日本侵略中国人的日子，人们都知道这是个国耻日，这个广告伤害了中国人的民族感情，爱国是每个中国人应有的公德。

一句广告语使恒港汽车成了众矢之的，几乎所有的市民都认为这个广告是不妥的。

[录音]（张阿姨）如果说他记得九一八事件而打这个广告词，那么他就太没良心了，因为爱国是每个公民应该有的起码的道德。（沈先生）我认为这个广告伤害了我们每一个中国人的民族感情，既然有人主动出来告他，当然我们会支持他。

在强大的社会舆论压力下，11月17日，恒港公司在报纸上刊登声明，公开向市民赔礼道歉，恒港公司的负责人也从中受到了教训。

[录音]我觉得这个事情也可以让我们从中得到一个教训，就是作为商家不能只顾自己做生意，也要有一定的社会责任感，特别是对公众的道德规范，应该要自觉地遵守。

由于粤语的谐音，广东人对“8”字情有独钟，商家选择9月18日来开业、办喜事本来无

① 广东人民广播电台2002年11月28日播出。

可厚非。但恒港公司通过刊登广告的形式，在社会上公开宣称"9·18是一个开心的日子"，这种商业行为明目张胆地挑衅公众的道德认知，难免会引起公愤。专门研究社会伦理道德的中山大学哲学系教授章海山分析说：

[录音]有一种叫"道德义愤"，就是群众对某一社会事情表明在道德上的愤怒，或道德上的谴责，这种"道德义愤"表明了一个社会或民族的文明程度。

以往有人认为，很多广东人眼里只有钱，现在在经济最发达的珠江三角洲，有市民为了这么一句话而告上法庭，其蕴含的意义是深远的，体现了一种公众的要求和大趋势，就是市场经济发展到今天，在加强法治的同时，也要求德治，要求"以德营商"。

这并不是一宗"有独无偶"的事件，不良商家为了追求经济"效益"或某种"效益"而大打擦边球，罔顾公共道德的行为时有发生。今年5月，广州市环市路一家专营台湾菜的食店准备开业，该店取名为"福尔摩萨"。因为"福尔摩萨"是荷兰殖民者统治时对台湾的称呼，带有强烈的殖民主义色彩，引起了市民的强烈不满，甚至有群众打电话到工商局投诉，最后该店还没正式开业就得改名称。

"合法不合理"的行为，经常成了某些企业和商家追求"出位"的"招数"。这根源于我们正处在社会转型期和市场经济培育、成长的阶段。在改革开放前的计划经济时代，企业的社会责任被过分强调，政府需要企业怎样做就怎样做，忽视了企业自身的需求和发展；而在走向市场经济的初期，不少企业强调了自身的发展，却忽视了企业所承担的社会责任，广东省社科院综合研究室詹天庠指出：

[录音]改革开放后，在一个阶段，为了使企业能够获得更高效益，对怎么能够实现效益最大化，强调的比较多。在一部分企业家的头脑里形成一种误解：只要能达到个人的目的，可以不择手段，忽略了社会规范。因此，就出现了不道德的经营。

有些企业、商家会持有这样的营商"策略"：只要不违法，不管用什么手段，能使企业获得最大效益和发展，就是成功的，就是最大的赢家。深圳市的一个广告商就是用这种手法制作了一个户外广告，惹来了"满城风雨"。

11月中旬，在深圳华强路上矗立了一个巨幅广告，这个原本是"广告牌发包"的广告，左半部是一个白色的性感女子剪影，下端打着一行"等着你来包"的大字。路过这里的市民都认为，这个广告直接就引导别人想到了"包二奶"，因而也成了人们批判的标靶。

负责这个广告牌的公司经理魏小姐知道有人把这个广告当成了"包二奶"广告，她还得意地认为，能够引人注意，这是广告的成功。

省社科院综合研究室主任詹天庠一针见血地把这个广告批得体无完肤：

[录音]这则广告，其实是一种无耻的广告，它连起码的社会道德都不注意了，应该受到社会舆论的谴责。

有人会这样辩称："我可以无耻，但我成功了。"中山大学哲学系教授章海山对这种言论给予迎头痛击。

[录音]经营商自认为是成功的，就算经济上（一时）有所收获，但这个公司的社会形象受到了很大损害，应该说是极大的不成功。一个公司如果社会形象不好，这个公司绝对不会

成功的。

社会科学综合研究室主任詹天痒为商家开出了获得成功的良方，就是把企业所承担的社会责任和企业自身的发展需求统一起来，做到"以德营商"，在服务社会、服务人民的过程中，获得企业效益和发展。

[录音]社会允许企业的存在，就是要让它为社会、为人民更好地服务，否则社会会淘汰你。这个在市场经济逐步成熟的过程中，已经被无数的事实所证明了，凡是那些伤害社会利益的企业，最后的结果都是搬起石头砸自己的脚。

"公道自在人心"，超越了道德底线的商业行为，寿命总是短暂的，"等着你来包"这个巨幅广告，不到一个月时间就在众人的批评声中撤了下来。撤下来的不但是广告，谁挑衅社会公德，谁就会败下阵来。这是公众舆论的胜利，我们呼唤和赞美这种舆论监督，正是在这种监督下，全社会的道德水平才会进一步提高。江泽民主席响亮地提出了"以德治国"，现在全社会也都在提高职业道德建设，广大的商家做到"以德营商"也应该是一种基本的要求。

四、广播新闻评论的表达要素

论点、论据、论证是广播新闻评论的三要素。

(一)论点

论点是新闻评论的看法、观点、见解、主张的高度概括和提炼。广播评论的论点需要符合正确、鲜明、独到、集中的要求。其中正确是新闻评论立论的第一原则。所谓正确，就是新闻评论论点的正确性体现在正确理解和传达党的方针、政策、决定和精神，正确领会和解释法律、法规、办法和措施；鲜明，就是在正确的前提下，广播评论要旗帜鲜明地表达自己的观点，是非要清楚分明，不要模棱两可。是褒扬是针砭，让听众一听就能明白；独到，就是新闻评论要吸引人，论点新鲜独到很重要。要能够跳出问题看问题，让听众听过之后有耳目一新之感；集中，则是新闻评论要围绕主线安排结构、取舍材料，从而烘托主题。

(二)论据

论据是用来说明或证明观点的材料。在广播新闻评论中，论据既可以成为论述的由头，也可以作为形成论点的依据，还可以起到佐证论点的理论或事实。恰当地选择论据，可以使评论的论点更突出、论证更有力。一般来讲，论据可以分为理论性论据和事实性论据两种。其中理论性论据一般是那些经过理论证明或实践检验，为人们普遍接受的思想、论断和观点的总称。作为理论性论据的有：马克思主义、毛泽东思想的基本原理，党的纲领、路线、方针、政策和政府的法律、政令，经实践检验过的哲学和社会科学理论观点，某些自然科学的公理、定律，仍具有生命力的思想、文化遗产，以及格言、成语、谣谚等。而事实性论据是现实生活中的事实和历史事实的总称。包括典型事例、概括性事实、知识性材料和具有可靠前提的假设性材料等。

2001 年度中国广播电视新闻奖一等奖作品《信用是本　道德为先》①中，就将大量的理论性论据和事实性论据有机结合，加强了评论的纵深感。作者从学理角度、现实角度和历史角度等多方面寻找论据，在有限的时间和篇幅内摆事实、讲道理，多侧面、多角度、多层面地支持了论点，论证透彻而深刻，分寸把握适度。

信用是本　道德为先

当前考察经济秩序混乱的种种表现，可以看出，制假售假、商业欺诈、走私贩私、骗税骗汇等等不法行为，本质上都没有履行对社会的承诺和责任，是一种信用上的缺失、道德上的滑坡。所反映的是当前市场交易行为中一个突出问题，就是不讲信用、道德失范。

市场经济是法制经济，又是信用经济。所谓法制经济，是着眼市场经济的制度基础，所谓信用经济，则是就市场经济的道德基础而言。我们要建立成熟的社会主义市场经济，就必须树立与之相适应的经济道德观。这个道德观的核心，正是诚实守信。所以，恪守信用道德，对当前整顿和规范市场经济秩序具有重要的意义。

中华民族自古就有“守信义、重承诺”的传统美德，信义观念源远流长。“有借有还”、“童叟无欺”，是这种信义观念的朴素表达。在计划经济时代，绝大部分信用靠国家保证，企业、个人的信用被掩盖了。进入市场经济，行政约束淡化了，个人和企业成为经济主体，信用问题就凸现出来。市场行为、市场机制、市场规律都必须建立在信用的基础之上。但由于信用机制没有建立起来，造成信用环境、信用行为、信用关系的混乱。

据统计，目前我国每年订立合同 40 亿份左右，但履约率只有 50% 多。截止到 2000 年 11 月，在四大国有银行开户的四万家改制企业中，经认定有逃废债务行为的占到近一半。从百姓的角度看，喝牛奶担心掺水，买东西顾虑假货。信用环境不好，制约投资，也影响消费。“失信有所得，守信反有所失”，市场行为中反映出的信用危机，冲击着正常的经济秩序，其危害不可小觑。

提倡商业信用，注重经济道德，是整顿和规范市场经济秩序的一项基础性工作，也是促进社会文明进步的重要举措。解决信用问题，既要靠“法治”，也要靠“德治”。要把强化信用意识、信用道德作为社会主义市场经济伦理建设的重要内容。围绕“树立正确的世界观、人生观、价值观”进行宣传教育，把尊重个人合法权益和承担社会责任相统一，协调注重效率和维护社会公平的关系。

当前，要加强全民信用观念教育，完善各项经济法规，建立行业管理制度，加强行业自律。要提高管理机构的监督能力，并建立信用登记公告制度。

对信用的道德和体制建设，一些地方已经作出了积极探索。南方一些较早发展市场经济的地区，近年来提出“质量立市、名牌兴市”，就是悟到了市场经济的一个基本原则：重信守信。我国 2000 年实行的个人储蓄实名制和上海推出的个人信用联合征信服务系统，也就是信用管理的积极举措。据中国工商银行上海分行 2000 年底的一项统计表明，在向这家银行

---

① 中央人民广播电台 2001 年 6 月 18 日播出。

申请借款的 9 万户被调查居民中，按合同及时还款的比例高达 99.91%。

江泽民同志指出："没有信用，就没有秩序，市场经济就不能健康发展。"信用是本，道德为先。信用作为市场经济的基石，是整顿和规范市场经济秩序的道德前提。培育确立信用道德，建立健全信用制度，是全社会的共同需求，是当务之急的一件大事。

在选择和使用论据时，我们需要注意：

1. 论据要具有真实性。无论是理论性论据还是事实性论据，要经过核对，确保真实可靠、准确无误。另外，广播新闻评论最好以新闻事实作事实性论据，以更加有的放矢。

2. 运用理论论据时，要防止仅仅引用名人名言，而不去揭示事物本身的规律，以引代论。

(三)论证

论证是运用论据说明或印证论点的过程和方式、方法，是新闻评论写作过程中的主要任务和中心环节。论证的过程，就是借助和使用论据分析、议论，对论点证实或证伪的过程。

主要的论证方法有：

1. 归纳法和演绎法

(1)归纳法

归纳法是用特殊事实证明一般原理的方法。论点是一般原理，论据是特殊事实。归纳论证的论据是存在于不同场合的特殊事例，不能够直接推导出论点，需要经过深入的分析，使其与结论建立必然关联。必须有特殊的典型事例加上鞭辟入里的分析论证，才能证明评论者的观点。

(2)演绎法

演绎法与归纳法相反，是用一般原理证明特殊事实的方法。论点是特殊事实，论据是一般原理。演绎论证通常采用经典理论，国家法律法规、官方文件、伟人名言、专家言论，以及民间谚语格言等作为理论性论据。

2003 年 3 月 19 日，辽宁省海城市八所小学的学生在饮用某品牌豆奶后发生集体中毒事件，中毒学生达两千多人。事发后，海城市政府面对学生家长的质询，不是积极回应，而是煞费苦心封锁消息、修改病例，企图掩盖责任，致使小道消息四处蔓延，人心惶恐不安。这一事件引起了众多媒体的关注。在进行事件报道时，辽宁电台记者没有仅仅停留在对中毒事件的简单曝光上，而是在了解到事件的真正原因和人们对此事的看法后，建设性提出政府应当为公众创造知情环境。辽宁电台记者采制的评论《海城豆奶事件叩问公众知情权》获得了 2003 年度中国广播电视新闻奖一等奖。作者在评论中强调了知情权是宪法赋予公民的三大权利之一，应该得到保障。但知情权是个大话题，为避免空谈理论，记者通过典型人物的话语对知情权进行了解读。其中：

知情权是公民对国家重要决策、政府重要事务，以及社会上当前发生的与普通公民利益密切相关的重大事件，具有了解和知悉的权利。中国政法大学焦宏昌教授认为：对知情权的关注与社会的发展密切关联。

［出录音］

在现代社会里，政府讲透明的政府，阳光下的政府，政府的决策应该在人民的监督之下，那么人民要监督政府，就要知道政府决策的过程、政策的内容，如果人民不能了解事实的真相，人民自己的生活实际上就没法安排，实际上也谈不到对政府的监督，现在对知情权的关注恐怕跟社会的发展，对政府的要求，我想是相关联的。

温家宝总理在谈到知情权时曾意味深长地说：保障人民的知情权非常重要，增加政府行为的透明度，向人民及时准确地报告，是对人民负责的重大问题，是一个政府应有的负责态度。然而对于知情权的现状，人民大学一位教授曾作了这样的评价，就现状而言，公民的知情权还仅停留在理论层面。令人遗憾的是，这种论断在海城豆奶中毒事件中得到了应验，省社科院武斌研究员分析认为：

[出录音]

公开是政府运行的基本原则，是建立诚信政府最基本的要义。我们可以把有关部门做的工作，包括我们今天做了哪些事情，我们准备做哪些事情，我们现在调查进行到了哪一步，直接都和家长见面，这样更有利于事情的处理。政府应该知道，现代社会的信息渠道是多元的，信息是瞒不住的，也不能瞒。

该段论证采用了国务院总理温家宝和有关专家的言论，对知情权在当代社会的重要性、政府应对知情权持何种态度，以及现实的缺憾和应有的认识等进行了丝丝入扣的论证。

2. 直接论证和间接论证

(1)直接论证

直接论证是用论据直接证明观点的方法。可以直接证实也可以直接证伪。所谓证实，就是证明自己的观点是正确的，证伪则是证明对方的观点是不正确的。

2002 年，天津电台记者在全市首届高职院校毕业生技能展示及洽谈会现场看到高职生抢手的火爆场面，敏锐发现求职就业的社会热点问题：当“蓝领”是一个不错的选择。记者通过对用人单位、高职院校、理论研究单位、人才市场等权威部门及大中专就业指导中心等机构进行了广泛细致的采访后，结合权威的数据和论证，提出求职升学的新观念：“‘蓝领’和‘白领’只是社会分工不同，并没有高低贵贱之分。”“接受职业教育，当‘蓝领’，这同样是一条成材之路。”“社会必将为技术工人的发展创造更好的条件，而就业市场也必将会不断以生动的事实向我们展示——‘蓝领’、‘白领’同样亮丽!”记者采制的录音述评《“蓝领”、“白领”同样亮丽》获得了第 13 届中国新闻奖的二等奖。

(2)间接论证

间接论证可以通过否定与己对立的观点，来达到证明己方观点，也可以通过肯定己方观点来推翻对方观点。

在《“以德营商”是一种基本的要求》中，“包二奶广告”的策划者得意地认为：“能够引人注意，这是广告的成功”，但专家的评价是“一个公司如果社会形象不好，这个公司绝对不会成功”，采用的就是通过否定对方观点的间接论证。

3. 其他论证方法

(1)比较法

比较法采用对比或者类比的方法，通过比较简单的实例说明复杂的道理。第 4 届中国新闻奖二等奖作品《烈士陵园被冷落引发的思考》中，记者在抗美援朝烈士陵园录下一段《志愿军战歌》，播放数秒后，记者说："听到这雄壮激昂的旋律，我们仿佛又看到了四十多年前成千上万的中华儿女为了抗美援朝，保家卫国，雄赳赳、气昂昂地跨过鸭绿江的壮烈场面。然而现在我们面对的却是冷冷清清的陵园和稀稀落落的瞻仰者。"记者采访的时间正值抗美援朝胜利40周年这一特殊的日子，但40年前轰轰烈烈的场面和40年后烈士陵园冷冷清清、稀稀落落形成了鲜明对比。接下来，记者同样运用对比手法采访不同对象，如天真的孩子们从未听说过黄继光、邱少云的故事，只知道"大公鸡"、"小白兔"；豪华歌舞厅打扮入时的服务小姐把"乖乖虎"、刘德华、张学友视为崇拜的偶像……孩子们和服务小姐们对英雄的无知和冷漠，与黄继光的战友声泪俱下的诉说"如果没有当时黄继光同志的牺牲，我们肯定活不到今天的。今天取得了这样的胜利，不应该忘记他"形成强烈的对比。记者鲜明地提出"我们的经济繁荣了，但是不能忘记先烈们无私奉献的革命传统；我们的时代发展了，更不能抛弃中华民族自强不息的爱国精神"的观点。

2. 例证法

例证法是一种举现实生活中的事例、数据或历史资料来进行论证的方法，一般以事例为依托从中引出论点，提出论点后再举事例、列数据证明。采用例证法需要注意：所举事例能够充分证明论点，既不能与论点相互对立和偏离，也不能只是部分的统一；证明论点的材料必须是确有其事，查有实据，准确无误，不可以采用未经核实的第二手材料；所举事例不但要有典型性，还要有新意。

3. 引证法

引证法是在评论中引用领袖人物、权威人物、党和国家文件中的话进行论证。录音评论中对专家学者、政府官员的访谈等都是引证的内容。引证法如果使用得当，无疑可以增强评论的论辩力和权威性。在《海城豆奶事件叩问公众知情权》中，记者引用国务院总理温家宝对知情权的论述——保障人民的知情权非常重要，增加政府行为的透明度，向人民及时准确地报告是对人民负责的重大问题，是一个政府应有的负责态度——就是使用引证法进行论述。

4. 喻证法

喻证法是把严肃的道理隐含在一种可比的生动、形象的事物中，避免了枯燥，增加了情趣。如2002年度中国广播电视新闻奖获奖作品《警惕"项目之痛"》的作者认识到通过政府指令性行为上项目、搞建设是计划经济时代的影子，与当前市场经济环境格格不入，以吉粮赛力事达玉米工业项目开工的新闻为由头，指出树立正确的政绩观，不要片面追求经济增长速度，不要热衷于"铺新摊子、上大项目"。该作品在论述过程中就使用了喻证法，用一些地方"一拍脑袋上项目"、"一拍大腿就后悔"来表明项目建设的盲目性。

在使用喻证法的时候一定要恰当，比喻的含义和所造成的语言形象要和被比的事物相一致，两者要情理相似、相近乃至相同，要使听众能将两者联系起来，否则反而适得其反。比如我们可以将抗击"非典"比喻为"一场人民战争"，但将抗击"非典"比作"遍地烽烟"就有失妥当，不仅不利于论证，而且容易产生歧义。

第二节　广播新闻评论的采制

广播新闻评论论述的过程,就是作者摆事实讲道理的过程。这个过程需要考虑并适应广播听众的听说习惯、理解能力以及实际需要等多方面。广播评论要想形成良好的效果,无疑要考虑使用一定的论述技巧。

我们下面就以第16届中国新闻奖一等奖作品《旗舰遇坚冰——"大显"陷入困境的启示》①和第17届中国新闻奖一等奖作品《决不许亵渎英雄,歪曲历史》②为例,谈谈广播评论的论述技巧。

2005年7月,四家国有银行先后起诉大连大显集团的官司,引起了记者对大显集团经营现状的高度关注。随后,在8月份召开的全省信息产业发展座谈会上记者了解到,当时的大显集团已经陷入了巨额亏损、资不抵债的窘境。采访中记者发现,创新能力薄弱、缺乏拥有自主知识产品的核心技术,是大显陷入困境的主要原因,同时也是制约辽宁众多企业加快发展的一大"瓶颈"。在此次采访基础上,记者深入到相关企业和市场进行了采访,并搜集了大量的资料,最终采写出了这篇评论,引发了人们对于辽宁老工业基地振兴的动力是什么的深刻思考。

旗舰遇坚冰——"大显"陷入困境的启示

7月11号,中国建设银行一纸诉状将我省电子信息产业的旗舰——大连大显集团告上法庭,要求"大显"归还到期未能支付的2.5亿元贷款。随后,中信银行、工商银行、交通银行为了保全资产,也先后将"大显"告上了法庭。

四家银行同时起诉"大显",犹如一枚重磅炸弹,瞬间击碎了笼罩在"大显"头上的"中国电子百强企业、辽宁电子信息产业第一创税大户、第一出口创汇大户"等诸多光环。转眼间,一个巨额亏损、资产负债率高达109%的"大显"暴露在人们面前。

去年,大显集团首度出现巨额亏损,今年上半年,集团的经济效益继续下滑。1到6月份,累计亏损达1.61亿元。集团三大主导产品、核心产品——电视机、手机和传统显像管在市场上全面失去了竞争力。

曾经辉煌一时的大显集团为何陷入了资不抵债的窘境呢?大连市副市长祁玉民一针见血地指出:

[出录音]它这个大显啊,一个就是创新能力不足,造成企业推出新产品的速度明显缓慢于市场;第二个是由于创新意识不强,造成企业发展后劲不足和效益下降的被动状态。

"大显"的主打产品——背投电视在国内市场上的销售量曾经名列前茅。然而,进入2004年,三星、康佳、TCL等国内外公司研发出液晶、等离子平板电视并相继推向市场,而

① 辽宁人民广播电台2005年8月26日播出。

② 浙江广电集团城市之声2006年12月30日首播。

“大显”还是死守老背投当家，结果在市场上刚一交手就败下阵来。

如今，在省城沈阳的中兴、联营、国美、商业城等各大商场，过去“风光无限”的背投电视已完全被小巧、轻薄的液晶、等离子电视取代。

沈阳中兴大厦家电商场促销员王莉：

[出录音]液晶、等离子出来以后，背投马上就完了。它那个占地方不说，清晰度也不够，而且背投的寿命也是有限的。现在人讲话了，哎呀妈呀，农民伯伯都不买了。现在别说电视，就咱们人也是，没有一技之长，你搁这社会生存不了。

大显集团的电视产品去年就亏损3.9亿元，今年前六个月再度亏损2.6亿元。

电视产品在市场竞争中节节败退，大显集团的另一个王牌产品——手机，在市场上也难觅踪影。

沈阳国美电器通讯部主任石磊：

[出录音]大显手机在我们国美销售时间不是特别长。因为它的产品性能、技术更新能力跟不上咱们这个市场节奏。别的手机它出支持MP3真人真唱，它那时候还是简单的一些手机铃音，你这样的话就跟不上咱们这个需求、老百姓采购这个节奏。

作为国家确定的CDMA手机定点企业，大显集团原本占有先天的市场优势，但由于缺乏该领域的核心技术，大显手机在技术水平、产品差异化等不少领域与国际知名品牌存在着明显差距，技不如人让大显集团显得力不从心。

大显集团副总经理李世宽：

[出录音]我们自己研发的产品，研发到市场，市场已经把价格降到一半了，所以这方面我们觉得压力比较大。

李世宽副总经理所说的压力大，就是近几年“大显”只注重铺摊子、上规模，而忽略了对新产品的研发与投入。

确实，大显集团自1995年末组建至今，曾在大连工业史上写下了一段“资产重组、合资合作、做大做强”的佳话。然而与高速扩张的企业规模相比，大显集团的创新能力却滞后许多。

大连市副市长祁玉民：

[出录音]从电视机到手机到原来传统的显像管，这是它的三大主要产品、核心产品，全线现在都亏损。亏损的原因就两条：一没有核心技术，二没有足够的经济批量。

同样位于大连的我国电子百强企业——中国华录集团，也有着类似的境遇。今年上半年，华录集团的主打产品——DVD的销售量和销售收入大幅度下滑，利润总额更是下降了一半以上。

省知识产权局局长胡权林分析说：华录集团利润空间越来越小的一个主要原因，就是企业创新能力不足，缺乏核心技术。

[出录音]DVD的核心技术是国外的，人家要收取你的专利费，二十几美金的销售收入要交3.5美金到9美金的专利费用，就一台机器要给人家拿这么多钱，所以也看出我们的企业要想发展，辽宁要振兴，应当重视自主创新。

创新能力不够，缺乏拥有自主知识产权的核心技术，是我省电子信息产业大多数企业所面临的最大障碍。就辽宁电子信息产业而言，尽管在过去五年的时间里，其增长速度居全省所有产业之首，但产品结构却是低端多、高端少，大路产品多、叫硬产品少。另外，在电子信息产业领域，我省很多企业在与国外企业的合资合作过程中，由于缺乏核心技术，往往受制于人，仅仅扮演了打工者的角色，结果是流了大汗，挣了小钱。

对于辽宁电子信息产业的现状，省信息产业厅厅长李兵忧心忡忡：

[出录音]我们的产品没有竞争力，虽然说我们的行业去年销售了654亿人民币，但是我们都卖了什么，我们有什么产品，大家所熟悉的信息产品，我们自己说不上来。你问我，我几乎也不知道都有什么品牌。没有知名品牌，也就是说没有我们自主创新，没有竞争力。

创新能力薄弱，不但是制约我省电子信息产业加快发展的瓶颈，同时也是辽宁所有产业的软肋。

据统计，"十五"前四年，辽宁省上千家工矿企业申请的专利数量还不抵深圳华为一个企业一年的申请量。去年，全省国有及国有控股企业专利申请量仅为495件，而此时的山东海尔，平均每天申报三项专利，一周推出一个新产品。

"技不如人就只能受制于人"，这应该成为我省众多企业的共识。依赖引进和模仿，会弱化自主创新的动力，久而久之，就会失去创新活力。缺乏核心竞争力的企业，只能处于产业链的低端，永远成不了气候。如果核心部件都是舶来品，一台彩电的利润还不如修理工开一次机盖的费用，一台个人计算机也只能赚"几捆大葱的钱"。

事实证明，自主创新是企业的灵魂。增强创新能力，掌握核心技术，已经成为我省众多企业的当务之急。曾一度处于濒临倒闭边缘的鞍钢集团，近几年凭借技术改造和技术创新，一步步走出了困境。今年1到7月，鞍钢的销售收入完成420亿元，实现利润近80亿元，创历史最高水平。

鞍钢集团总经理刘介：

[出录音]我们开发一批拥有自主知识产权的尖端技术，锻炼培养了一批优秀的人才队伍，在核心竞争力上，不再受制于人，使鞍钢这个有89年历史的老企业焕发了青春。

如今，辽宁这艘老工业基地振兴的旗舰正在破冰前行。辽宁省委书记李克强把科技创新作为辽宁发展不竭的动力和振兴的爆发力之一。

[出录音]辽宁要实现老工业基地的振兴，必须依靠科技创新，要以科技创新为动力，来推动经济和社会发展。对于辽宁老工业基地来说，我们现在必须把科技创新放在更加突出的位置，使科技创新成为推进辽宁振兴的新的爆发力。

竞争是残酷的，转型是痛苦的，但抓住了自主创新这一核心竞争点，决心作为，耐心培育，辽宁经济就能成功转入科学发展的良性轨道。这正是老工业基地振兴的希望和动力所在。

决不许亵渎英雄，歪曲历史

[出恶搞短片录音1，压混]

潘冬子：我爸说，民族唱法容易上春节晚会，我们唱民族唱法吧，听说刀郎一场演唱会能赚100万，那该多少钱啊？

春芽子：好，民族就民族，我们一起走穴，那能赚多少钱啊？

潘冬子：对，去年"超女"那么火，今年也轮到我们了！

听众朋友，正在播放的是从网络上下载的恶搞红色经典短片《闪闪红星之潘冬子参赛记》片断。短片中，小英雄潘冬子变成了整日做梦挣大钱的少年，其母亲一心想参加《非常6+1》，只因为梦中情人是主持人李咏。近来，恶搞红色经典、恶搞英雄、恶搞历史成为一种时髦。一时间，"雷锋是因为帮人太多累死的"、"黄继光是摔倒了才堵枪眼的"、"董存瑞是因为被炸药包上的双面胶粘住了"、"狼牙山五壮士跳崖是假的"、"岳飞、文天祥不能算是民族英雄"等说法甚嚣尘上。搜索网络上所谓的"人品计算器"，雷锋的人品只有2分，岳飞的人品不如秦桧。更有甚者，有人要捕风捉影拍摄电影《雷锋的初恋女友》，《大众电影》竟刊登文章称，没有人看见董存瑞托起炸药包的情景，董存瑞的英雄事迹是根据一些蛛丝马迹推测出来的。

恶搞，作为一种新的娱乐形式，本也无可厚非，然而任何娱乐都不能歪曲事实，都必须坚守道德和法律的底线。高尚的娱乐应该给人以健康向上的精神愉悦。如今流行的对红色经典、英雄人物、人文历史的戏说和恶搞，以颠覆历史、丑化英雄为乐事，是对民族精神的亵渎。

74岁的虞仁昌老人是雷锋生前所在连的连长，说起电影《雷锋的初恋女友》，老人十分气愤。

[录音2]"雷锋没有谈恋爱，不要说雷锋，像我这个二十七八岁当连长的，看到女同志都脸红，都没谈过恋爱，这个事没有的。"

所幸的是，该电影即将拍摄的消息一经公布，就遭到了雷锋生前17位战友的投诉抵制，严肃要求"导演要尊重真正的历史"，坚决反对"娱乐式游戏地对待雷锋"，该电影也被国家广电总局及时叫停。

原董存瑞生前所在师副政委程持久，当年是师政治部宣传干事。在攻打隆化的战斗中，他正好在董存瑞所在的六连。程持久回忆道：

[录音3]对董存瑞这个连攻打隆化中学东北角的全部情况，我都知道，我看他用一只手托起炸药包，把导火线拉了冲着我们喊："连长，冲啊！""我都愣了，连长喊了一声：'董存瑞，'这一声喊得撕心裂肺啊！"

程老忍不住要质问那些恶搞的人：

[录音4]"你们享受着这几十年的和平时代，享受着这么美好的生活，这是哪来的？你们现在享受的是以前他们牺牲的成果，你们好意思这么享受他们牺牲的成果吗？你们良心哪儿去了？"

屈原、岳飞、文天祥，承载着中华民族的民族精神，当代红色英雄是我们今天过上幸福生活的功臣，他们都是中华民族的脊梁，是中华民族最宝贵的精神财富。

何祚庥院士认为：

[录音5]"那些恶搞英雄和历史的人，对我们老祖宗当时的奋斗了解得太少了。……他

们享受着现成的比较富裕的生活，但是没有去认真想一想这个富裕生活是怎么到来的，……自己需要承担什么责任，怎么去做一个现代的人。”

他更直斥这种恶搞行为：

[录音6]“等于是亵渎自己的祖宗啊，亵渎自己的先辈啊！”

是的，对于先人的奋斗，对于英雄，对于历史，我们应该常怀敬仰、感恩之心。

沈阳军区《前进影视报》前主编刘国彬大校花了大量的心血，考证了董存瑞英雄事迹，维护了英雄的尊严。他对记者说：

[录音7]“任何一个民族都是有道德底线的，真善美、假丑恶历来是泾渭分明的。”“圣女贞德是法兰西民族的英雄形象，对她调侃就被视为违反道德的极端行为；在印度，圣雄甘地是一个民族英雄，老百姓对他指手画脚是犯法的；在美国，黑人领袖马丁·路德·金是反种族压迫的无畏战士，对他有不恭敬的言辞，也会受到美国民众的痛斥。我们自己的民族英雄，我们自己一个个把他们全都颠覆了、全都摧毁了、全都歪曲了、全都否定了，这是民族的悲哀。”

郁达夫先生在悼念鲁迅的时候说：“没有伟大的人物出现的民族，是世界上最可怜的生物之群；有了伟大的人物，而不知拥护、爱戴、崇仰的国家，是没有希望的奴隶之邦。”

联合国前副秘书长斯特朗提醒我们：“西方的文化有很强的物质主义倾向，在中国变得富有、追求物质的时候，千万不要丢失了自己的灵魂。”

一个伟大的、优秀的、生机勃发的民族，一个正在崛起的大国，不能没有自己的英雄，不能不敬仰自己的英雄。老连长虞仁昌说得好：

[录音8]“人民需要雷锋，时代需要雷锋，改革开放更需要雷锋。”

我们应该理直气壮地宣传雷锋、董存瑞这样的英雄，大张旗鼓地宣传社会主义核心价值体系，坚守民族的精神高地，用道德和法律的规范，来坚决制止对红色经典、对英雄和历史的亵渎和歪曲，还历史以真实的面貌，让英雄的浩气长存！

一、把握时代脉搏，注重选题的针对性和理论价值

广播评论要能够回答一个时期、一个阶段以至一个领域中带有倾向性的问题，对于社会热点问题和焦点问题要有针对性地进行权威的舆论引导。2006年以来，网上恶搞红色经典、恶搞历史、恶搞英雄人物似乎成为一种时髦的思潮，而且还有蔓延趋势。有的恶搞已经挑战了法律和道德的底线。记者敏锐地察觉到对英雄和历史的“恶搞”，是关乎社会价值观的大是大非问题，2006年3月4日，胡锦涛主席关于树立社会主义荣辱观的重要讲话发表后，作者开始有意识地收集那些恶搞英雄、歪曲历史的文章。8月13日，凤凰网上一篇《毛时代英雄尽被贬低》的文章，更坚定了作者反击恶搞歪风的决心。作者在议论中明确指出：恶搞，作为一种新的娱乐形式，本也无可厚非，然而任何娱乐都不能歪曲事实，都必须坚守道德和法律的底线。高尚的娱乐应该给人以健康向上的精神愉悦。对红色经典、英雄人物、人文历史的戏说、恶搞，以颠覆历史、丑化英雄为乐事，是对民族精神的亵渎。“恶搞”的本质是青少年

精神虚无，是社会主义核心价值观的扭曲，是对中华民族民族精神的亵渎。正是由于作者深入实际，留心观察，认真分析研究，并作出了正确的判断和选择，针对恶搞英雄、歪曲历史的错误思潮，拟就了"决不允许亵渎英雄，歪曲历史"的标题，直接表达了录音述评全文的主要观点。该评论从大处着眼、小处着手，扣住时代的脉搏，反映时代的特征，澄清了一些事实，回答了一个时期、一个领域中应注意的问题。

二、发挥声音的力量，增强评论的可听性

《决不许亵渎英雄，歪曲历史》是一篇 6 分 50 秒的评论，其中使用的音响多达 8 段，占了评论 1/3 的篇幅。录音述评开头引用"恶搞短片录音"，原汁原味，既使评论的开头显得生动活泼，又与后面严肃的评述形成了强烈反差，增强了评论的可听性。如果开头使用的是作者的概述或转述，其对比效果就没有这么鲜明，反而影响了论述的效果。

为了采制这篇述评，记者花了数月的时间，先后采访了雷锋生前所在连连长虞仁昌、当年攻打隆化时正在董存瑞所在六连的师政治部宣传干事程抟久及宋兆田、连续数月考证董存瑞英雄事迹的沈阳军区《前进影视报》前主编刘国彬，以及中国科学院院士何祚庥、浙江省委党校文化学教授曹文彪等人。在采访中，78 岁的老连长虞仁昌泪流满面，掩饰不住对英雄的怀念之情，78 岁的程抟久回忆董存瑞舍身炸碉堡英雄壮举时，几次哽咽……作者在音响的选用上注重了同期声的权威性，如虞仁昌对电影《雷锋的初恋女友》的气愤："雷锋没有谈恋爱，不要说雷锋，像我这个二十七八岁当连长的，看到女同志都脸红，都没谈过恋爱，这个事没有的"；程抟久的回忆："对董存瑞这个连攻打隆化中学东北角的全部情况，我都知道，我看他用一只手托起炸药包，把导火线拉了冲着我们喊：'连长，冲啊！'""我都愣了，连长喊了一声：'董存瑞，'这一声喊得撕心裂肺啊！"程抟久的质问："你们享受着这几十年的和平时代，享受着这么美好的生活，这是哪来的？你们现在享受的是以前他们牺牲的成果，你们好意思这么享受他们牺牲的成果吗？你们良心哪儿去了？"何祚庥的斥责："等于是亵渎自己的祖宗啊，亵渎自己的先辈啊！"这些具有真实感、权威性的同期声掷地有声，很好地起到了帮助作者共同完成直接论证的作用。

在《旗舰遇坚冰——"大显"陷入困境的启示》中，记者使用的七段音响也都是不可或缺的典型音响，剖析大显集团，有集团负责人的感慨；解读大显集团，有大连市副市长回答消费者的声音；对于辽宁省的自主创新，省信息产业厅厅长李兵忧心忡忡；总结鞍钢经验，采访了鞍钢总经理；用省委书记的话表现面对老工业基地振兴面临的新课题。这些音响虽然都不是很长，但言简意赅、直击要害。

三、论述由表及里、逐层深入，事理情相结合

改革开放以来，随着社会经济的发展，也出现了一些与社会发展不相适应的现象。对于一些负面的、消极的问题，优秀的广播评论要善于透过现象看本质，对复杂的、多元的某些社

会现象作由表及里、由此及彼的深入分析思考。

在《旗舰遇坚冰——“大显”陷入困境的启示》中，作者以原来创税、创汇全省第一的“旗舰”企业大显集团严重亏损作为切入点和突破口，逐步剖析、深入解读，从中找出问题的症结，指出重引进、轻吸收，重照抄照搬，轻自主创新，才使得企业资不抵债，绝亏损。大显集团的问题，也是辽宁老工业基地振兴面临的关键问题。作者用事实、数字点出省内一些产业无知名品牌、无自主创新的软肋。论述由点及面、步步深入、环环相扣，事理结合，发人深思。

一些专家学者的总结，融情于理有五个途径：①融情于辩：把鲜明强烈的感情融进义正词严的论辩中，鲜明地表达作者的爱憎好恶和立场观点，以引起读者的共鸣；②融情于聊：把满腔真情融进与受众拉家常般的思想交流中，使受众在富于人情味的聊天式讨论中“移情明理”、“通情达理”，不知不觉地接受作者的观点；③融情于事：通过对典型事件或典型现象的叙述和剖析，渗透进作者强烈的感情，令受众在明白事理的同时，得到感情的陶冶；④融情于景：通过对典型景象的描述和联想，抒发作者触景生情的喜怒哀乐，创造情景交融的意境，为深刻说理推波助澜；⑤融情于物：通过对典型物体的描写和评点，注入作者鲜明的褒贬感情，引发出精辟的警世之言，给受众感性兼理性的启迪。如前面讲到的《拜金主义要不得》中，作者将自己对拜金主义的憎恶、愤恨之情，凝聚在持之有据、言之有理的评析中，使评论充满了是非感和爱憎情，对听众真正起到了动之以情、晓之以理的作用。

尽管近年来广播新闻评论的采制已经取得了一定的进步，但是还存在一些问题，比如有的评论缺乏新闻由头，缺少针对性，无病呻吟；有的评论缺乏思辨精神，论证不到位，结论武断；有的评论盲目套用术语，缺乏事实支撑，淡薄乏力等。今后在采制新闻评论的时候，要注意尽量克服这些问题。

第九章
广播新闻编辑

广播编辑具有双重含义:一种是对单篇新闻进行的编辑,另一种则是对整个新闻节目进行的编排。在实际工作中,稿件编辑大多数时候由记者自己完成,而节目编排则由专门的编辑负责。

广播新闻编辑是广播新闻制作过程中的重要环节,编辑业务主要包括拟定编辑方针、报道计划,组稿、选稿、加工稿件、制作标题、配置稿件和确定编排顺序等。在新闻编辑的诸多工作中,新闻编排是核心工作。广播新闻编排追求的是在有限的时间内,把最翔实、最新鲜的新闻事件及时传达给受众,同时还要尽量保证新闻节目的相对连续性。

第一节 单条新闻报道编辑

在广播新闻工作中,记者只要完成单篇的新闻报道即可,编辑则要从提高整体传播效果的角度出发,将节目内容与听众的需求相结合,除节目内容外,还需要考虑音乐、音响等多个角度。仅从单条新闻的编辑来讲,就包括了对选择恰当的新闻稿件、对稿件进行必要的核实、校正、增删、润色以及进行音响编辑等。

一、认真选择稿件

世界上每天发生的新闻事件数不胜数,但我们真正能够接触的新闻与之相比为数寥寥。即便被新闻记者采访并制作成新闻稿件的,也是经过了编辑的取舍才呈现给受众的。广播电台新闻报道的来源很多:本台记者自己所作的采访,其他电台提供的稿件,国内外通讯社稿件、其他国内外主要媒体的报道以及听众“爆料”的新闻等。这大量的新闻并不能够全部出现在节目中,而是经过了选择的。

一般来说,什么样的新闻该取,什么样的新闻该舍,是有一定标准的。新闻编辑在选择新闻时主要考虑三方面的因素:新闻价值标准、新闻政策法规和媒体(节目)的定位。

实际上,有些报道具有新闻价值,也没有违反新闻政策法规,仍然无法播出。原因在于其内容与频率或节目的定位有一定差异。

以中央人民广播电台两档名牌新闻栏目为例,《新闻和报纸摘要》节目与《晚报浏览》节目选择播出的新闻就具有一定的差异。比如说,下面 20 条新闻中,(5)、(6)、(9)、(12)、(15)、(17)、(18)一般情况下就不大容易被选择在《新闻和报纸摘要》中播出:

(1)全国网吧将统一安装监控软件;

(2)专题:中华水獭的生态变化;

(3)过量开采地下水,黄河流域地下水蓄水量开始减少;

(4)温家宝就环保问题与联合国秘书长通话;

(5)英国在校学生逃学屡禁不止;

(6)山东某业主用数百公斤零币付房屋首付;

(7)华北等地普降大雾,北京周边高速路国道受影响;

(8)国务院将派出检查组对全国农民负担情况进行重点检查;

(9)宁波对公务员家属进行反腐倡廉教育;

(10)《全国青少年网络文明公约》发布;

(11)国际石油价格再创新高;

(12)"烟枪"家长导致孩子铅中毒;

(13)黑龙江玉米上市出现历史最高开称价;

(14)团中央要求各地团组织为困难群众和青少年送温暖;

(15)专家说:准新人找婚庆公司要"货比三家";

(16)石油输出国表示:暂不提高石油价格;

(17)"上班族"成为强迫症高发人群;

(18)"套餐消费"误导消费者;

(19)能源法征求意见稿公布;

(20)公安出入境管理部门将新推六项重大改革措施。

二、改编新闻稿件

广播新闻编辑在选择了可供播出的稿件之后,还往往需要对稿件进行改编,以使得稿件的语言、结构、形式等符合广播新闻的特殊要求。

(一)压缩

有的时候,某些记者的报道将重大的主题淹没在大量平淡的材料之中,或者将新闻稿件写得像工作总结一样面面俱到,这就需要编辑能够在修改稿件的时候删除与主题无关或关系不大的情节和枝节,或者精选事例,使报道详略得当。

编辑在压缩稿件的时候,注意要能够做到重点突出,叙述详略得当,结构张弛有度,保留具有典型的细节和同期声,删除空话、套话和多余的解释等。

有的时候，从保证符合节目播出时间长度的需要出发，编辑也会对稿件进行压缩，以在单位时间内播出较多的新闻，增加节目的信息含量。

(二)填补

当记者的稿件中部分主体事实不足、新闻背景交代不清或过于简单时，需要编辑对新闻内容进行补充。编辑补充的内容可以来自于记者的采访，也可以来自于编辑的资料搜集。无论补充的信息来自何处，都需要注意新闻事实来源正确、得当，不要画蛇添足。

(三)综合

所谓综合，包括几种情况：把同一主题的新闻集合起来重新安排成一条综合新闻；将报道同一事物、人物的消息改为综合消息；将从不同角度报道同一主题的新闻综合成一组新闻等。有的时候，编辑还会在编辑成组的消息后面配发编后语或短评，以增强报道的深度。

在2002年12月25日的《新闻和报纸摘要》节目中，时值年末，编辑为体现厚重和喜庆，把两个重大工程成就录音报道(点)和一个全国统计文字消息(面)组成一个复合型头条，三条新闻点面结合、形式互补，形成了很好的宣传效果。原文如下：

各位听众，新年将至，神州各地欢快的捷报在数九寒冬涌起阵阵暖流。昨天，江南古都和西部石油城东西唱和传真讯：总投资30亿元的南京第三座长江大桥奠基，南北交通将再添坦途；新疆克拉玛依原油产量跨上新台阶，祖国又多出一个千万吨级大油田。请听中央台记者魏东明、沈渭渔、张雷昨天发来的报道。

[出录音]南京第三座长江大桥奠基仪式今天在长江北岸隆重举行，中共中央政治局委员、江苏省委书记回良玉为奠基石揭幕。南京长江三桥全长15.6公里，其中主桥4774米，为全封闭六车道、设计时速100公里的高速公路。南京市副市长、三桥建设指挥长戴永林介绍说："我们南京长江三桥的建设与二桥相比，有许多不同的地方，施工难度比较大，技术含量比较高，南京长江三桥的建设将与南京长江二桥一起构成南京市的外环，对于推动和促进江南和江北地区的联系，有非常重要的意义。"南京长江三桥是长江江苏段上的第六座跨江大桥。建国后差不多50年时间，400公里长的长江江苏段只建了一座南京长江大桥。而在最近几年间，先后建成了江阴长江大桥、南京长江二桥，润扬大桥即将建成，苏东大桥已经开通，加上南京长江三桥，江苏南北交通将日趋方便。江苏省交通厅副厅长、河海大学兼职教授周士忠感慨地说："这几年桥造得这么快，我想总的来说还是科技进步，另外一方面，国民经济发展了，财力也有了，江苏来说，90%以上资金是地方的，这几年建设资金盘活了，成立了控股集团和产业集团。"周士忠透露，随着国民经济的发展，江苏还将大力修建过江通道。"并不是说这一座桥修完了我们就可以歇了，还要紧接着筹备第二座大桥的建设，当然并不一定完全是桥，也有可能是隧道。"

[出录音]现在我宣布，新疆油田原油年产上万吨祝捷大会正式开幕！

今天下午北京时间16点，中国石油新疆油田分公司在克拉玛依市隆重举行庆典，庆祝克拉玛依油田原油产量首次突破一千万吨，成为中国西部第一个千万吨级大油田。总经理王玉林在接受记者采访时说："整个新疆油田的开发前景应该是非常乐观的，在西部建设这么一个千万吨级大油田，它绝对是一个新的起点，是个里程碑，是个历史性的跨越，今后的路程还会更长。在未来的十年，我们要把产量从1000万吨再发展到1500万吨，天然气要从20亿增产到50个亿，所以这个发展前景还是非常的乐观，我们对美好前景充满信心。"

国家统计局昨天发布的月度形势报告也给我们带来喜讯，中央台记者刘京萍报道，今年以来我国工业企业实现利润增速加快，亏损企业亏损额持续下降，经济效益继续趋好。1～11月，我国工业企业盈亏相抵后实现利润总额4956亿元，比去年同期增长两成。其中交通运输设备制造业实现利润400亿元，比上年同期增长2/3，位居各行业之首。化学原材料及化学制品制造业、石油加工及炼焦业、黑色金属冶炼及延展加工业和普通机械制造业的利润增幅也比较高，1～11月，全国亏损企业亏损1017亿元，比上年同期下降4.5%。

（四）改写

除了对新闻报道的增删之外，广播新闻编辑还常常需要改写新闻稿件。新闻编辑改写的对象一是广播新闻作品，二是其他媒体的新闻作品。在改写其他媒体的新闻稿件时，很多人习惯对着原来的稿子进行改写，往往很难摆脱原有稿件先入为主的印象。尤其是在对其他媒体的稿件进行改写时，原来的稿件在结构、语言等诸多方面都与广播稿件不同，如果对着原来的稿件，最多只能做些文字上的删节，很难写出与原来稿件不同的广播稿件。

怎样才能将其他媒体的新闻改写成适合广播播出的稿件呢？西方记者的经验是：先通读稿件，把新闻要点记录下来，然后凭着记忆和记录的要点将新闻改成广播稿件，最后再结合原文对要点进行核实。这样写出来的新闻作品才容易摆脱文字稿的束缚。

广播编辑改写稿件之前，需要先搞清楚几个问题：其一，为什么要选择这条新闻进行播出？这条新闻符合价值要素中的哪一点或哪几点？一般来说，广播新闻选择最重要的一点进行展开即可，过多的亮点反而容易喧宾夺主。其二，原有的稿件是否有进一步精练的余地？广播记者要能用最简洁的语言向受众传递最重要的、听众最关心的事实。其三，稿件的语言是否通俗？结构是否清晰？是否方便听众认知？广播听众是处于非专注状态的文化水平参差不齐的受众，因而广播稿件需要更加通俗易懂、结构清晰，方便听众把握信息。

对新闻稿件的改写包括改变新闻的报道角度、重新安排新闻的结构、改变语言和表达方式等多种形式。有的时候，从体裁与内容一致性或节目容量的角度考虑，还可以改变现有稿件的结构形式，如将广播专题改为广播消息或者将专题、消息改写为简讯等。

曾获得中国新闻奖优秀新闻专栏的《晚报浏览》是一档由中央人民广播电台与全国40家重点晚报联合推出的报摘类节目，该节目的编辑和主持人基本合二为一，编辑和主持人将当天各地晚报上刊登的内容进行选择后，按照节目的需要进行进一步加工。《晚报浏览》的编辑偏爱对故事性较强的新闻进行重新加工，通过故事化的艺术表现手段将新闻具体化、实例化，以增强新闻的可听性，从而吸引听众收听。

如编辑对下面这条新闻的处理：

保险诚信体系将纳入上海社会征信系统

一通电话查清保险员信用

只需一通电话，您就可以清楚地查询到该营销员的信用状况，包括他的各种基本信息和曾受到的奖惩情况。把保险诚信体系纳入上海社会征信系统，这样一方面能以"一处失信，处处制约"的原则对保险营销员的行为进行约束；另一方面，那些诚实守信的营销员也可借此向客户证明自己的诚信度。（消息来源《新民晚报》）

经过编辑处理后的广播稿件：

听众朋友，您在买保险的时候可能经常会考虑这样一个问题：这个保险营销员的身份是真的还是假的？会不会骗我的钱呀？

现在在上海，方便了，打个电话就能查清楚保险营销员的底细。

还有这么方便的事？

您听听：嘀——这是上海社会征信系统，我想了解——他是不是个骗子啊？

营销员的信用状况，包括他的各种基本信息和他受过什么奖励呀，什么处罚呀，非常详细。其实这样做，不仅是对保险营销员的行为进行约束，那些真正诚实守信的营销员也可借此向客户证明自己的诚信度："听听，我不是骗子吧，买我的保险吧。"

编辑在对新闻进行故事化处理时需要注意：新闻的可听性是建立在真实性基础之上的。"把生活中常见的实例、常见的人物、常见的场景引入新闻中，作为新闻的开场白，或新闻之间的串词，这样对新闻本身的事实并不会造成侵害。"①编辑可以增强新闻的生动性、趣味性，但不能擅自修改新闻基本事实，否则就会造成新闻失实。

编辑对新闻进行故事化处理还需要注意保证新闻信息量的问题，由于进行了一些处理，增加了一些内容，单条新闻的长度增加，《晚报浏览》中除《新闻故事》板块外，单条新闻的长度一般都在1分钟左右，且相对平均，再加上主持人的点评、串词，很容易使节目的节奏变得缓慢，由于单条新闻时长较平均，不但新闻的信息量容易受到影响，也容易使听众产生听觉疲劳。作为先后获得过中国新闻奖优秀新闻专栏、广播电视节目奖"十佳广播新闻栏目"的《晚报浏览》在2008年被停播，与上述问题不无关系。

三、进行音响编辑

广播编辑在进行音响编辑时，需要格外注意所插入的音响与报道所要体现的内容具有一致性，要能够使文字解说和音响紧密结合、相得益彰，而不是文字、音响两张皮。

① 邵丽丽：《个性化时代如何打造我自己——〈晚报浏览〉节目发展初探》，自《2005中国广播电视品牌蓝皮书》，中国广播电视出版社2006年8月版。

（一）剪接

在对音响进行剪接时，需要注意剪辑的合理性：

1. 段落长短适宜

音响的长度应在10秒钟以上，过短的音响容易显得突兀，也不自然。过长的音响则容易拖沓，降低报道和节目的信息量。

2. 保持话语连贯

在对同期声进行剪辑时，要在语言自然停顿的地方下手，不要生硬地从中间剪开，更不要把一句话剪开后进行打乱顺序的重新安排，以保持谈话的连续性，避免在打破话语连续性的同时带来意思的改变。另外，还需要剪掉没有声音的空白段落或啰嗦的内容。语气、语调、语气词、说话的速度、说话的节奏都能传递出人物对新闻事件的看法、情绪和人物本身的性格、气质、人格魅力等，同期声剪辑后保留这些声音元素，能够增强音响的可信度和感染力。

3. 保持感情连贯

有些时候，有些同期声的内容不是完全符合语言规范，但如果剪切掉这些内容，反而丧失了贯穿于话语中的情感的连续性，进而影响传播效果。这个时候，似乎不完整或者略有重复的内容，也应当予以保留。

（二）插入

音响在广播节目中插入的方式有二：

1. 插入

就是在广播节目中插入实况音响、诱发音响或记者的口头报道等。

2. 混播

混播的对象一种是同期声，一种是现场音响。同期声的压混一般在将采访中的方言、少数民族语言和外语等同期声转变为大多数人可以理解的语言时使用。电视可以借助字幕帮助人们理解听不懂的语言，广播则只能用一种声音诠释另一种声音，就需要压混。

经常使用的"压混"形式大体有两种：一是配音式"压混"；一是旁白式"压混"。前者的原声一般来说需要一字一句式地"翻译"给听众，信息相对集中，逻辑比较清楚，而且语言的表现力好；后者的原声在语序、逻辑上就比较差了，有时候"口水话"很多，当我们告诉听众的时候，需要整理，需要理顺他/她的逻辑，这时运用旁白式的"压混"比较省力，容易交代清楚故事内容①。

压混的时间选择应该是话语者的第一个意群出来以后，即能够体现说话者的语言特点，又可以保证语意的完整性。有的人认为，既然已经压混了，原话的长短和时间切入就不必考虑了。其实不然，有的时候，甚至关系到新闻的可信度问题。有的时候，记者认为听众不会

① 赵希源：《用声音诠释声音——说说广播录音报道的"压混"技巧》，《中国广播》2008年第3期。

听原音，于是随便找了一个点切入，但有听众发现压混的外语和“翻译”过来的中文似乎并无关联时，很容易对同期声的真实性产生怀疑，这对新闻的真实性会造成伤害。另外，选择恰当的点作为压混的切入点，既是对采访对象的尊重，也是对听众的尊重。

此外，还应当注意压混后背景声的大小。背景声太大会影响听众听清同期声的内容，背景声过小也会影响压混的效果。

第二节　广播栏目编排

栏目编排是节目播出前的最后一个环节，是编辑对节目播出架构的综合规划。编辑通过栏目编排把经过选择与修改的若干内容、体裁不同的单篇新闻性稿件按照一定的传播意图加以组合排序，整合成完整播出单元的一个操作过程。广播新闻节目编排要恰当安排稿件播出顺序，协调各种声音符号，在节目中形成起伏结构和收听高潮。

对一档好的新闻栏目而言，其编排一般需要做到：有一个有吸引力的开场和结尾；有效地处理进度，内容丰富多彩，在每个小单元都有变化；节目体现完整统一性①。

在对广播新闻节目进行编排时，新闻编辑需要将广播的本体特点和听众的收听状态等结合进行综合考虑，尽量采用适合线性传播特点的单线条结构，同时考虑听众收听状态的随机性，写好新闻提要和串联词。

一、制作片头片花

（一）节目片头

广播新闻节目的片头也可以被称作节目宣传片花，一般由节目名称、节目宣传语、标志性音乐或其他辅助性音响和新闻提要等元素组成。除新闻提要需要天天更新外，其他部分至少保持在一段时间内固定不变，因此，有些新闻节目的片头仅包含节目名称、节目宣传语和标志性音乐。正如报纸的报头各不相同一样，广播节目的片头也会因为节目定位不同、风格各异而有所差异。我们可以认为，节目片头就是节目的广告，使用声音塑造出来的节目形象，能够体现不同节目的个性风格和特征，同时是吸引听众的一种手段。

一般来说，节目片头可以起到以下几方面的作用：各具特色的标志性音乐和节目宣传语可以帮助树立独特的节目风格；独特的音乐效果可以渲染节目的氛围，激发听众的收听兴趣；片头可以预告节目的内容，不但可以使其更加完整，还能够在一定程度上起到引导听众收听的作用。除此之外，由于节目播出时间是固定的，当人们听到某个熟悉的片头音乐响起的时候，很容易就可以判断当时是什么时间，这个时候，片头还能够起到报时的作用。比方说，当你在早晨听到《歌唱祖国》的音乐声中播音员说：“中央人民广播电台，现在是《新闻和报纸摘要》节目时间”，如果是“中国之声”，就是早晨6点30分；如果是“经济之声”，就是早

---

① 许颖：《广播电视新闻实务》，东北财经大学出版社2007年5月版，第166页。

晨7点。

(二)节目片花

除片头外,广播频道、广播栏目和具体的节目还有大量的片花。广播节目片花大体分为频率片花、栏目片花和节目片花,不同的片花所起的作用有所不同,但从总体上讲,片花的作用不外乎包装节目、间隔过渡和提示下文等。其中频率片花和栏目片花更偏重包装节目、间隔过渡等方面的作用,专门为某次报道或特别节目制作的节目片花,则更偏重提示下文和间隔过渡方面的作用。

1. 频率片花

频率片花是宣传频率自身的片花,要能与频率的自身定位、节目特色、服务对象相吻合,表现出频率自身的风格和特点。如中央人民广播电台"中国之声"的频率片花突出"中国之声"用声音描绘祖国的特色,音乐的选择和频道宣传语的写作、播读方面讲究宏观、大气,突出中国特色,与该频率的定位、特点相符合,立意高远、特色鲜明。如"中国之声"的一组片花:

女:站在世界之巅[压混歌曲《珠穆朗玛》]

男:行走白山黑水[压混歌曲《乌苏里江》]

女:领略江南秀色[压混歌曲《茉莉花》]

男:拥抱大海激情[压混歌曲《鼓浪屿之波》]

用我们的声音去描绘中国之声。

2. 栏目片花

在栏目片花的制作方面,同样要从栏目本身的特点出发,如中央人民广播电台的《晚报浏览》节目是中央电台与全国40家重点晚报共同推出的节目,其播出内容是对晚报新闻的再加工,着重对新闻故事化的表现,其内容定位是"中国的晚报,晚报里的中国",风格定位是"谈笑之间说新闻,无拘无束观天下",其片花相对轻松活泼。如获得2003年度中国广播电视新闻奖编排一等奖的《晚报浏览》中用到了五段片花:

第一段片花用在节目开头部分:

[起歌声《卖报歌》:今天的新闻真正好,一个铜板就买两份报……]

(男)有不花钱的报纸吗?

(女)有啊,《晚报浏览》每天18点,汇聚全国40家晚报精华,不花您一个子的报纸。

(男)给我也来一份。

在内容提要之后紧接第二段片花:

(男)心声、民声、呼吁声,声声入耳。

(女)大事、小事、百姓事,事事关心。

(男)青梅煮酒论时事。

(女)谈笑之间说新闻。

(男)晚报浏览,无意倾听,知晓天下。

第三段片花是节目中"新闻故事"环节的片花：

(女)从前有一只小兔子，

(男)妈妈讲的童话故事；

(女)嗨，知道吗？昨儿我在网上遇到了一只兔子。

(男)同事讲的八卦故事；

(女)事故发生之后，兔子先生火速奔赴现场(消防车的声音)，

(男)《晚报浏览》讲的新闻故事。

(女)更真实的现场，更生动的现场，听新闻故事要把耳朵竖起来！

这样生动活泼的片花，为故事情节的展开作了很好的铺垫。

在国际新闻播出前，插入了第四段片花：

音乐压混：(外星人1)我们要降落了，打开频段，接收地面信息。

(播音员，男)晚报浏览——

(外星人1)我们要更多了解地球人生活状态。

(播音员，男)荟萃全国40家晚报精华，展示科技领域最新动态。(压混报摊卖报声)

(外星人1)嗯？这是什么？

(播音员，男)你好，听众朋友们，《晚报浏览》节目的时间到了。

(外星人2)喂，老大，我们还降不降落了？

(外星人1)嘘，别吵。

在节目结束时，还播出了最后一段节目宣传片花：

配乐：声音的晚报，放送晚报的声音。晚报浏览，天天听，天天见。

几段片花，有效运用多种声音符号，制作精美，活泼生动，在片花中交代了节目播出的时间、特点，并在结束的时候再度强化听众的"约会"意识，既起到了节目宣传和串联分割的作用，也考虑了与节目风格的一致性。

3. 节目片花

在片花的几种类型中，节目片花往往是针对某一次特别节目或某一组系列报道专门制作的，其使用和保留的时间是最短的。当然，一次或一组节目中使用的也不止一段片花，而是会制作多段片花，可能是节目总片花和每次节目中插播的片花，也可能是在一次节目中出现多个串联上下的片花。具体采用何种方式，要根据节目的具体需要灵活变通。

中央人民广播电台2003年伊拉克战争期间播出的特别直播节目《海湾零距离》的片花在强调报道事件重大的同时，告知听众电台特别节目的播出时间，通过反复播出片花，最大限度地吸引听众的注意力。

战火搅动海湾，世界瞩目海湾，人类走向系于海湾，特别直播《海湾零距离》令我们关注海湾，中央台各次新闻瞄准海湾，第一时间播报最新动态，战事走向一览无余。特别直播《海湾零距离》让我们倾听海湾，每天三档直播，前沿信息和深层解读，浑然一体，早7点、晚19点、中午11点，我们要点点珍惜。特别直播《海湾零距离》，伴随海湾，让我们品味战争的残酷，体现世事的艰辛，把握好自己的命运，特别直播《海湾零距离》让我们接触海湾。

《海湾零距离》的另一段片花除告知节目播出时间外，还通过各种音响的叠加使用，形成强烈的现场感，很好地满足了听众关注海湾局势动态变化的心理需求。

[枪炮声]

一场战争考验着人类文明，一场战争重塑国际关系。12年后，伊拉克重燃战火，两河流域文明再次经受战火浸泡。

[布什、萨达姆声音音响]

中央人民广播电台特别直播节目——《海湾零距离》连线前方记者，同步报道海湾战况：

我是新华社记者胡晓明从小鹰号航空母舰上……

我是新华社报道员贾迈勒从伊拉克首都巴格达……

我是中国国际广播电台特派约旦记者洪琳，我现在在约旦首都安曼……

听众朋友，我是中国国际广播电台特派卡塔尔记者杨滨源……

各方记者分析前方故事，透视战场最新进展：

今天从英美军队对伊拉克的第二大城市巴士拉……

各界学者纵论国际关系与经济大势新格局：

应该说，战后的伊拉克格局和周边的……

各国民众呼吁和平、反战之声遍及全球：

在美国旧金山，大规模的反战游行已经进入第四天，在明尼苏达大学，数千名大学生……

短信互动传播国内外听众关怀之情：

手机尾号是3685的朋友说……

另一位手机尾号是2474的朋友说，伊拉克平民早日得到和平……

中央台《海湾零距离》直播战事，每天强档播出，早7点、晚19点、中午11点，密集新闻全面覆盖。

[枪炮声]

中央台伊拉克战争特别直播《海湾零距离》，敬请关注。

再如黑龙江电台抗日战争胜利55周年特别节目《让历史告诉未来》①中使用了四段片花。其中，第一段片花出现在一组与抗战有关的一组消息后，既交代了节目采制的背景和价值，又对下面的内容和报道基调进行了必要的铺垫：

[起歌声"九一八、九一八……"——压混]

1931年9月18日，是中国近现代史上最黑暗的一天。驻东北的日本关东军，制造借口在沈阳发动了震惊中外的"九一八"事变，从此东北陷入苦难的深渊。在长达14年的殖民统治期间，每一寸白山黑水都写满血泪和伤痛。

[出资料片音响，日军的铁蹄声和枪炮声等，压混渐隐]

历史的长河可以冲刷掉人们心中的无数记忆，但是却冲不掉战争的阴影和它给人类造

① 黑龙江人民广播电台2000年8月15日播出。

成的巨大伤害。

第二段片花在记者对哈尔滨工业大学学生徒步宣传、参观731部队罪证陈列馆的现场采访之后，录音专稿《半个世纪后的述说》之前，该专稿反映的是曾经在侵华战争期间被迫给日军充当“性奴隶”的朝鲜族老人的血泪控诉，该片花使用的就是老人的同期声：

李凤云哭诉（哭声）……

“我们得整天接待那些禽兽，略有怠慢就会遭到毒打。”

请继续收听抗日战争胜利55周年特别节目《让历史告诉未来》。

第三段片花使用了两个人的同期声，一个人是捡到侵华日军日记的老人，另一个人是鹤岗市文管站站长：

“捡日记那年我18岁。”

“说是‘万人坑’，其实埋的远不止万人。”

抗日战争胜利55周年特别节目《让历史告诉未来》。

第四段片花放在关于万人坑的报道之后，对广播剧《历史的守望者》的编剧的演播室访问前，片花使用的是之前对编剧采访的同期声：

“搞这部戏我就是要用我的笔，为惨死在日寇刀下的无辜受难同胞发出一声呐喊。”

“我们应当把过去不加隐瞒地告诉下一代。”

请继续收听抗日战争胜利55周年特别节目《让历史告诉未来》。

上述四段片花起到了交代背景、提示下文、分割并串联节目等多种功能。

二、精选头条新闻

头条新闻是当天发生的新闻事件中最重要、最具有新闻价值和导向意义的且听众最想率先了解的新闻。头条新闻的选择直接体现了编辑的意图，反映了当天所发生的新闻的分量和宣传的方向。头条新闻的选择是否恰当，在很大程度上决定了一组节目的质量和收听率。

决定一篇稿件能否上头条的因素很多，一般来说，选择的头条新闻要考虑导向性、时效性、贴近性、权威性等多种因素，关键在于新闻事件本身的新闻价值和广播编辑的新闻敏感。

（一）选择头条新闻要讲究导向性

新闻编辑一方面要将社会经济建设取得的成就作为新闻重点报道和反映的内容放在头条的位置，另一方面还可以将政府出台的有关解决医疗问题、社会保障、住房制度改革、解除农民负担、教育收费、实地农民安置、就业和再就业等社会热点问题的重大政策、具体措施以及执行情况和社会效果等排在头条，从积极的方面引导舆论、化解矛盾、维护大局，促进改革。如中央电台2002年12月25日播出的《新闻和报纸摘要》的头条新闻，编辑把两个重大工程成就的录音报道和一个全国统计文字消息组成一个复合型头条——新年前夕暖流涌动，祖国建设捷报频传：1～11月全国工业企业利润增速加快，经济效益继续趋好；南京第三座长江大桥奠基；神州西部又添千万吨级大油田。该新闻点面结合地反映了社会主义建设取得的新成就，极大地鼓舞了人民群众的发展信心和建设决心。

（二）选择头条新闻要注意时效性

新闻编辑要将刚刚发生的、新闻要素最为明显和突出的新闻，播出当日新闻甚至是对正在发生的新闻事件的报道，满足受众对新闻事实的需求。如北京电台2006年1月13日《交通新闻》的头条新闻是记者的现场报道：京广桥东南侧辅路发生大面积塌陷，东三环、朝阳路部分路段禁止车辆通行，三十多条公交线路临时调整走向。紧跟其后的是录音消息《京广桥应急抢险指挥部紧急成立，塌陷原因初步查明是污水管线断裂所致》和编辑配发的评论。编辑将正在发生发展中的事件作为头条新闻报道的主体，最大可能地突出了新闻报道的时效性。

（三）选择头条新闻要讲究贴近性

有人认为，当前广播新闻发展中存在的问题之一在于新闻报道的“三多一少”——“会议报道多”，“领导活动多”，“工作总结多”，“老百姓关心的新闻少”。要改变这一情况，编辑就要深刻把握群众关注的热点、难点问题，选择与他们的生活息息相关的重要稿件作头条新闻。如中央电台2001年12月17日《新闻和报纸摘要》的头条新闻是：山东为59万被征地农民建立专项社会保障制度，确保他们生活无忧。

（四）选择头条新闻要注重权威性

对于中央级、省（市）级和其他地方电台来说，权威性的含义是有所不同的。地方媒体更需要通过对重大事件、重大活动、重大战役的报道，通过记者、编辑对重大题材的驾驭能力以及良好的职业道德和严谨的工作作风来体现其权威性。而这些报道不可避免地涉及到对各种会议和领导人活动的报道。如何在会议中、报告中抓重点、抓特点、找亮点，是广播记者和编辑需要共同努力的，能够从会议新闻报道中推陈出新，才能更好地抓住听众的注意力，收到良好的传播效果。

除此之外，在重大突发新闻事件发生时，编辑还要能够突破常规，勇敢地将突发事件新闻排在最重要的位置，予以突出。如获得第18届中国新闻奖二等奖的北京电台《新闻大视野》①作为一个地方新闻节目，能够打破“先地方、后国内、再国际”的编排程序，将巴基斯坦前总理贝·布托遇刺身亡的新闻安排为头条，并配发相关的背景报道等，在很大程度上体现了编辑的勇气、魄力和编辑时的灵活应变能力。

---

① 北京人民广播电台2007年12月17日播出。

三、撰写新闻提要

广播线性传播的特点决定了广播听众在接受信息的时候处于被动状态。他们需要一个向导来告诉他们今天的节目中有什么新闻，从而判断是否有自己感兴趣的内容，是否需要收听本次节目。这个向导就是新闻提要。

听众选择广播新闻的过程，首先是通过对新闻提要的注意来实现的。新闻提要是整档节目重要的组成部分，直接关系到节目传播的质量和效果。提要写得精彩，能给新闻节目增添魅力、增强吸引力，扩大节目的宣传效果；反之，一条本来可让听众感兴趣的新闻，由于提要一般化、八股化，缺乏吸引力，便可能因此而流失听众。

新闻提要，顾名思义是对新闻内容的高度概括、揭示和评议，是用于提示新闻节目要点的一种配套性稿件，一般放在节目内容之前。通常用于时间较长、内容较多的综合性新闻节目，有时也用于多篇稿件组成的专题节目。

新闻提要不等同于新闻导语或者新闻标题，而是新闻报道内容的再提炼，要能够言简意赅、生动活泼地体现报道最重要的内容。同时，新闻提要具有新闻集纳的功能。通过对新闻中最重要、最有新闻价值的事实的浓缩和概括，将一组新闻中最重要、最具有代表性的新闻提炼出来，有的还使用音响强化听众印象，极大地方便了那些只听提要或听提要又选择部分新闻听的听众。

（一）新闻提要的功能

我们先来看一组新闻提要：

全省人民走进欢庆之夜，拥抱新世纪；

[音响出]7、6、5、4、3、2、1（欢呼声）……[音响止]

海内外山西人互联网上共贺新年；

新年午夜五台山回荡世纪钟声；

百岁老人周文钦畅谈美好生活；

我省世纪婴儿降生山大一院；

我省工业污染源基本实现达标排放；

[音响出]截至2000年12月31日，全省已基本完成国务院规定的达标任务。[音响止]

山西台评论：保护环境，造福子孙；

驮水毛驴"下岗"，兴县农民告别水荒；

市场又见代金券，公款消费漏洞可怕；

[音响出]卡券都有，一张就是5万，10万的我都可以弄。[音响止]

请留意《舆论监督》；

国际象棋特级大师叶江川在家乡太原冲击吉尼斯世界纪录，请关注《新闻追踪》；

我省环北京地区防沙治沙工程进展顺利；

晋商大院成为山西旅游业的王牌;

我国经济全面回升;

上海人均 GDP 突破 4000 美元;

中、日、韩学生创造多米诺骨牌吉尼斯世界纪录;

全球每天上网邮件 14 亿封。

山西电台在 2001 年 1 月 1 日播出的这期《新闻半小时》节目获得了第 12 届中国新闻奖二等奖、2001 年度中国广播电视新闻奖一等奖,当天该节目共播出各种体裁的新闻 46 条,选择上新闻提要播出的有 16 条。

结合以上节目我们可以看出,新闻提要具有以下几方面的作用:

1. 提示新闻内容

新闻提要是用最精练的文字将新闻中最重要、最引人注目的事实先报告给听众,引起听众收听的兴趣。广播新闻的内容提要在节目播出前,承担着向听众预告和介绍本次节目的主要内容、突出重要新闻的任务,广播新闻的内容提要可以满足部分听众由于某种原因无法收听详细内容的需要,而更重要的是引导更多的听众产生收听整档新闻节目的欲望,直接影响到节目的收听率。

2. 评价新闻内容

听众收听新闻,主要是从中了解外界正在发生的变动事实。提要在提示事实的同时,进一步揭示新闻的本质,可以帮助听众了解新闻的意义,分辨新闻价值的大小,并借此表明编辑的态度和立场。

评论新闻内容,提示新闻的意义。提要是对新闻内容的高度概括和提炼,用提要来揭示某些新闻的意义、作用和价值,可以帮助听众进一步理解新闻的内涵、意义。同时,由于提要在节目的开头部分播出,它又有着先入为主、先声夺人的优势,给人以深刻的印象。

3. 弥补广播弱点

提要浓缩了节目的主要内容,而且大多数广播新闻节目的内容提要是按照“提要——内容——提要”的方式播出的,即在新闻节目刚开始时播 次提要,在节目结束前重播一次提要,这样,可以让在节目播出中途打开收音机的听众,也同样可以了解这次节目的内容,而对那些自始至终收听本次新闻节目的听众来说,提要则起到了加深他们对新闻内容印象的作用。

4. 增添节目魅力

精彩的新闻提要会给新闻和新闻节目增添魅力,增强吸引力。有些新闻的内容较一般,由于提要“画龙点睛”,写得精彩引人,从一定程度上弥补了新闻内容的不足,仍可达到引导和吸引听众收听的目的。

(二)如何选择上提要的新闻

目前一档 30 分钟的广播新闻节目一般会播出 40 ~ 50 条新闻,新闻提要的数量在 15 条之内。换句话说,就是上提要的新闻只能占到新闻总量的 1/3 左右。由此,在撰写新闻提要之前，先要进行新闻选择，确定撰写新闻提要的报道。编辑在撰写新闻题要之前，一定要考虑听众的需要，选择真正内容重要、听众关心的新闻上新闻提要。

1. 当天节目中的要闻

一些新闻节目中有大量的会议新闻，且多数会议新闻的编排都比较靠前。这些会议新闻要不要上提要？是不是每条会议新闻都需要上提要？要具体情况具体分析，区别对待。一般来说，新闻是否上提要，与报道的新闻价值大小有关，那些新闻价值较大、受众真正关心的内容需要以提要的形式出现，以引起听众的关心和注意；而那些仅仅是某领导出席会议或活动剪彩之类的新闻，不一定要成为新闻提要的内容。这样的内容在提要中出现得过多，不但不会吸引听众，反而会赶跑或吓跑听众。

此外，是否是当天的要闻，也不完全是根据新闻在节目中排列的位置决定的。大多数情况下，广播新闻节目不会按照新闻的重要程度进行编排，而是会遵循时政新闻优先的原则，按照政治、经济、文化社会的顺序进行有序编排；或者将内容分为若干个小的栏目进行组合编排，这就使得一些经济新闻或社会新闻中的重要内容未必是排在最前面的新闻。因此，当天要闻要考虑到多个领域的要闻，而不是简单地将节目前1/3的新闻拿来上提要。

2. 重大突发性事件

新闻节目编排有一定的规律性，如国内新闻与国际新闻相比国内新闻优先，本地新闻与外地新闻相比本地新闻优先等，但遇到重大突发事件发生时，一般重大突发事件要排在比较显著的地位，同时在新闻提要的内容选择上也优先考虑。如北京人民广播电台2007年12月28日的《新闻大视野》中，巴基斯坦前总理贝·布托遇袭身亡的消息无论是新闻提要还是节目编排，都放在了第一条。

3. 与听众切身利益相关的内容

根据新闻接近性原则，在众多的新闻中，人们往往更容易关注与自己切身利益相关的新闻。在新闻编排的时候，编辑应当同样考虑到这一点。如北京人民广播电台《新闻大视野》中将“明年企业退休人员基本养老金涨100元左右”放在新闻提要的第三条，仅次于巴基斯坦前总理贝·布托遇袭身亡和日本首相福田康夫将在北大作演讲的新闻。

4. 尽可能涵盖多方面报道

听众是千差万别的，听众的兴趣也各有不同。因此，在撰写新闻提要的时候，要尽量考虑新闻选择的多样性，不但涵盖重要的时政新闻，还应当涉及经济、民生、文化、体育等内容，要能够兼顾不同类型听众的需要。如果一个新闻节目只是将节目开头的几条新闻作提要播出，不能起到提要的作用。而要考虑不同的内容及形式的有机结合，通过新闻提要的写作，将听众的注意力分散在整个节目中，而不是只关注节目最初的内容。

(三)新闻提要的写作

广播提要写作的总体要求是内容准确、形式多样。在写作中要尽量少用虚词，多用实词，防止出现模式化、概念化、口号化、抽象化的不良倾向，力争做到具体、准确、鲜明，能引起广大听众的共鸣。

1. 虚实结合

新闻提要需要体现新闻的高度和内涵，因此，过分务虚容易显得内容空洞，过分求实又会显得内容干涩，虚实结合可以较好地体现新闻价值，又能吸引听众兴趣。在撰写提要之前，一定要吃透新闻的内容，把握并生动展示新闻的主要内容。广播新闻提要不仅是新闻事实的高度概括，而且还要善于通过典型事实反映新精神和新观点，直接表达出鲜明的政治倾向性和褒贬态度，赞成什么，反对什么。

2. 轻重结合

将重大严肃的新闻报道与生动活泼的新闻结合起来。一期节目的提要既要有硬新闻，也要有软新闻；既要有关系国计民生重大事件的内容，也要涵盖一些具有一定趣味性的新闻。

3. 语言生动

报纸标题常常为了语言的简洁明快，既不必讲究语法逻辑上连贯，引题、主题、副题各自独立，上下语气并不衔接；也不怎么注重语言的通俗化，常用些成语典故和双关语等。从听的特点和听的效果出发，新闻提要的语言要符合语法逻辑，句子要完整，听起来顺畅，意思明了易懂；而且还要语言通俗化，读起来朗朗上口，听起来清楚明白。另外，提要写作还要注意句子长短结合、错落有致，体现广播的音律美。当前许多新闻节目的新闻提要采用的大多是陈述句式，虽然言简意赅但容易平铺直叙，因为缺少句子的变化而听起来有些单调。在写作时可以考虑采用多种句式。

4. 形式多样

广播新闻题材广泛、内容丰富，这就要求有与此相适应的多种提要形式，完美地给以反映。一般来说，常用的提要形式有以下一些：

概括式：新闻提要中最常见的写法，在对消息融会贯通基础上高度提炼、概括、升华的结晶体，好的提要常常起到画龙点睛的作用。

评介式：即在概述事实的同时，扼要指明思想意义。

引语式：运用“引用”的修辞方法，引用新闻中人物具有权威性、代表性、影响力的话语作新闻提要。

集纳式：为突出体现一个重大主题，编辑用一条提要来包含一组内容详尽的几条消息，这样可以加重分量，发挥整体效果，如“五一长假，红色旅游成为黄金周新亮点”。

比较式：把互相对立的事物放在一起作比较。在新闻提要中运用对比方式，将事物之间的异同点或者同一事物的前后进行比较，引导受众正确地鉴别事物，理解和接受新闻所要表达的主题思想。

编辑在撰写提要的时候，如果能够综合考虑使用多种提要形式，并有意识地采用带音响的提要，就可以更好地发挥提要吸引听众收听的作用，同时可以帮助听众更好地理解当天的新闻内容。

四、有序编排新闻

新闻编辑在确定了需要播出的内容之后，还要按照一定的顺序将若干条新闻编辑成一期完整的节目。新闻编辑对新闻的编排有多种方法，但需要遵循一定的原则，这些原则包括：政治新闻优先，先国内、后国际等。也就是说，在新闻栏目编排时，一般按照时政新闻、经济新闻、文体新闻、社会新闻等顺序进行编排。在国内新闻和国际新闻的处理上，本着接近性原则，国内新闻要排在国际新闻前面。如果是地方台的新闻，本地新闻要排在外地新闻前面。当然，原则只是一般情况下遵循的，如果有重大突发性新闻发生，则重要的突发新闻可以不按照这一规律安排顺序。

常用的新闻编排方法①有：

（一）主从编排法

在单元时间内，重要的新闻排在节目时间靠前的位置，相对次要则往后放置。这样的编排既能够突出重点，又兼顾到一般。几乎所有节目都突出最具新闻价值的头条新闻或第一单元新闻，同时注意集纳必要的新闻条数和信息数量。该编排方法的不足在于这样的编排显得相对程式化，变通性较差。如第13届中国新闻奖二等奖作品《新闻半小时》播出33条新闻，前12条和最后一条都围绕“引黄入晋”一期工程展开。山西台电台从引黄入晋对山西经济、社会发展的重大意义到工程建设难度、后续工程建设等等，整个事件的报道力求向听众传达最全面、准确的信息。在节目即将完成录制、准备播出前，连夜守候的记者发回黄河水进入太原和水质将有保证的消息，更体现了广播新闻时效性强的特点。同时，报道组发扬集团采访的优势，把对“水”的关注和报道不断延伸，节目编排紧紧围绕“水”做文章，通过对不同板块的精心采编，使饮水解困惠及百姓、河流地表水污染及治理、三晋名泉晋祠难老泉断流之思考、洗浴场所浪费水现象与呼唤公众节水意识的报道，成为体现编排思想，赢取信息传播最大值的一个个亮点。

1. 现场报道：引黄入晋一期工程全线试通水；
2. 新闻背景：万家寨引黄工程；
3. 录音专访：引黄入晋，惠泽三晋——访山西省省长刘振华；
4. 录音报道：引黄南干线，隧洞占九成；
5. 录音报道：引黄建设者着手推进二期工程建设；
6. 山西台评论：引黄入晋，造福千秋；
7. 饮水解困工程使山西300万缺水人口用上承诺水；
8. 广播特写：夺火村吃上解困水，牌匾送给扶贫队；

① 部分内容参考丛林：《广播新闻编排的方法与艺术》，《中国广播电视新闻奖2000年度新闻佳作欣赏》，新华出版社2002年1月版。

9. 录音报道：省环保局提出治理河流地表水污染硬指标；

10. 系列录音报道：《名泉水难流》第一篇：不该忘记的教训；

11. 舆论监督：太原数百家洗浴中心浪费水现象严重；

12. 编后话：为子孙多留一滴水；

…………

33. 今天(10月19日)凌晨6点，黄河水顺利抵达太原市呼延水厂。

(二)主题编排法

编辑围绕特殊的新闻事件或纪念日等，经过精心策划编排，表达一个集中的主题。如黑龙江电台获得第11届中国新闻奖一等奖和2000年度广播电视新闻奖一等奖的抗日战争胜利55周年特别节目《让历史告诉未来》①采用大主题小侧面、聚沙成塔的手法，以日军侵华期间，东北三省沦陷14年的历史为背景，以无可争辩的最新事实抨击日本右翼的不实之词。提醒世界各国特别是曾经饱受日本军国主义野蛮侵略的亚洲人民，对这一事件应有足够的警觉。

一般来说，同一主题、同类内容的新闻编排很容易出现信息面狭窄的问题，该节目以重大主题为经，信息丰富为纬，寓意深刻，有效拓展了节目的信息内涵。节目开头，编辑集纳了一些与抗战有关的国内外新闻，如中国人民抗日纪念碑和抗日战争纪念雕塑园在北京落成、侵华日军731遗址保护开发工程在哈尔滨启动、青岛发现侵华日军新罪证、日本各政党发表和平声明、反对日本内阁部分成员参拜靖国神社等。这些消息与随后播发的现场报道、专家访谈等紧密衔接，具有1+1>2的效果。此外，青年学子徒步到731罪证陈列馆参观、东宁“二战”期间被迫充当“慰安妇”的四位老人的血泪控诉以及鹤岗发现侵华士兵的日记，直指日本又以实例否定历史等深度报道使节目信息内涵更加丰富。

(三)组合编排法

采用这种编排方法编排的新闻节目头题不十分突出，整个新闻按照新闻价值大小排列，同时充分利用具有广播特点的多种体裁样式，按照内容意义单元或组合已有栏目设置，采取归纳分类的方法进行编排组合，其特点是从容布局、自然畅达。

如湖北人民广播电台在报道三峡大江截流当天的新闻时，将与三峡大江截流相关的新闻编排在一起，组成一组报道，全方位、多角度地报道了大江截流的盛况及影响。

现场报道：三峡工程胜利实现大江截流；

三峡工程大江截流在三峡工地隆重举行；

本台评论：三峡截流，迈向新世纪的里程碑；

综合消息：江泽民、李鹏等党和国家领导人在三峡工地接见建设者并参加植树活动；

大江截流后，三峡工程导流明渠流量增大，通航正常；

---

① 黑龙江电台2000年8月15日播出。

汉川今天撤县设市；

京广线上百年老站江岸与京九线连通。

(四)栏目编排法

目前国内多家电台都在新闻节目中设置了相对固定的若干栏目，用栏目将节目划分成若干相对固定、各具特色的单元。栏目一般有栏目音乐，有的栏目音乐中还有导听提示。如中央人民广播电台的《新闻和报纸摘要》节目分"国内要闻"、"今日天气"、"简讯"、"媒体介绍"、"国际新闻"五大部分。其中，"国内要闻"及时、充分，常常是独家报道党和国家领导人的重大活动，宣传中央的大政方针，中央各部委的工作思路、部署，完成中宣部下达的重大典型宣传任务以及重大新闻事件的及时追踪报道；"今日天气"属全国独创，以清新的语言勾勒当天全国天气情况，极具服务性；"简讯"言简意赅，体现大信息量；"媒体介绍"汇天下精华，备受同行瞩目；"国际新闻"常利用时差优势，率先报道北京时间当天早晨发生的国际重大新闻。2003年后，还增加了"昨夜新闻"的内容，进一步增强节目的时效性和增大信息含量。山西人民广播电台的《新闻半小时》节目由相互关联的《新闻背景》、《新闻追踪》、《观点》、《大报摘要》、《时事扫描》五个栏目构成。

(五)述评编排法

就是在前面叙述新闻事实，后面配发言论，进行说理分析，增加报道深度，强化导向作用的一种编排方法。其特点是说事讲理、强化导向。如获得2000年度中国广播电视新闻奖一等奖的山西电台《新闻半小时》节目头条是《第五次全国人口普查登记昨天全面展开》，然后在《新闻背景》栏目中介绍了人口普查的相关背景，其后配发评论《人口普查关系国计民生》。

(六)对比编排法

将两件报道同类事件、人物的新闻编排在一起进行横向比较，或者将新闻人物、新闻事件的现实与历史进行纵向比较。其特点是两相对照，观点鲜明。如获得1999年度中国广播电视新闻奖一等奖的河北电台《河北新闻》的头条新闻是《惊动全国的廊坊霸州市公安局民警杜书贵枪杀无辜群众一案，今天一审判处死刑》，消息后配发资料，介绍枪杀案经过；之后是《公安部今天召开刘金国先进事迹电视电话会议，号召全国干警向我省公安厅副厅长、"优秀人民公仆"刘金国同志学习》，消息后配发公安部部长贾春旺高度评价刘金国事迹的专访，以及介绍刘金国事迹的报道《永远不做对不起老百姓的事》。正反两个典型对比鲜明，发人深省。

(七)平行编排法

平行编排法的特点是彼此兼容、均衡对应。如2000年上海电台与新疆、甘肃、宁夏、云南等几家电台联合举办"西部大开发"特别节目，从开始到结束两地齐头推进，内容、形式、播报大体平行对应。这种编排方法的缺陷在于有的时段关联不紧密。

除此之外，广播新闻编辑还应当注意把握节目的节奏。除及时、准确地反映具有新闻价值的某一事实面貌，揭示事物的本质以外，还能够通过对每一篇稿件的巧妙配置、多种传播方式的运用以及流畅的新闻语言，使得整组新闻节目具有整体的节奏美。

第四节　新闻频率编辑

20世纪50年代以后，广播为迎接来自电视的挑战，Format Radio（类型台）成为广播公司的共同选择。在众多的广播类型频率中，新闻频率是非常重要的类型。

世界上流行的新闻类型台主要包括两种：一种是全新闻电台（All News Format），是完全以播报新闻为诉求的新闻类型电台；另一种是新闻/谈话类台（News/Talk Format），结合新闻、谈话甚至访问特写的混合新闻类型电台。

这些新闻类型台常用的新闻编排方式有几种：

1. 滚轮式新闻：是如车轮转动般的一次次连续播报实时发生的新闻事件的运作方式。

2. 旋转门式规划：指新闻一节接一节循环接续播出，如同旋转门持续转动进出般的规划方式。

3. 时钟规划：也叫热表方式，就是以“小时”为单位划分节目时间安排。

4. 焦点新闻：在新闻编辑作业上，针对每天重大新闻事件采用密集播出，但必定不断更新其内容。

5. 整点新闻：以整点、半点时钟为规划新闻播出的方式。

以“滚轮式新闻运作架构”为例，采用该方式编排节目与以往的栏目化编排有相当的差异。

滚轮式新闻提供听众最大便利的人性化设计，听众只要打开收音机想听新闻时，不需等候，随时进、随时听；再加上无障碍的新闻结构，任何重大新闻发生时，实时同步的现场报道，让听众随时掌握最新讯息。

在只有整点、半点播新闻的架构里，非新闻时段，如果要插入任何新闻时，通常是所谓的重大新闻，否则，硬生生在节目中插播新闻，感觉相当突兀，也因此即使新闻进来了，只好等下一个新闻时段再安排播出，无形中折损了广播实时快速的特性和优势，滚轮式新闻处理过程，能随时进、随时播，维持新闻讯息传递的畅通。

滚轮式新闻架构没有所谓的重点新闻时段，也没有哪一节新闻特别重要，强调的是新闻时效的实时掌握，尤其重大新闻事件发生时，对于持续发展的进程随时报道，带动广播记者的发稿意愿，同时也大大提升记者的成就感。

与西方国家的广播新闻运作不同，西方国家的新闻台常采用滚轮式的方式提供持续不间断的信息，而我国的电台则常更喜欢采用整点、半点播报的方式；美国广播电台的节目时间表多以“小时”为单位，将一个小时划分为不同的几个区块，所有的节目按小时循环播出，而国内电台则多以“天”为单位，不同时段针对不同特性的听众；在美国新闻类型台中，气象、路况、体育信息等服务信息都按照一定的规律进行编排，只要听到不同的信息，无需看表就可以知道现在是什么时间。而国内的新闻频道目前大多数没有进行如此设置。

第十章

广播新闻性节目

广播电台通过各种不同的节目类型进行宣传，节目是广播内容传播的载体，也是广播电台最基本的播出单位。广播节目有着特定的名称和内容，特定的播出对象和固定的播出时间。广播电台播出内容是以特定频率为标识的时间“版面”。海外广播电视法中规定：“广播电台每次播音开始、结束及节目更换时，应报台名、呼号及频率；在节目进行中应斟酌情况，每半小时简要播送一次，以资辨认。”[①]目前，广播节目已经形成一个要素齐全、结构完善的庞大系统。我们可以认为，广播频率的播出内容 = 为目标受众制作的广播节目 + 节目有序编排 + 广告 + 台名、呼号等听觉标识的定时插播[②]。

第一节　广播节目形态构成

对广播节目的分类，有多种方法，比较通行的是按照节目的内容进行分类。

按节目内容划分节目类型一般有两种方式：一种是六分法，即把广播电视节目分为六种类型：①新闻类节目；②言论类节目；③知识类节目；④教育类节目；⑤文艺类节目；⑥服务类节目。第二种方式是四分法，即①新闻性节目；②教育性节目；③文艺类节目；④公共服务性节目。比较起来，四分法更直观实用，国际上也都以四分法为主。[③]

我国广播电台的节目采用的就是四分法。尽管随着新闻业的发展变革，四分法在一定程度上已经无法完全涵盖新兴、交叉的节目形式，但由于目前尚无更好的替代性分类方式，四分法仍为人们广泛使用。

---

① 刘建顺：《现代广播学》，台湾五南出版社 2001 年版。

② 曹璐：《广播新闻理念与实务创新研究》，中国广播电视出版社 2007 年 5 月版，第 173 页。

③ 黄匡宇：《广播电视学概论》，暨南大学出版社 1999 年 5 月版，第 250 页。

一、广播节目的发展

在广播诞生的一百年来[①],广播节目随着时代的发展和技术的变革,进行了不断的发展和完善。

(一)西方国家广播节目的演变

从目前存在的资料来看,最初并无明显的"广播节目"这一界说,但事实上节目雏形已开始形成。

1906年以后,在欧美许多国家开始陆续出现广播的试验播出,这些不固定播出的广播节目主要是音乐节目(留声机唱片和当地演员的现场演奏)、清谈节目(话题涉及历史、音乐、园艺等)。

1920年11月2日,世界上第一座广播电台KDKA在美国匹兹堡开始了第一次播音,当天播出的第一条新闻就是哈定击败考克斯成为新一届美国总统。此后,广播电台开始固定播出。KDKA每晚8时开始播音,尽管每天播出的时间并不长,但已经形成了固定的节目类型:音乐节目——音乐会(诸如交响乐队演出转播)、歌唱家演唱、留声机唱片音乐,新闻报道、公共服务信息、教堂仪式转播、体育节目以及邀请艺人现场表演、为临睡前的孩子们朗读故事和由听众提供的娱乐节目等。[②] 它还开创了体育比赛和舞台演出实况报道的先河。

在广播最初发展的十几年里,广播内容归纳起来主要是新闻、广告和音乐,具体又分为宗教宣传、总统选举、市场行情、气象预报、体育新闻、唱片与音乐、歌剧实况转播等[③]。尽管电台播出新闻,但新闻节目在全部节目中所占的比重较小,播出的新闻也基本来自于报社、通讯社的稿件。20世纪60年代之前,北欧一些国家广播电台的新闻节目都是由报社和通讯社提供的。

出现于20世纪20年代的广播剧在20世纪40年代之前是最为辉煌的节目形式。这些大多由戏剧或者小说改编而成的广播剧极大地吸引了听众对广播节目的热情。1938年10月30日广播剧《星球大战》播出时,人们以为火星人真的正在进攻地球,世界的末日到了!于是,有的人痛哭,有的人躲藏,有的人祈祷,有的人逃往乡下,酿成大众传播史上一次空前的事件。此后若干年,这一事件仍然是学者们对传播行为研究的经典案例。

20世纪30年代初,由于来自报纸和通讯社的压力,一些美国的电台开始自己采写新闻,广播节目也由此开始成熟。这一时期,电台除了采写简明新闻外,还开始发展新闻评论,制作现场报道和播报突发新闻。到30年代末,广播新闻已经获得了广大受众的认可。随着第

---

① 以"亚广联"为代表的国际广播机构将1906年费森登进行第一次成功的声音播出试验视为广播诞生的标志。

② 周小普:《广播新闻与音响报道》,中国人民大学出版社2001年版。

③ 孔建民:《广播节目类型与类型化广播》,《视听界》2005年第5期。

二次世界大战的来临,广播在新闻传播中的独特优势开始得到体现。人们依赖广播来了解前线的战况。1944 年 6 月 6 日,盟军部队在诺曼底登陆,转入战略反攻的消息就是通过广播网最早向世界报道的。据美国国家意见调查中心的一份调查报告证明,第二次世界大战期间,利用率最高的大众媒介就是广播,占总利用率的 67%。

第二次世界大战期间,美国哥伦比亚广播公司记者爱德华·默罗作了一系列著名的现场报道,尤其是他在英国广播公司楼顶上所作的一系列《这里是伦敦》的现场报道,不但让当时的美国民众真切地感受到了战争,也为后来广播新闻的现场报道留下了非常宝贵的经验。同样在第二次世界大战前后,另一种广播新闻形式——广播谈话开始显现其独特的魅力和宣传效果。美国总统富兰克林·罗斯福的"炉边谈话"和其后一系列的广播讲话起到了极好的宣传效果。而纳粹元首阿道夫·希特勒非常具有煽动性的广播演说无疑也起到了非常强大的宣传效果。

第二次世界大战结束后,随着世界经济的恢复,战前停滞的电视研发重新开始,面对声画并茂的电视媒体的挑战,广播的"黄金时代"宣告结束。广播电台由全国性的大众化电台向面对更小群体的专业电台转化。而原先广播中播出的很多节目也开始移植到电视节目中,并且焕发出勃勃生机,如剧场类节目、游戏类节目、现场音乐会直播等。

广播电台定位的转变相应带来节目设置的转变,更符合小众频率特色的专业性节目取代了面向大多数人群的综合性板块节目。专业电台的节目以时段划分,滚轮式播出。大量的音乐台、谈话台、新闻谈话台和全新闻台开始出现。所谓的"call in"式的互动参与节目,也逐渐成为节目的主导样式。

当前美国常见的广播节目形式:情景喜剧(Situation Comedy/Sitcom),该形式是美国最早的广播娱乐;肥皂剧(Soap Opera),也是娱乐节目,目前仍存在;乡村音乐(Country Music);成人当代节目(Adult Contemporary),20 世纪 90 年代最受欢迎的广播节目,一般播放浪漫音乐、歌曲和优美的旋律等;谈话节目(Talk Show,也称脱口秀),20 世纪末开始繁荣;宗教节目(Religious Programmes);全新闻节目(All - News);以唱片为来源的摇滚音乐节目(Album - Oriented Rock,简称 AOR);当代金曲、前 40 首上榜歌曲(Contemporary Hit/Top 40)。其中娱乐休闲类的节目占了大多数。

(二)我国广播节目的演变

我国广播业在 20 世纪 20 年代初就已经诞生,和当时世界其他国家一样,早期广播电台也是以娱乐节目为主的综合电台,播出的节目有:娱乐节目(中西方唱片音乐、戏曲唱片、在戏园开设专线转播戏剧演出等)、报社提供或自采的新闻、政治演说、宗教节目、无线电讲座(主要是为了推销收音机)、科学文化讲座广告、商业行情等。

1940 年 12 月 30 日,中国共产党领导下的第一座广播电台"延安新华广播电台"开始播音。在此后相当长的时间里,广播隶属新华社,广播稿由新华社广播科编写。1941 年 5 月 25 日,《中共中央宣传部关于电台广播工作的指示》规定:"广播内容应以当地战争、政治、军事、经济、文化教育等方面的具体活动为中心,并以具体事实来宣传根据地的意义与作用。"

由此可知,延安新华广播电台的主要任务是向全国各根据地及地下党组织传达党的政策和命令,新闻和教育节目是当时广播的主要内容。军事新闻在延安新华广播电台播出的内容中所占比重较高。

延安广播电台早期播出的内容包括中央和陕甘宁边区政府的重要文件、公告,《解放日报》、《新中华报》、《解放周刊》的重要社论,新华社消息,名人演讲,科学常识,日语节目,革命故事等,文艺节目比较匮乏。为此,毛泽东同志将其珍藏的二十多张唱片送给了广播电台,另外还有播音员、文艺工作者甚至学生在播音间或露天表演的歌曲、话剧等。

抗日战争胜利后,延安新华广播电台的节目也比以前更加丰富。播出时事新闻、解放区消息、时评、纪录新闻、名人演讲、专题节目、纪念日临时增加音乐节目,还开办了英语新闻节目。

1949 年 10 月 1 日新中国成立,北平新华广播电台(即原来的延安新华广播电台,同年 12 月更名为中央人民广播电台)实况转播了开国大典的盛况,各地方电台同时进行了联播,此后二十多年,中央人民广播电台都会实况广播“五一”、“十一”的庆典活动。

1950 年 4 月 2 日,上海电台播出了《我们的一天——上海台生活片段》的录音报道①。录音报道这一新的节目形式开始在广播中出现。抗美援朝战争中,中央人民广播电台的记者深入前线,冒着枪林弹雨采录了志愿军指战员们的生活,回国后播出的一系列录音报道,在国内引起了巨大反响。

从 20 世纪 50 年代开始,教育节目、文艺节目、体育节目、农业节目等广播节目类型纷纷涌现,广播电台还开始派出记者随同国家领导人出国访问,进行采访报道活动。广播节目开始出现繁荣发展的态势。

但是,再随之而来的“文革”期间,除了少数政治宣传节目和革命样板戏之外,广播节目迅速萎缩,新闻节目也变成了报纸的有声版。有的地方台甚至停播自办节目,完全转播中央人民广播电台的节目。

20 世纪 80 年代开始,中国广播业迎来了第一轮改革,广播业重新确立了 50 年代提出的“自己走路”的方针。1983 年的第十一次全国广播工作会议提出,广播要“扬独家之优势,汇天下之精华”。

1981 年元旦,中央人民广播电台由徐曼主持的《空中之友》节目开播。1981 年 4 月,广东人民广播电台由李一萍、李东主持的《大众信箱》节目开播。“南李北徐”的出现,改变了我国广播只有播音员而没有主持人的历史。主持人节目开始崭露头角。

1986 年 12 月 15 日,广东珠江经济广播电台开播,以新闻、信息为骨架,内容综合化、栏目板块化、主持固定化、节目直播化,并且引入了热线电话互动的形式。“珠江模式”的出现,开了广播内容改革的先河。一时间,热线直播节目、板块节目、主持人节目和专业频率在中华大地如雨后春笋般涌现,第一轮“广播热”由此兴起。

与此同时,原有新闻节目的改革也开始出现。广播报道聚焦于社会热点、难点问题,具

---

① 周小普:《广播新闻与音响报道》,中国人民大学出版社 2001 年版。

有广播特点的音响报道、连续报道开始出现,评论节目也得以恢复。在原有固定的新闻节目之外,中央人民广播电台还开始播出整点新闻,使新闻报道的时效性大为增强。

1992年10月28日,上海东方广播电台开播,进一步深化了热线点播、热线专访、热线谈话、热线咨询等参与性节目,听众通过电话参与直播,其节目设计在大板块节目的基础上,注重节目内容的针对性和服务性,开展社会活动,强化直播节目,培育明星主持,被媒体评价为"广播实现了回归"。

进入21世纪以来,大众媒介的增加,媒体受众的分化,使得媒介竞争日益白热化。广播要想在网络时代获得发展,服务特定受众或特定市场的类型化频率成为发展趋势之一。类型化广播如何构架频率结构?如何策划和制作适应类型化发展需要的广播节目?不同的广播节目如何通过有序编排实现频率的整体效应?广播节目如何借助新的技术手段强化与听众的互动?这些问题是伴随着"广播新的春天"出现在我们面前的新的问题。

二、广播节目的构成

(一)新闻性节目

新闻性节目:以报道和评论新近发生或正在发生的新闻事件和人物为内容的各种广播节目的总称,内容涉及政治、经济、军事、文化、教育、卫生、体育等社会生产生活的各个领域,担负着宣传党和国家的路线、方针、政策,及时报道国内外大事,准确传播最新信息,正确引导社会舆论的重要任务,是广播节目的"龙头"、骨干、主体,由新闻节目和新闻性专题节目组成。新闻节目一般都安排在黄金时段或在整点、半点定时滚动播出,社会影响很大。新闻性专题节目还可以按照节目所反映的领域、体裁和性质进一步细分。

在这四种广播节目中间,广播新闻性节目用电台每天播出的节目时间衡量未必是最多的,但地位却是最重要的。新闻性节目的好坏,在很大程度上是衡量一家电台综合实力强弱的重要标准。因此,各家电台尤其是综合性的电台都把强化新闻节目作为工作的重点。

广播新闻节目的分类多种多样,大致可以分为以下几种:

按照报道题材来分包括政治新闻节目、经济新闻节目、社会新闻节目、体育新闻节目、文娱新闻节目等。

按照节目播出的频率来分,包括半点新闻节目、整点新闻节目、日播新闻节目、周播新闻节目。

按照内容地域划分,分为国际节目、国内节目、本地节目等。

按照制播方式来分,分为直播节目和录播节目。

按照节目形态来分,包括综合新闻节目、新闻专题节目和新闻杂志节目等。

(二)教育性节目

教育性节目:是通过广泛的知识、多样化的形式传播政策、法规、道德、文化、科学等方面的知识,进行社会教育为主要目的的节目的总称,也就是我们常说的"社教节目",在国外也被称为“公共教育节目”或“公众利益服务节目”。这类节目的题材和内容十分广泛,有教学节目、理论节目、科技节目等。

广播社教节目一般分为两类:一类是教学节目,是系统传授科学文化知识的节目,目前数量已经很少。另一类则是社会教育节目,这类节目按照内容可以分为理论节目、知识节目和特定对象节目。理论节目侧重对听众进行思想教育,而知识节目逐步形成名目繁多的节目和栏目。在受众细分化的背景下,特定对象节目形成了较完备的节目系统。

(三)文艺性节目

文艺性节目:文艺与广播相结合的产物,以广播的技术手段传播文化艺术内容,使听众达到审美和娱乐的目的。文艺性节目在广播节目中所占的比重最大,大多数电台文艺性节目占总播出时间的一半甚至更多。文艺性节目还可以进一步细分为音乐节目、戏曲节目、曲艺节目、文学节目、电影和话剧的录音剪辑以及广播剧等。

(四)服务性节目

公共服务节目:也叫服务性节目,目前是广播电台各专业频率的主打节目,主要是为听众和社会提供各种服务,突出“服务性”,讲究“实用性”。服务性节目有“广义”和“狭义”之分。从广义而言,广播电台的宗旨就是为广大受众提供服务的,满足受众的各类信息需求就是一种服务行为。而狭义上的服务节目是与新闻类、教育类、文艺类节目相并列的,指那些实用性强的,能为受众提供各种信息或帮助他们解决生活、学习、工作中遇到的实际问题的一类节目[①]。服务性节目如果进一步细分的话,可以由信息服务节目、咨询服务节目、技能服务节目和广告类服务节目。相对于其他几种节目类型而言,这一节目类型在广播节目中潜力最大、前景广阔。

三、中国广播电视奖的节目划分

当前广播电视奖评奖的分类标准是三大类:广播新闻、广播社教、广播剧和广播文艺。

广播新闻包括:短消息、长消息、连续(系列)报道、评论、新闻性专题、现场直播和广播新闻优秀栏目奖等七项。

广播社教包括:对象性节目(以目标受众为特定收听群体的节目。包括少儿节目、青年节目、妇女节目、老年节目、残疾人节目等),公众性节目(以社会某一领域、某一方面为报道内容,面向多层次听众广播的节目),知识性节目(以传授科学知识为主旨的节目,包括理论节目、教学节目、经济科技知识讲座等方面的节目),对台港澳节目,特别节目(大型综合性节目、特别节目、系列节目、纪念性或战役性宣传报道)和广播社教优秀栏目奖等六项。

广播剧包括:单本剧、连续剧、儿童剧。

---

① 沈嘉熠:《广播学概论》,上海教育出版社。

广播文艺包括：音乐节目、文学节目、戏曲（曲艺）节目、长篇联播、综艺节目和广播文艺优秀栏目奖等六项。

以上分类尽管在有些项目上有落后于广播发展的一面，但基本上囊括了当前广播电台正在运行的节目，具有一定的代表性和指导意义。

四、广播节目的特点

综合以上各种对广播节目的分类标准，我们发现广播节目具有以下共同特点：

（一）稳定性

广播节目的播出时间和节目名称一旦确定，在短时间内很少变动，有助于形成听众的“约会”意识。

（二）多样性

广播节目类型花样繁多，可以基本满足不同年龄、性别、文化程度听众的差异性需求，但由于广播是一种相对个人化的媒介，各种类型的专业频率比单个节目更能够满足听众日益多样化的需求。

（三）有序性

广播线性传播的特点决定了广播节目具有按照节目表有序播出的基本特征。同样，在一个节目内部，节目内容的编排和播出同样讲究有序性。

第二节　广播综合新闻节目

广播综合新闻节目是指以快速准确传递最新新闻信息为主要目的，内容涵盖社会生活各领域的定期播出的广播节目。其特点是讲求时效性，内容简短，不断更新。广播综合新闻节目一般播发的是昨天的或当天的新闻，同时也播放新闻评论和受众普遍关心的重大热点问题的深度分析报道。这类节目有固定的播出时间，多安排在黄金时间首播，还会在本频道其他时间段或其他频道反复播出。

近年来获得过中国新闻奖、中国广播影视大奖的《新闻和报纸摘要》、《晚报浏览》、《576早新闻》、《1377午新闻》、《河南新闻》、《新闻大视野》等节目都属于综合新闻节目。在新闻综合频率和专业频率播出的综合新闻节目受其频率定位的影响，在内容选择及编排、节奏等方面略有差异。

一、新闻综合频率的综合新闻节目

在新闻综合频率播出的综合新闻节目中，中央人民广播电台的《新闻和报纸摘要》节目无疑是最具有代表性的，我们就以这档中央电台历史最长、影响最大、地位最高的名牌节目来了解一下新闻综合频率的综合新闻节目的特点和要求。

《新闻和报纸摘要》节目的原型是1950年4月10日开办的《首都报纸摘要》。中央人民广播电台在给当时的新闻总署的报告中说："《首都报纸摘要》将要介绍当日首都报纸的言论动向和它对于重要事件和问题的反映。""由于首都是全国的政治、文化中心，首都报纸的言论动态必为全国所关心。建立这样的节目，将受到听众的欢迎。"该节目创办后几易其名，1957年7月4日正式更名为《新闻和报纸摘要》，延续至今。该节目从1961年11月6日开始，固定在早晨6:30～7:00首播。

1995年，中央人民广播电台举办的《全国听众喜爱的节目》评选中，《新闻和报纸摘要》名列第一。2003年，由央视市场研究股份有限公司所作的《中央人民广播电台第一套节目听众需求及收听状况分析报告》中，《新闻和报纸摘要》的收听比例为24.4%，排名第一；满意度为5.82，排名第二。另据上海广播电影电视信息咨询有限公司于2003年3月2日到3月15日、6月1日到6月14日进行所有在上海落地的广播频率2003年第一季度和第二季度的收听情况调查中得知，《新闻和报纸摘要》仍居中央电台第一套收听率(8.45%)、到达率(8.45%)、占有率(16.49)排名(上海市)第一。2004年，在由央视市场研究股份有限公司所作的《中央人民广播电台全国广播听众调查》中，《新闻和报纸摘要》的收听比例为58.4%，排名第一；喜爱度为8.46，排名第二。

1999年以来，《新闻和报纸摘要》节目多次获得中国新闻奖广播编排的一、二等奖，以第13届中国新闻奖广播编排的一等奖2002年12月25日播出的《新闻和报纸摘要》为例，该期节目是一次常规节目，共播出各种题材和体裁的32条新闻，尽管不是特别节目，但该期节目主题集中、内容丰富、栏目齐全、篇幅均衡、形式多样、转换流畅、制作精良。

1. 新年前夕暖流涌动，祖国建设捷报频传：1～11月全国工业企业利润增速加快，经济效益继续趋好；南京第三座长江大桥奠基；神州西部又添千万吨级大油田；
2. 胡锦涛、李鹏、朱镕基分别会见哈萨克斯坦总统纳扎尔巴耶夫；
3. 李岚清出席全国高校后勤社会化改革电视电话会议并讲话；
4. 安徽掀起宣讲学习"十六大"精神热潮；
5. 我国第一个标示法定省级陆地行政区域界线地图出版发行；
6. 全国网吧将统一安装监控软件；
7. 深圳大鹏湾失事外籍液化气船险情彻底排除；
8. 江苏启东一捕鱼船冬捕作业失踪多日，11名渔民至今下落不明；
9. 今日天气：今天全国大部分地区天气寒冷，北方晴空一片，南方浓云密布。

简讯：

1. 国务院将派出检查组对全国农民负担情况进行重点检查；
2. 团中央要求各地团组织为困难群众和青少年送温暖；
3. 我国禽病检测达到世界先进水平；
4. 宁波市教师岗位紧缺；

5. 半个世纪的解放鞋退役；

6. 塔克拉玛干沙漠喜降厚雪；

7. 台湾失业人数创历史新高；

8. 新闻背景预告。

全国媒体介绍：

1.《人民日报》发表评论员文章：在深入人心上下工夫；

2. 贵州电台、贵阳市交通局看紧施工单位，十万筑路民工工资无一拖欠；

3. 徐州电台、大连电台：徐州市发起未成年人告别网吧行动，大连取消营业性录像放映厅；

4.《法制日报》、新华每日电讯：国家四部委通知，从明年春季开始在小学五年级至高中二年级全面开展毒品预防主题教育；

5.《光明日报》、《检察日报》、《中国纪检监察报》：河北省吴桥县人民法院院长刘治国为父亲大办丧事受处分；

6. 福建电台：福建省南靖县南坑镇的柑橘贴上"诚信名片"；

7. 天津电台：一些贷款购车者恶意逃债，银行无法找到原始购车人；

8.《中国航天报》：介绍气象卫星监测预报降雪的成果；

9.《中国化工报》：下雪前备足融雪剂不可掉以轻心；

10. 河南电台：郑州市近几天摔伤病人和追尾汽车大幅增加，雪天出行安全第一。

国际新闻：

1. 联合国核查人员首次与参与伊拉克武器计划核专家谈话；

2. 美国表示无意使朝鲜核问题升级；

3. 韩朝军事工作会谈未能就通过军事分界线的步骤问题达成协议；

4. 危地马拉一所监狱发生骚乱，至少已造成13人死亡；

5. 国际石油价格创两年来新高。

新闻纵横节目预告。

通过以上节目，我们可以发现综合性新闻节目的一些特点。

(一)注重新闻报道的时效性

作为一个日播的新闻节目，《新闻和报纸摘要》与周播的新闻节目以及专题新闻节目相比，时效性是其强势所在。除了通讯报道和专题报道，其播出的消息基本上都是24小时内发生的事情，连续报道也必须是最新消息。2003年《新闻和报纸摘要》进行大幅度改革后，大量增加了对"昨夜今晨"发生的新闻事件的报道，夜间采访大量增加，尤其是国际新闻，充分利用时差优势，播出许多通过电话采访获得的当天早晨发生的新闻，遇突发事件，该节目的发稿时间截止到凌晨5点、甚至6点录音前，时效性比日报快整整一天。2008年《新闻和报纸摘要》节目开始进入直播时代，这使得该节目可以成为动态开放的时间版面，遇有节目播出期间发生的最新事实可以进行第一时间的报道，新闻时效性获得进一步提高。

广播新闻综合节目的时效性还应体现在对重大事件和突发事件的迅速反应上。业内有观点认为,《新闻和报纸摘要》以重大事件的反应灵敏著称,如在20世纪80年代以后,大兴安岭火灾、海湾战争、三峡大江截流、香港和澳门回归、九八抗洪救灾等重大事件,都在《新闻和报纸摘要》中有所体现①。以2008年春运的春运报道为例,《新闻和报纸摘要》节目结合以往春运特点,适时开辟了《春运2008》栏目,追踪报道春运动态,并在往后的节目中保持日日更新,为出行返乡的听众提供了及时的交通信息。而与春运有关的报道则早在2007年12月28日就已经开始在节目中出现。

(二)强调新闻报道的信息量

《新闻和报纸摘要》节目具有信息量一大一小、一多一少的特点。其中,"大"是指节目内容涵盖范围大,时政、社会、经济、文化等方面,只要具有新闻价值,统统收入囊中,这就是综合新闻节目有别于专业新闻节目的特点;"小"是指消息短小。除了通讯、专题节目和评论外,《新闻和报纸摘要》的消息一般都在700字以内,简讯甚至是一句话新闻。

"多"是指每期节目消息数量相当多,这无疑增加了信息量。《新闻和报纸摘要》30分钟的节目,信息量基本保持在每期30条消息左右,平均每条1分钟。而在20世纪80年代,该节目每条新闻的平均篇幅为1分30秒②;"少"是指消息大多内容精炼,解释性信息少。除了解释性新闻之外,一般事件性消息只需要将最新的信息发布即可,并不对新闻背景和起因作过多的阐释。这不仅仅是为了节目时间有限考虑,也是由综合新闻节目的定位所决定的。综合新闻节目偏重于对新闻事件的动态报道,讲求的是第一时间率先报道。而对于新闻事件或新闻现象的深度分析,则由新闻专题节目、新闻访谈节目甚至特别节目来承担。

(三)突出正确的舆论导向

《新闻和报纸摘要》节目在其网站上毫不讳言其是党、国家和人民的喉舌,担负着传达解释政策政令、把握舆论导向、播报国内外重大新闻、传播先进文化的重要责任③。这最明显地体现在评论上。《新闻和报纸摘要》根据一定时期的宣传需要开设的《高举旗帜,科学发展》、《说句心里话》和《十七大报告解读》等子栏目,都是与该节目承担的政治功能相适应,且较好地体现了新闻媒介坚持正确的舆论导向的作用。

二、专业频率的综合新闻节目

除了《新闻和报纸摘要》这样在综合频率或新闻频率播出的综合性新闻节目外,一些专业频率也制作播出一些体现专业频率特色的专业类新闻节目,与综合类新闻节目不同,专业

① 张莉、张君昌主编:《中国广播名栏目》,新华出版社2005年1月版,第439页。
② 曹璐:《新闻广播理念与实务创新研究》,中国广播电视出版社2007年5月版,第123页。
③ http://www.cnr.cn/newspaper/introduce/200302/t20030216_87011.html。

类新闻节目一般播出时间较短，内容集中。如北京交通广播的《交通新闻》每次节目10分钟，定位于“立足本市，兼顾国内外，报道交通以及与交通相关的新闻事件”。该节目采编人员经过调查发现，听众需要从《交通新闻》中获取以下几类新闻资讯：(1)各类宏观的交通、社会、生活新闻；(2)道路交通实时变动资讯；(3)城市突发事件新闻；(4)交通社会案例、社区生活事件等软新闻；(5)铁路、民航以及旅游等大交通资讯①。因此，采编人员要围绕这些需求动态地调整交通新闻节目的内容和组合框架。

以获得第17届中国新闻奖一等奖的北京电台交通广播的《交通新闻》②为例，10分钟的时间内播出了本市、外省市甚至外国的12条新闻，节目内容饱满、信息量大。

1. 京广桥东南侧辅路发生大面积塌陷，东三环、朝阳路部分路段禁止车辆通行，三十多条公交线路临时调整走向；

2. 京广桥应急抢险指挥部紧急成立，塌陷原因初步查明是污水管线断裂所致；

3. 减少开车出行，齐心协力，共渡难关；

4. 旧宫润星家园六十多辆车一夜间变成花脸猫；

5. 神路街到关东店连撞五人，“疯狂本田”司机获刑四年；

6. 禁停地点“拒载”，“的哥”被人打伤；

7. 华北等地普降大雾，北京周边高速路国道受影响；

8. 安徽出台新交规：驾车超速一倍，罚款两千元；

9. 河南舞阳公务车贴上专用标志，接受公众监督；

10. 南航为节省成本临时合并航班，三十多名乘客滞留贵阳机场；

11. 不满政府提高燃油价格，伊拉克石油部长辞职；

12. 肯尼亚大货车翻入山沟，5人死亡，32人受伤。

通过以上的节目可以看出，无论是综合性新闻节目还是专业性新闻节目，信息量的大小都是节目构成的重要方面。新闻节目信息量的大小，最简单直观的表现就是一次节目中新闻的条数以及单条新闻的长度。我们一般认为，单位时间内播出的新闻条数越多，新闻节目的信息量越大。但是，新闻条数的增加不是无限度的，还应当考虑到听众的信息接受能力，保留适当的冗余度。另外，综合新闻节目中要尽可能地结合多种报道形式和体裁，增加广播音响的使用，将口播消息、录音新闻、专题、评论、现场报道、文字简讯等有机地结合在一起，使节目的内容和形式更加丰富多彩。

第三节 广播新闻专题节目

广播新闻专题节目是指选取社会当下普遍关注的热点话题进行深度剖析，运用各种广

① 邢立新：《以服务听众为本，适应目标听众需求——北京交通广播〈交通新闻〉的编辑制作理念》，《中国编辑》2007年第5期。

② 北京人民广播电台2006年1月3日播出。

播语言进行深度报道的广播新闻节目类型。其特点是话题集中,有些节目甚至每期只围绕着一个话题展开;信息完备,从事件的前因后果、社会背景等层层剖开;分析深刻,不仅探究事件的影响、意义、未来走势,并最终将事件上升到宏观社会背景层面。广播新闻专题节目一般也有固定的播出时间,时长为10~30分钟。

广播新闻专题节目不似新闻专题节目的短快,但是能以自身的专深弥补对方的不足,成为广播电台不可或缺的节目形态。可以说,两者是互补共存的关系。我们以中央人民广播电台的《新闻纵横》节目为例,探讨一下广播新闻专题节目的特点。《新闻纵横》被许多研究者视为新闻评论节目,但我们认为,《新闻纵横》的节目中只有部分属于新闻评论,大多数节目属于广播新闻深度报道,属于广播新闻专题。

《新闻纵横》开播于1994年10月1日,该栏目策划案正文第一句阐述该节目方针是“配合《新闻和报纸摘要》、《全国联播》进行深度、拓展和延伸报道。”①该节目是一档录播的新闻专题节目,以说理见长,侧重对重要事件进行深度报道和背景分析;对重大方针加以阐述、解惑释疑;对大众关心的社会热点、难点问题进行调查。《新闻纵横》节目的基本模式就是“事件+背景+评论”,首先以一个小切口去介入新闻事件或新闻现象,吸引听众的注意力,使之产生共鸣,然后才以夹叙夹议的方法深入展开。该节目的许多报道先后获得中国新闻奖和中国广播电视新闻奖的新闻专题、连续报道和系列报道等奖项。2009年,该节目已由录播改为直播,时长由20分钟改为60分钟。

一、深入挖掘新闻事件

广播新闻专题节目最显著的特征就是对新闻事件的深入挖掘。与综合新闻节目中新闻报道的短、平、快不同,新闻专题节目侧重对新闻事件的深度解读,提供比单纯的新闻消息更为具体详尽的信息;新闻专题节目还可以通过对新闻背景和相关实施的介绍,帮助听众更好地了解新闻事件的来龙去脉;新闻专题节目还可以通过调查等方式,深入挖掘新闻背后的新闻,揭示新闻的本质,为听众提供对新闻事实或问题的看法。

以2008年1月23日《新闻和报纸摘要》与《新闻纵横》对手机漫游费听证会的报道为例,从报道的长度看,该信息是《新闻和报纸摘要》节目播出的第29条消息,时长约为3分钟。《新闻纵横》则用了20分钟的篇幅来报道;从采访对象的选择来看,《新闻和报纸摘要》没有进行单独采访,只选取了代表发言的实录。而《新闻纵横》采访了场外的相关电信专家和政府官员,请利益双方的第三者来评论;从报道的切入角度来看,《新闻和报纸摘要》只报道了听证会现场的情况,没有具体分析和背景信息,就事论事。《新闻纵横》则侧重挖掘事件背后的利益纠葛和矛盾所在。节目通过记者和采访对象直接或间接表达了这样一个观点:

---

① 王振业、方毅华、张晓红著:《广播电视新闻性节目规范研究》,中国广播电视出版社2002年6月版,第169页。

移动漫游资费下调背后,体现的是中国电信市场一家独大这一失衡市场结构的积弊。"漫游费"问题的关键,不在于资费水平高低,而在于这个费用背后的体制逻辑。从宏观角度开掘,更能引发听众智慧的碰撞和理性的思考。

二、选题注重适时性

选题的适时性是指能收到预期传播效果的节目播出时机,与缩短客观事件发生与节目播出时间的时效性有所区别。对于广播新闻专题节目而言,适时性比时效性更重要。对重大社会热点事件的报道,时效性基本等同于适时性。对于调查性报道,特别是独家的揭露报道,适时性为首。如《新闻纵横》从 2008 年 1 月 7 日至 11 日连续五天推出了调查报道《解开上海脐血库昧心挣钱铁幕》系列,该调查历时一年。虽然时效性弱,但是其所包含的重要性、显著性等新闻价值依旧很丰富。置于我国医疗改革积重难返和脐血库在我国还是新生事物的双重社会背景下,推出这个选题具有社会意义和传播意义。

三、恰当设置悬念

由于 20 分钟的节目只围绕一个主题展开,为了保持听众对节目的收听兴趣,每期节目必须制造一个收听刺激点,在节目一开始就提出,让听众的注意力围着这个刺激点转。这个刺激点就是悬念。另外,从事物发展的哲学来说,任何事情的产生都是内在矛盾的外衣。所以悬念无处不在,无须担心找不到矛盾焦点。

对于广播新闻专题节目来说,悬念提出的方式通常有两种:一种是通过主持人或记者在节目开头直接设问;一种是精炼出几句话之后,制作成节目的片头播出。《解开上海脐血库昧心挣钱铁幕》调查中的悬念,就是通过第二种方式提出。节目的卖点在代表着紧张气氛的乐曲背景中展示出来:

一个匿名短信,揭示脐血库存进被污染的血液——"保存是毫无价值的,你被欺骗了……";一百多位年轻的父母,在愤怒中寻求真相——"妈妈们的一种很美好的愿望被这样的一个公司去利用了!"是医学的争论?——"它的细菌可以做药敏试验,可以用抗生素把它压下去……";还是有意的欺骗?——"一个私营企业占大头,实际操作全部是这个造血干细胞公司在做……";是对生命的漠视?——"有一点点污染都不能用,有一点污染的怀疑都不行!"还是良知在利益面前低头?——"你当时得到的回答就是确实是有感染的?""对!""被存进去了?""对!"错综复杂的真相背后,究竟谁在驱动?《新闻纵横》记者历时一年调查,揭开上海脐血库经营内幕。

有悬念的报道,自然可以吸引听众的注意,收到良好的收听效果。但需要指出的是,并不是每一期广播专题节目都需要有悬念,重要的是,编辑在制作节目的时候能够有意识地寻找矛盾的焦点,也就是听众关心的焦点,这样的报道自然能够吸引听众的注意力。

四、注重社会效果

《新闻纵横》毫不讳言自身具备的"正面引导、舆论监督",因为其承担的政治任务与《新闻和报纸摘要》类似。即使没有任何政治要求,新闻媒体依旧需要承担社会责任,任何新闻产品都应该将民众向积极、健康的舆论轨道上引导。如 2008 年 1 月 23 日的《新闻纵横》有段话这样说:

回顾了听证会上各方代表的发言,我们可以看到,消费者代表显然并不满足于两个消费方案对于漫游资费下调的幅度,而是希望降得越多越好。……很多听众也许会表示:降价嘛,怎么利于老百姓怎么来,降得越多越好。但问题真的有这么简单吗?国家发改委经济体制与管理研究所市场与产业研究室主任史炜在接受记者采访时表示,看似简单的漫游费下调,实际上牵扯的是中国电信市场改革的敏感神经。

这段话还有个弦外音,提醒消费者不要为了少花钱而盲目追求移动资费大幅度降价,这种最终会害了企业也害了自己。这一下就很委婉地纠正了某些消费者不健康的消费心理。

而在对上海脐带血库的调查节目中,一直传递着受骗家长作为消费者为自己的孩子争取权益时的那种真诚的执著精神。这种精神是被我国社会主流价值观所推崇的。

除了上述所说的几点之外,广播新闻专题节目还需要注意叙事的逻辑性,广播以线型传播为特点,声音稍纵即逝,不似文字可以返回翻阅。因此除了语言简洁精准之外,切忌节目结构缺乏条理性,使听众误读而削弱了传播效果。

第四节　广播新闻谈话节目

谈话节目在西方被称为"脱口秀"(Talk Show)。据说,谈话节目的源头可以追溯到 18 世纪英国的咖啡馆,在那里第一次出现了讨论社会问题的公众聚会。自 20 世纪 20 年代开始,谈话节目就是广播主要的节目形态之一。我国的谈话节目出现于 20 世纪 80 年代末期,已经从开始的夜间谈话节目逐渐扩展出多种类型。

一、广播谈话节目的产生与发展

广播史学家认为,1921 年,美国马萨诸塞州普林菲尔德 WBZ 电台播放的"为农村听众讲解农场经营"的脱口秀节目是广播谈话节目的起点。[①] 当时的脱口秀节目大都是以一人方式呈现,是"专家对着听众讲话,而不要听众参与对话的节目"[②];从 1933 年开始,由于节

---

① 于丽爽、宋茜:《脱口成风》,中央编译出版社 2004 年版。

② 吉妮·格拉汉姆·斯克特:《脱口秀——广播电视谈话节目的威力与影响》,新华出版社 1999 年版。

目开放听众参与的机会,加上节目内容深入社会民生课题,广播谈话节目迅速发展。真正的"脱口秀"出现于20世纪50年代美国的广播电视中,这是一种以谈话为主的节目形式,由主持人和嘉宾(有时还有观众)在谈话现场一起讨论各种话题,一般不事先备稿,脱口而出,因而被港台的翻译家们音义双通地译为"脱口秀"。早在20世纪60年代中期,美国就有80%的电台开设了专门的谈话节目。自1992年以来,它在美国的各类电台节目收听率排行一直稳居第二位。到2002年统计,全美国13817家电台中,谈话电台和新闻加谈话电台已有1700家。在2003年度全美25名人最旺的广播主持人排名中,谈话节目主持人占了14位。美国有专门的全国广播谈话节目主持人协会,目前会员数千人①。

我国最早出现的广播谈话节目是夜间谈心节目,以人们日常生活中所遇到的各类问题为话题,多数形式是主持人回答听众提出的困惑,帮助其解决难题;也有时候由主持人提供话题,听众参与谈论,人们由普通听众变为节目的参与者。我国的广播谈话节目与西方的脱口秀节目有所不同,是广播节目主持人与嘉宾、听众之间的以思想观念、感情心理的深层交流为目的的双向交流节目。其表现形式就是主持人、特邀嘉宾以及广大听众在固定的时段围绕某一话题展开讨论进行交流。主持人与谈话人是节目的成员,问题与观点构成节目内容。广播谈话节目的最显著特点就是及时性和双向交流性。②

我国的广播谈话节目可以分为多种类型,从内容上看,可以分为生活服务型、综艺娱乐型、新闻政治型、心理疏导型、专题对象型等五种;从形式上分,有交谈式、访谈式、论辩式和综合式四种。我们所说的新闻谈话节目属于新闻政治型谈话节目。

所谓新闻谈话节目是指以新近发生的新闻事件和近期的社会热点为谈话主题,以传播者和受众之间的事实交流为传播形式,实现介绍新闻背景、分析新闻事件、预测社会趋势、反映公众意见等功能的专栏节目③。常见的广播新闻谈话节目形式有三种:一种是主持人和嘉宾的谈话,一种是主持人和听众的互动,还有一种是将听众互动与嘉宾访谈结合起来。目前采用第三种方式的比较多,听众可以通过短信平台或热线电话的方式与直播间的主持人和嘉宾进行直接的沟通交流和观点碰撞。中央人民广播电台中国之声的《新闻观潮》就是一档互动式的广播新闻访谈节目。

在众多的广播新闻谈话节目中,上海人民广播电台的《市民与社会》最为著名。该节目是目前国内最早开办,持续时间最长,也是最有影响力的广播新闻谈话节目,曾获得中国新闻名专栏奖,也是目前上海唯一一档政论类的新闻直播谈话节目。《市民与社会》1992年10月26日开播,有人统计,到2007年,节目开播15年,该节目共探讨了四千多个话题,内容涉及政治、经济、文化、教育、城市建设、社会管理等方方面面,上海市历届市委、市政府领导,国内的五十余位省、部自治区领导都曾应邀担任嘉宾,就当时的社会热点话题和听众进行对

① 陈洁、吕晓丽:《漫谈中美广播谈话节目》,《中国广播》2006年第10期。

② 王宇、金梦玉:《广播新闻报道与节目创新研究》,中国传媒大学出版社2006年版。

③ 何婕、路军:《论广播新闻谈话节目》,《新闻大学》2000年夏季号。

话。[①] 该节目根据新近发生的新闻事件,邀请新闻当事人、专家学者及官员与市民通过电话和短信共同进行讨论,其新闻话题多以党和国家及地方政府的重大决策和直接影响公众世界观、价值观的新闻事件为主。1998 年,美国前总统克林顿通过《市民与社会》这一平台,就中美关系的发展前景和上海市民进行直接对话。

2007 年,中国记协第一次在中国新闻奖中增设了"广播新闻访谈节目"的奖项,并对其进行了界定和要求。《第 17 届中国新闻奖评选办法》中要求:"新闻访谈节目:主持人与嘉宾就公众关注的新闻事件和热点话题进行讨论的谈话,插播资料不超过整个节目时长的1/2。"评选标准特别规定:"新闻访谈要求主题恰当;嘉宾选择有代表性、权威性;谈话主题集中,脉络清晰,结构完整;语言简洁生动流畅准确;主持人引导得当,对现场节奏把握适度;背景资料运用得当。"[②]

二、广播新闻谈话节目的要素

一档广播新闻谈话节目能否取得成功,取决于主持人、嘉宾和话题选择三个方面的共同作用,其中主持人身兼数职,既是主持人,也是记者、编辑,因此,新闻谈话节目能否获得成功,主持人起到了关键作用。

(一)主持人

广播新闻谈话节目的主持人不能是初出茅庐的新人,而需要是有一定生活阅历和新闻采访经验的资深记者或主持人,能够对新闻题材进行判断选择,并能适时引导话题。只有那些对我国的基本国情、当前社会发展的状况有深刻理解和把握的人,才能够在谈话中处理好"为什么说"和"如何说"的问题,不但善于进行节目访谈的起承转合,而且能够通过谈话科学地引导听众,帮助其形成正确的意见和观点。此外,广播新闻谈话节目主持人还要有开放的心态,能够并且敢于包容多元化的观点,能够正确处理谈话中的冲突和交锋。

在新闻谈话节目中,主持人常常邀请专家学者、政府官员等担任节目嘉宾,回答主持人和听众提出的问题,参与话题讨论。主持人可以帮助他们熟悉话题,创造轻松和谐的谈话氛围,但嘉宾不能是节目的主导者,真正在节目中穿针引线、控制节奏的应当是主持人。因此,新闻谈话节目的主持人要能够有效地掌控节目。

1. 引导和帮助嘉宾有效表达观点

新闻访谈节目主持人应通过认真倾听嘉宾的谈话以及嘉宾和听众的交流作出反应,及时提问、引导话题:当嘉宾遇到难以直接回答的问题时,主持人要主动帮嘉宾解围;当嘉宾突然间找不到合适的表达方式或陷入其他语言困境时,主持人要通过给予一定的提示或插话

① 为市民提供"表达权"的平台,http://blog.smg.cn/user1/shimin/10127.html。

② 牛海鸣:《第 17 届中国新闻奖广播新闻访谈节目评选综述》,http://news.xinhuanet.com/newmedia/2007-08/27/content_8284769.htm。

的方式,帮助其调整思路,恢复表达等。

主持人在引导嘉宾表达观点时需要注意营造和谐轻松的氛围,通过有效的提问让嘉宾对双方谈论的话题感兴趣,有表达的愿望,能够表达真实的意见,同时需要控制他们的表达,使其恰到好处,从而控制整个谈话的走向。

2. 引导听众参与,鼓励听众表达

主持人对节目的掌控还包括了对听众的引导。首先,主持人对参与节目的听众要一视同仁,给予其表达的机会,如果听众的观点或意见与主持人的观点或意见相左,只要听众意见没有原则性、根本性的错误,主持人就不要急于打断对方,如果是因为时间原因或者话题偏离的原因,也要作出善意的解释,而不是粗暴制止听众的表达。在接听听众电话的时候,主持人也要考虑到更多正在收听节目或急于参与的听众,合理控制交流时间,不要因忙于与正在通话的听众交流而忽略了其他人或者嘉宾。

第17届中国新闻奖新闻访谈一等奖作品《质疑上海"二期课改"》针对上海市小学一年级学生的陪读现象,上海电台《市民与社会》连续进行了五次讨论,获奖的是最后一期节目。在这期访谈中,尽管访谈的内容比较尖锐,整个过程充满质疑、交锋、火药味,可是主持人却把握适度,引导得当。如以下一段对话,主持人通过认真倾听,对嘉宾的谈话作出反应并引导话题:

主持人:我记得那天我们还收到了一条短信,他说做一年级老师的确是很辛苦,从他们的嗓音上就可以听得出来。两方面都蛮困惑、蛮苦恼,大量有陪读现象,作为教委,您怎么看?

嘉宾:小学一年级的家长基本上不应该陪读的,我们的教学、教育不能把希望寄托在陪读上,特别是起始年级。

主持人:这个面之广让我很惊讶,我不知道您怎么看?

嘉宾:这个现象确实也客观反映出了上海基础教育存在的一些问题,但是它绝不是方向。

主持人:也就是说,您也认为现在是有大量陪读现象存在。

嘉宾:有,只不过陪读的形式、时间有所不同。这和我们的教学方法、老师的教学要求也可能存在问题。

需要注意的是,新闻谈话节目不是权威人士的高级讲坛,而是主持人、嘉宾、听众互动的空间,谈话节目应当成为普通听众发言的阵地。

新闻访谈节目主持人要想能够主动灵活地掌控节目,首先需要提高自身水平,上海台《市民与社会》主持人每天的阅读量达两万字左右。长期的阅读和勤于思考的良好习惯,提高了学习效率,为主持人熟练地与各行各业专家对话、听众交流,提供了广博的知识和丰富的信息。[①] 好的新闻访谈节目主持人需要有对我国国情和社情民意的深刻理解,有敏锐独到的新闻视角,才能够收获优秀的访谈节目。

---

① 蒋岚:《贴近,再贴近些——〈市民与社会〉节目启示录》,《声屏世界》2008年第5期。

（二）导播

广播新闻谈话节目是有听众互动参与的直播节目，除节目主持人外，导播的作用也十分重要。一期节目中打入电话的听众或发短信参与节目的听众数量是远远超过出现在节目中的听众人数的，谁来对这些人进行选择？导播。在新闻访谈节目播出的过程中，导播要负责帮助主持人接通听众电话，初步了解电话内容后将电话切入直播间，或者帮助主持人选择短信平台上的短信等。可以说，导播在谈话节目中肩负着部分审稿和协调的职责，在听众叙述自己的谈话内容或要求时，导播要凭借自己的经验和判断，对热线电话进行快速选择，决定是否接入直播间让主持人和听众或嘉宾和听众进行直接交流。对于那些直接参与节目的听众，导播还要帮助其了解节目的要求和进展，稳定其情绪，然后再将节目切给主持人。节目导播要帮助主持人将那些格调不高的参与者拒于节目之外。

（三）话题

广播谈话节目的话题直接影响节目的可听性，但现在播出的一些广播新闻谈话节目的话题选择并不成功，有的主题选择出现嘉宾观点一边倒的情形或者嘉宾无法形成统一观点或相互补充，只能各说各话；有的是话题过于陈旧，缺乏新意，不停地"炒冷饭"等等，都影响了节目的播出效果。

作为新闻谈话节目，编辑人员在话题选择上，要能够把握时代主题和社会发展的脉搏，以当前发生的新闻事件或出现的新闻现象为切入点展开讨论和分析。主持人要了解受众关心什么？他们想知道什么？有什么样的困惑？有针对性地进行分析评价，解疑释惑。一般来说，应当选择那些带有普遍意义或积极意义且有探讨价值的话题，不要轻易涉及那些难以在有效节目时间内有所结论的问题或是公说公有理、婆说婆有理的话题。

质疑上海"二期课改"

秦畅：各位，大家好！这里是《市民与社会》节目。相信今天中午是很多听众所期待的。前几天，我们通过三次讨论想弄明白这样一个问题：一年级小学生为什么非得家长陪读？究竟是哪个环节出了问题？随着讨论的深入，问题直指上海正在实施的二期课改。二期课改不仅让学生靠陪读才能过关，也让老师们满是困惑，分析结论直指教改的实施者上海市教委。所以，今天的节目我们特别邀请了市教委副主任瞿钧走进我们《市民与社会》的直播室，与大家来一起进行对话。还记得前几次讨论中，我们的 62780990 热线始终是非常的热闹，大量的短信留言和听众来信更让我们感受到这一问题备受关注。所以，今天我们仍想邀请您成为这次讨论的主角。现在我们就请出今天的嘉宾，市教委的副主任瞿钧。瞿副主任，您好！

瞿钧：您好！

秦畅：瞿副主任其实已经是数次在我们的节目当中和听众进行对话了。您会觉得今天这个话题难谈吗？

瞿钧：我想不难谈。

秦畅：好。那么在进入今天的讨论之前，因为瞿主任，前三档节目您是不可能档档都从头听到尾的，我们还是截取了节目当中的一些精彩片断，和听众朋友一起再来听一遍，好吗，瞿主任？

瞿钧：好的。

秦畅：因为第一次讨论是由一封家长来信引起的，所以一开始是我在讲一封家长来信。

（节目剪辑1）

（秦畅转述家长来信）我是一个一年级孩子的家长。学校留给孩子的家庭作业不是留给他的，而是留给我的。因为我一直信奉一种快乐教育。所以孩子在幼儿园阶段没识多少字，而老师布置的作业当中的绝大多数字他都是不认识的，就是必须有一个识字的人在旁边告诉他你今天必须干什么。我也曾经尝试着和老师聊过。没想到老师淡淡地说了一句："那是因为你家孩子的学习习惯没有培养好，所以你得陪读。"

（听众电话1）真的是很有同感，真的事情好多啊，每天都有作业，什么笔头的，口头的，有时还有手工的。看他那个作业似乎是满简单，问题是你得让他掌握。不是说他五遍十遍下来以后，就每一个字都认识，每一个字都会写，一整套东西下来呢，又真的到9点、10点钟，看着孩子很累又很心疼，不做吧又怕第二天老师说你这家长都不配合老师的工作，所以就非常地困惑。（听众电话2）我的孩子读二年级了，一年级苦也算苦过来了，但是二年级以后更迷茫了，三年级我不知道要怎么办啊，我现在就是每天要陪读他，以后就是要影响工作了呀。（秦畅）4779听众说："我也有同感，陪儿子做作业很累很烦"；1814的听众说："哈哈，终于找到了知音，同志们慢慢熬吧"。（听众电话3）我小孩已经四年级了。我们天天晚上就是有一个人要全部交给他。一个班级里面如果十个人至少六个是这样的，如果你今天完不成，老师不会去跟同学说的，第二天他马上就会叫你家长过去，如果跟老师说"这个应该是他去完成的"，老师肯定是不会同意的。0130的听众说："我们尝试过随他去，但大环境没几天就把我们打回了原形。"

秦畅：这是我们第一档节目的一些片断。那档节目啊，瞿主任，从头到尾基本上都是在抱怨陪读，在抱怨家庭作业多，更在抱怨老师做这些事情是为了什么——你干吗要给我们布置这么多作业？干吗抄三遍不行有时候要抄十来遍？干吗非得让家长检查完了，没有错误，签上字才能交给老师？你干吗一有问题就要找家长来？指向了教师，我们必须让教师也说说话，必须给他们一个平台，让他们来说话。我们再来听一段那天节目的一段录音，好不好？

瞿钧：好。

（节目剪辑2）

（老师B）因为二期课改的第一篇就是课文。五十多篇课文还要穿插教拼音，进度也是非常紧的，我们一开始进来的时候就是教学文字，而不是教拼音，跟以前的S版、H版都是有区别的，要求要高一点。（老师A）以前的学习知识点没有像现在这么多、这么密，要上好一堂35分钟的课，老师的备课量必须要达到2～3个小时，背后老师做的大量工作其实家长是看不到的。就好像现在要让一年级的小朋友也要有"刘翔的速度，姚明的高度"，这个要求一个是来自于教材，一个是来自于家长的承受力。（老师A）现在小孩子进学校他们的程度差异是蛮大的。有的小孩子识了一千多字，因此他可以把老师布置的作业都自己消化、过关，有的小孩子进来以后是零起点，他是在幼儿园进行愉快学习的，所以这部分小孩子在进行这套教材学习的时候必须由家长扶着。

秦畅：我记得那天我们还收到了一条短信，他说做一年级老师的确是很辛苦，从她们的嗓音上就可以听得出来。两方面都蛮困惑、蛮苦恼，大量有陪读现象，作为教委，您怎么看？

瞿钧：小学一年级的家长基本上不应该陪读的，我们的教学、教育不能把希望寄托在陪读上，特别是起始年级。

秦畅：这个面之广让我很惊讶，我不知道您怎么看？

瞿钧：这个现象确实也客观反映出了上海基础教育存在的一些问题，但是它绝不是方向。

秦畅：也就是说，您也认为现在是有大量陪读现象存在的。

瞿钧：有，只不过陪读的形式、时间有所不同。这和我们的教学方法、老师的教学要求也可能存在问题。

秦畅：在我们的短信平台上有这样一些非常尖锐的短信：4465的听众说，他认为"二期课改是越改越难，这样下去谈何减负？"6239的听众说："现在二期课改的问题是一个学期要教50课左右，那么就是一天一课，在一到二年级要认识2800个字左右，那么必须是填鸭式和急功近利的模式了"；2320的朋友说："照老师的说法，二期课改的语文主要是让学生会阅读，想法很好，实际上会造成生字离开书，孩子就不认识，这也造成了人们认为二期课改这样改不对"；更多的短信直接发来就说"我认为二期课改有问题"。您怎么看？

瞿钧：我想稍微多花点时间把我们的二期课改和小学起始年级的工作作一个简单的介绍。小学的起始年级的语文教材，我们的实施过程中在不断地调整，在前几年，我们经过试点学校、试点班，当时的效果是不错，当然可能是因为试点学校，我们投入的精力比较多，整个教学的标准把握得比较好，所以有些问题没有反映出来。那么在面上推广的时候，由于上海有大约近十万个小学一年级的学生，近千所小学学校，那么，同时执教的时候，反映出来的问题就比较大。所以我们在今年的2月份，专门针对小学起始年级的语文教学情况作出了一个调整意见。识字标准由小学一年级的460个字，减为364个字，减少了近一百个字。注意这是认识字。

秦畅：不是掌握字。

瞿钧：不是掌握字。其次，课文由60篇减为51篇，为什么要减少？就是通过面上推广以后，我们觉得从现在上海整个语文老师掌握课程的要求来讲，还有问题，所以宁可把进度放慢一点，把基础打得更扎实，从整体的效果来讲，是好的，但是呢，这一种教学的方法不是所有的人都愿意接受的，有些老师感到我教一个学生，他只会看，只会认，而不会写……

秦畅：这算认识这个字吗？

瞿钧：似乎和他过去的教学要求是不同的，觉得这样不能算是认字了，于是他在教学过程中，还是要求每一个学生对所有的字都会读、会认、会写、会默。这样就无形地加大了许多学生的负担。

秦畅：您的意思是说“听、说、读、写”四项，我们现在只要求“说”和“读”。

瞿钧：对。

秦畅：现在“听、说、读、写”依然在全面贯彻，加上我们已经有了这个三百多字的认字量，就会给大家感到负担重，老师教不过来，你就得回家补，补的时候孩子还不会补，还得家长陪着补，就出现了现在这个状况。

瞿钧：这可能是一个比较大的原因。我们这个调整意见实施了将近一年，我们也作了些分析和调查。大概现在一部分学校里面，40%的老师是能够完全按照我们调整的意见来进行的，还有40%的老师呢，他基本上能够按照这个要求来做，但是他有的时候还不放心，有的时候要加一点，也有20%左右的老师，他不顾你的调整意见，他还是按照他老的在做。

秦畅：就是能够和你们的设计理念相符，严格执行教委二期课改的教学理念的，比例还不足一半。

瞿钧：对。

秦畅：这样看下来的确是不容乐观。讨论到这儿我们也有许多听众他们想就刚才瞿主任您提的一些观点和教委的一些设计进行对话了，我们一点一点在这个平台上把你们想的和市民困惑的，我们看看有些什么样的机会可以对接，好不好？5号线的周先生。

周先生：主持人、嘉宾，你们好，那个教育模式肯定有问题，现在一年级教师反正不管怎么样，像填鸭子一样全部填进去，消化不消化反正回家有家长帮忙一起消化。这个方式必须要消除。

秦畅：把责任推给家长的模式必须要消除。

瞿钧：我也很赞成这位先生的这个意见。我们学校的老师应当承担起对孩子的教育教学，不能把这个责任“教得好不好”、“学得好不好”推给家长，这是老师的教学理念的问题。同时呢，家长呢也不必过虑，我也坦率地说，其实小学起始年级，他学的都是一些文化的最基础的一些内容，都是能够学好的。所以呢，家长不用着急，即使有的孩子在这方面稍微慢一点，也无所谓。

秦畅：孩子是有差异的，我们要认识这种差异的存在的客观性。

瞿钧：对，现在老师呢也有点，好像一个班级30个学生、40个学生，大家都必须要完全一样，我觉得这可能也有点问题。

秦畅：4号线的王先生，您好。

王先生：主持人好，嘉宾好，我呢是一个三年级孩子的家长，小孩已经三年级了，现在教育啊，其实是目标发生了变化，但是教育的理念和教育的方法没有发生变化。这个矛盾导致现在出现了各种各样的问题，虽然素质教育这个教育的目标发生变化了，但是教育的人——老师、理念，这都没变。现在很多老师，我就是要教你这点，必须要背下来。孩子很反感，记得上次《新民晚报》还登了篇文章，说高学历家长替孩子挑作业做。我觉得这个关键掌握了大家都能够解决这个问题。

秦畅：目前的矛盾发生在目标改变了，但是达到目标的过程中所使用的方法还是传统的。谢谢王先生的分析。4465的听众就在短信平台上问瞿主任，老师为什么不能转变这种观念呢？

瞿钧：这个呢也很复杂，一个呢他传统的教学习惯，他可能还是出自于对教学负责对孩子负责的一种态度，他感到我不让你写不让你默，就是不行。这是一个，另外呢，可能和学校对老师的评价方法也有关系。校长是不是能把握好课程的要求，他可能来评价你这个老师教学的水平高低，年级的考试来评他这个班级学生怎么只会写这么几个字，人家会写这么多字，这样可能也有点问题。

秦畅：1号线的赵女士，您好。您好，赵女士。

赵女士：秦畅老师您好，嘉宾您好，我的孩子读一年级，他从幼儿园到小学，中间好像没有一个衔接的阶段，所以现在学起来，他们比较好的学生也是比较累的。

瞿钧：这个问题呢我觉得不在于衔接的问题，实际上我们整个二期课改是一个完整的体系。它从学前教育到高中毕业，都有一个整体的设计。而我们的设计，在幼儿园阶段是基本不学文化知识的。整个所谓的过渡期就应该是在一年级。我们的一年级学生进来的时候应当都是一张白纸，然后教他1234，问题是我们有一些学校为了要招到一些所谓的好学生，所以他在进行违反义务教育法的入学选拔考试，这个风一起以后呢，就使得我们幼儿园产生了一种学科化的倾向。结果就使我们一年级的学生发生了很大的差异，对我们的一年级的教学带来了很大的问题。

秦畅：面对这个现状，我们教委有过什么举动吗？

瞿钧：我们从今年开始，特别强调在义务教育小学一年级的招生工作中，绝对禁止进行考试、口试之类的东西，这样的话，可以从源头上来阻止幼儿园的学科化的倾向，而这种过早、过度的认知，已经被证明实际上对培养儿童是不成功的。

秦畅：但问题是目前的现状啊，瞿主任还是理念认识都是参差不齐的，我想二期课改你们的理念是很确定的，从教育的实施者，就是各级的区县一级的教育局，再加上各个学校的校长，然后到了年级组长，然后再到每一个一年级的老师，再到每一个一年级学生的家长，这五大群体的人，我相信都是参差不齐的认识，这该怎么办？我们听听3号线张先生的观点，您好，张先生。

张先生：我认为二期课改要比一期好得多，因为老师教的呢，对象是人，所以每个学生有每个学生的不同，等于像一把钥匙只能开一把锁，关键是老师对教改的认识程度如何，那反映了这次二期课改实行得好还是不好。

秦畅：哪怕教委的理念是很好的，但是你的理念要靠那么多的学校的校长和老师去实行的，如果他们执行不了这个理念的话，他们很可能就带来大家认识上的障碍和误区，认为你是失败的，你是不成功的，你是不能实施的。

瞿钧：因为涉及的面很广，所以我们不可能一下子要求大概有13万的老师都完全100%按照我们的要求来做，这个过程必须在实践过程中不断完善。我们也在实践过程中不断强调对校长对老师培训，同时也希望社会各界大家共同来关心、来做好这件事。

秦畅：您觉得这种社会各界共同来关心，督促这件事情可以有哪些做法？

瞿钧：欢迎社会舆论来监督，比方说有一些是违背我们这些做法的，我想我们的家长如果感到这方面确实是有问题的，应当向所在的区县教育行政部门、区县教育局去反映。

秦畅：家长害怕。

瞿钧：这不用害怕，因为我们按照教育的方针办事，有一个，举报一个，查实一个，处理一个，大家一起来做。

秦畅：就是说由于这种理念的推动需要各种助推力共同实现，那么我们普通家长的监督也是这样一种助推力，好，谢谢！我们听众有一个共同的呼吁，说瞿主任今天能来到《市民与社会》，期望您不虚此行，回去之后能够想出一些切实可行的办法来，解决目前的现状。瞿主任，有何感想？未来会有些什么样的措施？

瞿钧：刚才许多听众的来电都反映了一个共同的想法，这些想法和教委的想法基本上是一样的。我们觉得上海现在教育发展，下一阶段主要的任务就是提高我们教师的教育教学水平。教师是我们课程改革成败的关键，而我们广大学生他们每天面对的是我们十多万老师。所以，今后相当长一段时间，教委的主要工作就是提高教师的教育教学水平。

秦畅：瞿主任，我有一个深深的感受啊，美好的理念形成是比较容易的，但是如何把理念真正地贯以实施，又有效果，这个过程将是比较艰难的，甚至是很长的一段时间，我们只能共同努力了。

瞿钧：好。

秦畅：好，非常感谢瞿钧副主任今天做客《市民与社会》，跟我们听众朋友共同进行的对话，谢谢瞿主任，再见。

瞿钧：再见。

由于这期节目是《市民与社会》对上海“二期课改”系列讨论中的最后一期节目，节目组把前几期节目中嘉宾们（学生家长、小学教师等）最精彩、最具代表性的观点剪辑成小录音带在这次节目中播出，在主持人与教委负责人沟通的同时开通热线电话，由教委负责人直接回答市民的疑问，了解市民的意见、建议。主持人不在节目中直接评判谁对谁错，主要是通过沟通、交流来促进信息对称。

三、广播新闻谈话节目的话题选择

话题选择在很大程度上决定了一个谈话节目的空间大小。美国电视学者威利斯和埃利恩佐说：一个有意义的主题需要具备三个条件：一是表述的生活观点是重要的；二是应对更多的人有意义；三是人们能共同感悟的、生活中永存的健全情感、生命困惑等永恒话题。[①] 好的话题在可操作性上要同时具有两个特点：一是普通人能以自己的经验为基础发表见解；二是足以引起专家学者的参与兴趣，换句话说，就是评议性与深刻性的巧妙结合。

一般来说，新闻谈话节目的选题非常广泛，可以是对国内国际政治、经济、外交、科技、文

① 刘影：《谈话类节目话题选择研究》，《传媒观察》2009年第1期。

化等领域的重大事件的分析评述,也可以是对社会民生的高度关注,对转型期社会问题的探讨思考,也可以是政府与公众沟通交流的平台。目前,广播谈话类节目常见的话题包括以下几个方面,谈话节目话题选择的关键在于开拓思路,扩大关注面,在深度、广度及互动性上下工夫。

(一)新闻事件评析

这一类型的话题在新闻谈话节目中所占的比例相对较高。新闻谈话节目对新闻事件的关注包括对新闻事件的分析探讨、解释分析等多个方面,通过主持人与嘉宾、听众的互动,能够让听众在更好地了解新闻事件发生发展的过程之外,对新闻事件的意义和价值进行理性把握,激发听众的思考,增强其对社会现实的分析能力。

2006 年 1 月,日本企业悄悄抢注中国四大古典名著为游戏商标。一旦日本公司成功抢注,中国动漫游戏业将面临一场巨大灾难,一切由四大名著衍生的网络游戏将会被诉侵权,相关动漫企业将遭遇全面封杀的毁灭性厄运。同时,中国四大名著也将面临被随意篡改、曲解的可能,中国文化遗产的保护迫在眉睫。3 月 27 日,就在四大名著游戏商标将获得国家商标局核准注册的最后关头,中山市欧卡曼制衣有限公司委托广东红徽商标事务所,向国家商标局和商标评审委员会提交异议和争议申请书,成功阻击了日企的抢注。

第 17 届中国新闻奖新闻访谈二等奖作品《最后关头的出击》①就是在成功阻击日企抢注的第二天录制了这期特别节目,由主持人对当事人及动漫专业人士展开访谈,共同剖析了事件背后的真相,探讨了为什么一家制衣企业会在中国动漫企业集体沉默的情况下,在最后关头奋起出击?如果四大古典名著被成功抢注,将对中国动漫企业产生什么影响?对我国传统文化会带来怎样的严重后果以及如何提高企业的商标保护意识等一系列问题。该节目共分为四部分:千钧一发的出击、中国动漫的危机、事件背后更深远的影响、惊心动魄之后的反思。节目在听众中引起强烈的反响,纷纷通过发送手机短信与现场嘉宾、主持人交流,引发了听众对中国传统文化的保护、知识产权的保护、商标的保护等问题的深切关注。

(二)社会热点关注

第 18 届中国新闻奖三等奖作品《让"无路权车"不敢上路》抓住了关乎市民出行能否安全的焦点问题,紧紧围绕主题"无路权车"上路危害市民安全、侵害公众利益、扰乱营运市场、影响党和政府的形象展开讨论,摆事实、讲道理,说危害、探原因,该节目访谈话题层层分析,环环相扣,节目嘉宾权威,背景材料充实,现场访谈生动有说服力,主持人、嘉宾、听众有机配合,较好地把握了主题和节奏。节目播出后,一个月内,哈尔滨交通广播共接到电话、短信四百多条,反映"无路权车"的问题,根据电台跟踪反馈的线索,哈尔滨警方又查扣处理了一百多台"无路权车",有力地配合了哈尔滨市整治"无路权车"的行动。

① 广东中山电台 2006 年 3 月 28 日播出。

（三）政策法律解读

2004 年 5 月 1 日，《上海市政府信息公开条例》推出并实施。"信息公开"能否解决"有人才能办事，有消息才能赚钱"的问题？各级政府是否有能力应付"信息公开"？通过"信息公开"，上海的市场环境、生活环境会产生哪些变化？《条例》实施前两天，上海电台《市民与社会》的"市长热线"子栏目将市长韩正请进直播间，就相关问题接受主持人和市民的提问。在节目播出期间，市长不但从正面解答了主持人提出"怎么评价现在的政府信息公开的状况"、"20 万份政府公报如何不仅仅是数量的展示，而能真正为民所用"，"涉及公众利益的一些敏感信息如何保证依法公开"和"上海市政府对红头文件的依赖程度"等问题，还接听了八位市民的电话，回答了关于信息公开能不能解决信息不对称、如何让大家了解信息公开后续工作、各级政府是不是能够真正做到把该公开的信息都公开等问题。

这期名为《公开是原则　不公开是例外》节目从信息公开的状况及带来的影响两个角度，通过回答听众问题进而展开分析，该节目分析透彻、对话精彩，既有思想深度，又极具可听性，播出之后受到多家媒体的广泛关注，也获得了听众的好评。由于在嘉宾访谈的同时引进了热线电话参与，使广播访谈节目的交流感、互动性得到更好体现，不但较好地解答了听众的问题，也树立了良好的政府形象。

（四）官员群众交流

广播新闻访谈节目中常常邀请政府各级领导来到直播室，就当时的社会热点问题和群众关心的话题，为广大听众提供一个直接与高级官员对话、交流的可能，同时也使各级领导得以直接倾听群众的意见、呼声和对各项工作的建议。如上海人民广播电台的《市民与社会》节目就设置有《市长热线》栏目，该节目曾多次邀请市领导及有关政府部门的负责人参与节目，与听众就听众关心的问题进行交流。美国前总统克林顿访问上海期间，还曾经到上海电台的《市民与社会》节目与上海市民进行交流。

（五）民生问题讨论

当前我国正处于社会转型期，人们普遍存在传统与现代、过去与现在、东方与西方等多元思想观念的碰撞，人们迫切希望走出迷茫和困惑的现实，广播谈话节目将报道视角投向普通人，由听众参与进行多方讨论，可以较好地"做好事该不该要报酬"、"你是合格的股民吗？"等问题，不但吸引了听众参与，还吸引了同行的跟进。

参考文献

中文部分：

1. 安德鲁·博伊德：《广播电视新闻教程》，新华出版社 2000 年版
2. 曹璐、吴缦：《广播新闻业务》，北京广播学院出版社 1997 年版
3. 曹璐、吴缦：《广播新闻研究》，北京广播学院出版社 1997 年版
4. 曹璐：《广播新闻理念与实务创新研究》，中国广播电视出版社 2007 年 5 月版
5. 黄匡宇：《广播电视学概论》，暨南大学出版社 1999 年 5 月版
6. 李东：《广播节目创优论》，中国广播电视出版社 2002 年版
7. 李向明：《广播新闻创优谈》，中国广播电视出版社 1997 年版
8. 李岩：《广播学导论》（第二版），浙江大学出版社
9. 李岩、黄匡宇：《广播电视新闻学》，高等教育出版社 2002 年版
10. 刘海贵、严三九：《新闻传播精品导读：广播电视卷》，复旦大学出版社 2004 年 5 月版
11. 刘仁圣：《广播电视新闻采访写作教程》，中国广播电视出版社
12. 罗伯特·赫利尔德：《电视、广播与新媒体写作》，华夏出版社 2002 年版
13. 孟建、祁林：《广播电视新闻写作》，中国广播电视出版社 2007 年 1 月版
14. 孟伟：《声音传播：多媒介传播时代的广播听觉文本》，中国传媒大学出版社 2006 年 4 月版
15. 欧阳宏生：《广播电视学导论》，四川大学出版社 2004 年 3 月版
16. 饶立华、杨钢元、钟新：《电子媒介新闻教程——广播与电视》，中国人民大学出版社 2000 年 12 月版
17. 特德·怀特：《广播电视新闻写作与报道》，新华出版社 2000 年 1 月版
18. 沈嘉熠：《广播学概论》，上海教育出版社
19. 施旗：《广播电视语言》，中国广播电视出版社 1988 年 12 月版
20. 涂光晋：《广播电视评论学》，新华出版社 1998 年版
21. 王文科：《广播新闻报道》，浙江大学出版社 2002 年版

22. 王宇:《大众媒介导论》,中国国际广播出版社2003年版

23. 王宇、金梦玉:《广播新闻报道与节目创新》,中国传媒大学出版社2006年

24. 王振业、方毅华、张晓红:《广播电视新闻性节目规范研究》,中国广播电视出版社2002年6月版

25. 王振业主编:《广播新闻与电视新闻》,武汉大学出版社2001年版

26. 许颖:《广播电视新闻业务》,东北财经大学出版社

27. Joseph R. Dominick、Fritz Messere、Barry L. Sherman、张海鹰:《电子媒体导论》,复旦大学出版社2006年4月版

28. 张君昌、王玮:《传媒精品解读》,新华出版社2005年1月版

29. 张莉、张君昌:《中国广播名栏目》,新华出版社2005年1月版

30. 张舒:《音响报道教程》,中国广播电视出版社2001年版

31. 周小普:《广播新闻与音响报道》,中国人民大学出版社2001年6月版

32. 庄克仁:《广播节目企划与制作》,五南出版社2003年版

33.《中国新闻奖作品选》(1990~2004),新华出版社

34.《中国广播电视新闻奖新闻佳作欣赏》(1999~2003),新华出版社

英文部分:

1. Andrew Crisell, *Understanding Radio* 2nd, London: Routledge 1994

2. David Dendy, *Radio in the Global Age*, Policy Press,2000

3. Guy Starkey, *Radio in Context*, Basingstoke: Palgrave Macmillan 2004

4. Jesse Walker, *On the Air: An Alternative History of Radio in America*, New York University Press2001

5. Joanna R. Lynch. *Process and Practice of radio programming*, University Press of American,1998

6. Julian Newby, *Inside broadcasting*, London: Routledge 1997

7. Murroni, cristina, *Future. Radio. UK:public policy on the future radio*, London: Institute for Public Policy Research,1998

8. Pete Wilby and Andy Conroy, *The Radio Handbook*, London: Routledge 1994

9. Steve Warren, *Radio: For Creative, Professional Programming* [4th], Elsevier Focal Press2005

10. William A. Richter, *Radio A Complete Guide to the Industry*, Peter Lang Publishing 2006

后 记

从2003年开始从事《广播新闻》(后为《广播新闻与节目制作》的广播新闻部分)课程的教学以来,我就一直在着手编写一本面向新闻学、广播电视新闻学本科段学生、刚刚投身广播业的新闻工作者以及对广播新闻工作有兴趣和热情的广播新闻爱好者的教材。这并不是我编写的第一本教材,却是写作时间最长一本,写作期间几易其稿,仍然不是自己满意的作品。对于新闻业务课程来说,经验的整理总结,往往赶不上业界发展变化的脚步。几年的写作中,我删掉了很多内容,又增加了很多内容,再删掉,再增加……仍然有很多想到而没有写到的地方。当我们还在思考梳理的时候,一线实践已经继续向前发展了。

今天之所以能够坐在这里为这本书写下最后几行字,来自于师长、学生的支持和鼓励。当年如果不是我所在系的领导坚持让我接下这门课程,也许我至今没有勇气从事广播新闻的一线教学;如果不是这本教材成为了学校本科教学质量与教学改革工程项目的立项教材,需要在指定时间内完成写作,也许它还要被不断地增删。从某种意义上说,这本教材的出版,是被鼓励和督促的结果。此外,我还要感谢我的学生们:感谢那些在授课过程中互动的本科生们,也感谢曾经在我写作过程中付出过努力的硕士生们(张向琼同学在"广播新闻性节目"一章中帮忙撰写了部分内容)。

我在本书中引用了大量近年来中国新闻奖和中国广播电视新闻奖的获奖作品。对于这些优秀的记者,我要表示感谢!因为他们作出了如此优秀的作品,才使我上课的时候有了丰富的案例。

这本书的出版,更需要感谢李晓霖主任的认可。之前,我读过许多中国广播电视出版社出版的书,却从没有在这里出版过任何一本著作。这一次,是合作的开始,希望是一个美好的开始。

2009年6月5日